福州大学哲学社会科学文库

空间视域下创意人才、创意产业与经济高质量发展

余文涛/著

本书得到福州大学哲学社会科学学术著作出版资助计划项目、福州大学中国特色社会主义理论体系研究中心专项（18SKZ41）、福建省自然科学基金（2020J01459）、福建省社会科学规划项目（FJ2020B118）和福建省财政厅专项研究（闽财指〔2021〕848号）的资助。

科 学 出 版 社

北 京

内 容 简 介

本书从空间视域探讨创意人才集聚的演化机理及其对区域劳动生产率的影响机制，以及创意产业集聚的演化机理及其对区域创新的影响机制。通过科学而规范的实证分析，本书试图打开创意集聚外部性及其作用机制这一理论"黑箱"，为丰富创意经济理论提供一个省域层面与行业层面的实证研究范例，并为中国经济增长实现由资本广化向资本深化转变、由资本驱动向创新驱动转变提供理论上的参考和借鉴。

本书可供产业经济学、区域经济学、地理经济学、文化经济学等研究方向的硕士生、博士生及相关专业技术人员使用，另可为制定与实施产业政策和区域政策的实务工作人员提供参考。

图书在版编目（CIP）数据

空间视域下创意人才、创意产业与经济高质量发展/余文涛著. —北京：科学出版社，2022.4
ISBN 978-7-03-070965-3

Ⅰ. ①空… Ⅱ. ①余… Ⅲ. ①文化产业-产业发展-研究-中国 Ⅳ. ①G124

中国版本图书馆 CIP 数据核字（2021）第 260396 号

责任编辑：陶 璐 / 责任校对：贾娜娜
责任印制：张 伟 / 封面设计：无极书装

科学出版社 出版
北京东黄城根北街 16 号
邮政编码：100717
http://www.sciencep.com

北京凌奇印刷有限责任公司 印刷
科学出版社发行 各地新华书店经销

*

2022 年 4 月第 一 版　开本：720×1000　1/16
2022 年 9 月第二次印刷　印张：12 1/2
字数：252 000

定价：126.00 元
（如有印装质量问题，我社负责调换）

作者简介

余文涛，1985年10月生，浙江淳安人，管理学博士，福州大学经济与管理学院副教授，硕士生导师，兼任福建省宏观经济学会秘书长，主要研究领域为产业经济学、区域经济学及规制经济学，重点聚焦于平台经济与区域发展、产业集聚与区域创新、产业布局与区域治理等方向的研究。近年来，先后主持国家自然科学基金青年项目、福建省自然科学基金面上项目、福建省社会科学规划项目、福建省高校杰出青年科研人才培育计划、福州大学"旗山学者"奖励支持计划等课题10余项，在《科学学研究》、《财贸经济》、*Industry and Innovation*、*Growth and Change*、*China and World Economy*、*Chinese Geographical Science* 等杂志发表论文20余篇，出版中文专著1部，英文专著2篇章节，获省级社科成果三等奖1项，厅级自然科学优秀论文二等奖1项。

目 录

第1章 基本理论与总体研究概况 ⋯⋯⋯⋯⋯⋯⋯⋯⋯⋯⋯⋯⋯⋯⋯⋯⋯⋯⋯⋯⋯ 1
    1.1 从产业区到"新"新经济地理学 ⋯⋯⋯⋯⋯⋯⋯⋯⋯⋯⋯⋯⋯⋯⋯⋯⋯ 1
    1.2 从熊彼特创新理论到创新网络理论 ⋯⋯⋯⋯⋯⋯⋯⋯⋯⋯⋯⋯⋯⋯⋯ 6
    1.3 创意经济理论的兴起 ⋯⋯⋯⋯⋯⋯⋯⋯⋯⋯⋯⋯⋯⋯⋯⋯⋯⋯⋯⋯⋯ 9
    1.4 本书的总体研究概况 ⋯⋯⋯⋯⋯⋯⋯⋯⋯⋯⋯⋯⋯⋯⋯⋯⋯⋯⋯⋯ 12

第2章 创意推动经济高质量发展的机理分析 ⋯⋯⋯⋯⋯⋯⋯⋯⋯⋯⋯⋯⋯⋯ 19
    2.1 创意人才、外部性与经济增长 ⋯⋯⋯⋯⋯⋯⋯⋯⋯⋯⋯⋯⋯⋯⋯⋯ 19
    2.2 创意产业、外部性与经济增长 ⋯⋯⋯⋯⋯⋯⋯⋯⋯⋯⋯⋯⋯⋯⋯⋯ 23
    2.3 创意城市的构建与城市转型发展 ⋯⋯⋯⋯⋯⋯⋯⋯⋯⋯⋯⋯⋯⋯⋯ 31

第3章 创意人才的发展状况与空间分布 ⋯⋯⋯⋯⋯⋯⋯⋯⋯⋯⋯⋯⋯⋯⋯⋯ 36
    3.1 创意人才发展状况 ⋯⋯⋯⋯⋯⋯⋯⋯⋯⋯⋯⋯⋯⋯⋯⋯⋯⋯⋯⋯⋯ 36
    3.2 创意人才的空间分布特征 ⋯⋯⋯⋯⋯⋯⋯⋯⋯⋯⋯⋯⋯⋯⋯⋯⋯⋯ 43
    3.3 创意人才空间分布的演变特征 ⋯⋯⋯⋯⋯⋯⋯⋯⋯⋯⋯⋯⋯⋯⋯⋯ 49

第4章 创意人才空间分布的影响因素 ⋯⋯⋯⋯⋯⋯⋯⋯⋯⋯⋯⋯⋯⋯⋯⋯⋯ 54
    4.1 创意人才异质性理论模型 ⋯⋯⋯⋯⋯⋯⋯⋯⋯⋯⋯⋯⋯⋯⋯⋯⋯⋯ 55
    4.2 创意人才影响因素的实证模型 ⋯⋯⋯⋯⋯⋯⋯⋯⋯⋯⋯⋯⋯⋯⋯⋯ 56
    4.3 创意人才空间分布的实证结果与讨论 ⋯⋯⋯⋯⋯⋯⋯⋯⋯⋯⋯⋯⋯ 59
    4.4 促进创意人才发展的政策建议 ⋯⋯⋯⋯⋯⋯⋯⋯⋯⋯⋯⋯⋯⋯⋯⋯ 64

第5章 创意人才集聚对区域劳动生产率的影响 ⋯⋯⋯⋯⋯⋯⋯⋯⋯⋯⋯⋯ 66
    5.1 创意人才集聚影响劳动生产率的理论模型 ⋯⋯⋯⋯⋯⋯⋯⋯⋯⋯⋯ 66
    5.2 数据来源及统计描述 ⋯⋯⋯⋯⋯⋯⋯⋯⋯⋯⋯⋯⋯⋯⋯⋯⋯⋯⋯⋯ 69
    5.3 创意人才集聚影响劳动生产率的实证分析 ⋯⋯⋯⋯⋯⋯⋯⋯⋯⋯⋯ 72
    5.4 创意人才推动劳动生产率的政策建议 ⋯⋯⋯⋯⋯⋯⋯⋯⋯⋯⋯⋯⋯ 77

第6章　创意产业的发展现状与空间分布 ·· 78
6.1　全球创意产业发展概况 ·· 78
6.2　中国创意产业发展概况 ·· 82
6.3　中国创意产业空间分布概况 ·· 85

第7章　创意产业生产效率的测度与分析 ·· 92
7.1　创意产业生产效率测度的方法选择 ·· 92
7.2　中国创意产业生产效率的测度与分析 ·· 94
7.3　省域创意产业生产效率的测度与分析——以江苏省为例 ·························· 97

第8章　创意产业生产效率的影响因素——以江苏省为例 ································ 101
8.1　创意产业生产效率影响因素的实证模型 ······································· 101
8.2　创意产业生产效率影响机制的分析 ··· 104
8.3　创意产业融合发展对策 ·· 107

第9章　创意产业集聚对创意产业生产效率的影响 ······································ 113
9.1　中国城市创意产业集聚水平分析 ··· 113
9.2　创意产业集聚对本行业生产效率影响的实证方法 ······························· 115
9.3　创意产业集聚对本行业生产效率影响的实证结果分析 ··························· 118
9.4　创意产业集聚促进本行业生产效率提高的政策启示 ····························· 121

第10章　创意产业集聚对区域创新的影响 ·· 122
10.1　创意产业集聚对区域创新的影响机理与假设 ·································· 122
10.2　创意产业集聚促进区域创新的实证模型 ······································ 126
10.3　创意产业集聚促进区域创新的实证结果 ······································ 132
10.4　稳健性检验 ··· 136
10.5　创意产业集聚促进区域创新的政策启示 ······································ 139

第11章　创意产业集聚对区域企业家精神的影响 ······································ 140
11.1　创意产业集聚促进企业家精神发展的理论机制 ································ 141
11.2　创意产业集聚影响企业家精神的实证模型 ···································· 144
11.3　创意产业集聚影响企业家精神的实证结果与讨论 ······························ 148
11.4　创意产业集聚促进区域企业家精神涌现的政策启示 ···························· 155

第12章　创意产业集聚对区域全要素生产率的影响 ···································· 156
12.1　中国全要素生产率的测算与分析 ·· 156
12.2　创意产业集聚影响区域全要素生产率的实证方法 ······························ 158

12.3 创意产业集聚促进区域全要素生产率增长的实证结果 …………… 162
12.4 创意产业集聚促进区域全要素生产率增长的政策启示 …………… 167

参考文献 ……………………………………………………………………… 168
后记 …………………………………………………………………………… 189

第1章 基本理论与总体研究概况

创意经济的核心要素是创意，而创意这种生产要素，相比土地资本、物质资本、劳动力资本，更具有非均衡性的特征，极易在某些区域内集聚。集群式发展已经成为当前创意人才和创意产业的重要发展模式。从全球创意经济来看，以创意、文化、人才等要素为基础的创意集聚区随处可见，如美国奥斯丁的软件园区、美国洛杉矶的好莱坞、中国北京的798艺术区等。因此，从空间视域来探讨创意人才和创意产业，已经成为当前创意经济理论的一个重要研究方向。本章将从地理经济学、空间经济学及创意经济学的理论方面进行回顾，以期为"空间视域下创意驱动经济高质量发展"的研究提供理论基础。

1.1 从产业区到"新"新经济地理学

创意产业集聚（creative industries agglomeration，CIA）的理论渊源来自产业经济学、地理科学、传播学、区域创新学等众多学科，目前已形成了比较丰富的创意产业研究理论成果。我们从产业集聚、区域创新、创意经济等方面对相关理论基础展开分析和讨论。

1.1.1 产业区理论

产业集聚显现是一种常见的经济现象，很早就被人们捕捉到，并在此基础上形成了产业集聚理论。马歇尔（Marshall，1920）的产业区（industrial district）是产业集聚理论的基石。马歇尔在1890年出版的《经济学原理》中，将专业化的产业集聚所形成的特定地区称为"产业区"，并把"因许多性质相似的小型企业集中在特定地方而获得的经济"称为"外部经济"。他认为外部经济、规模经济与产业集聚密切相关，并指出外部经济和规模经济是导致产业集聚形成的重要原因。

此外，马歇尔还认为产业集聚的形成除了外部经济等自然禀赋的原因外，还包括宫廷奖掖的因素。马歇尔对外部经济和规模经济的讨论做出了重要贡献，他提出的理论至今仍然是解释空间经济、城市经济、总部经济等的重要理论基础。不过，由于时代和个人局限性，马歇尔并没有详细阐述外部经济本身的源头。

1.1.2　古典经济地理学理论

古典经济地理学理论的主要代表人物是韦伯（Alfred Weber）和胡佛（Edgar Malone Hoover）。1909 年，韦伯在其《论工业区位》一书中，提出了集聚经济的概念，并采用了等费用曲线分析工具，从运输成本与劳动成本两方面讨论了影响产业集聚的因素。韦伯认为工厂规模的扩大，能给工厂带来收益，或者能为工厂节约成本，或者二者兼得。出于收益增加和成本节约两方面的考虑，工厂对其生产模式具有强烈的集聚愿望（Weber，1929）。相比马歇尔的分析，韦伯从微观企业的区位选择视角，讨论了产业集聚效应及其本源，这无论是在研究视角上，还是在研究方法上，都有了明显的改进。不过，韦伯关于集聚经济的研究，在很大程度上忽视了对社会制度、文化、历史因素的分析，尤其是创意产业的集聚，其文化根植性和地方嵌入性更加明显。忽视社会制度、文化、历史因素来讨论产业集聚，很容易陷入单一分析视角，从而得到片面的研究结论。尽管后来胡佛在产业集聚理论上又进行了发展，提出了区位单位的最佳规模、公司的最佳规模及集聚体的最佳规模等概念，并把企业集聚产生的规模经济定义为某产业在特定地区在集聚体的规模下所产生的经济（Hoover，1948；Hoover and Giarratani，1985），但是仍然没有走出古典经济地理学在研究方法、地理空间概念及制度因素等方面的"灰色"境地。

1.1.3　新产业区理论

在福特制大批量生产方式的冲击下，马歇尔的产业区开始逐渐萎缩。可能也正是因为如此，继马歇尔、韦伯、胡佛之后，关于产业集聚的研究进展比较慢。直到 20 世纪 70 年代末美国硅谷、德国巴登–符腾堡州、意大利中北部的中小企业集聚区等"新产业区"的出现，以及几乎在同时期理论界波特和克鲁格曼对产业集聚的贡献，才改变了当时产业集聚理论在经济学中处于边缘研究的尴尬状态，也使得产业集聚研究再次回到主流经济学的视野，同时引发了各学科研究产业集聚的一个热潮（张华和梁进社，2007）。

新产业区（new industrial district）理论有两个学派，即新产业区学派和新产业空间学派。新产业区学派的代表学者有 Bagnasco、Piore 和 Sabel 等。Bagnasco（1977）提出了"第三意大利"（third Italy）的概念；Piore 和 Sabel（2014）的研究指出了合作与竞争、信任与制度，以及网络对新产业区的形成具有重要影响。新产业区学派提出了在产业集聚研究中不可忽视的本地网络（local network）和根植性（embeddedness）两个重要的因素，这也使得关于产业区的研究延伸到了地理空间的历史文化分析中，不过，由于没有充分讨论区域学习与创新等因素，对产业集聚的作用略显不足。

新产业空间学派的代表学者有 Scott（1988，1996）、Storper 等（Storper，1989；Storper and Harrison，1991）、Harrison（1992），该学派的核心思想是通过交易成本理论来探讨空间地理区域的产业集聚机制。新产业空间学派指出，随着市场和技术不确定性的日益增加，距离较远的企业交易，需要承担更高的风险和成本。因此，为了减少交易成本和费用，企业集聚的发展模式成为一种必然的趋势。不过，由于局限于运用交易成本的分析工具，新产业空间学派在很大程度上忽视了对产业集聚区的知识创造与知识空间扩散等因素的分析（王洁，2007）。

1.1.4 新经济地理学理论

新经济地理学理论的代表学者有克鲁格曼和藤田昌久（Krugman，1991；Fujita and Krugman，1995；Fujita et al.，2001）。克鲁格曼（Krugman，1991）认为空间配置和市场结构对产业格局与贸易具有重要影响，并摆脱了规模报酬不变（constant returns to scale，CRS）和完全竞争的假设束缚，构建了劳动要素流动（footloose labor，FL）模型，讨论了在企业规模报酬递增、运输成本及生产要素流动的市场传导的相互作用过程中，产业空间集聚的一般性趋势。由于远距离所产生的交易成本，如交通成本、通信成本，会阻碍要素回报递增作用的发挥，因此，规模报酬递增这一现象只在集聚的有限空间领域内才能显现，所以本地化的规模报酬递增和空间距离所带来的交易成本之间的平衡，就可以用于解释现实中可观察到的各种等级化的空间产业格局的形成与发展（Krugman，1992；Fujita and Krugman，1995；Fujita et al.，2001）。关于金融外部性的分析，在 Baldwin（1999）的资本要素流动（footloose capital，FC）模型、Forslid 和 Ottaviano（2003）的企业家要素流动（footloose entrepreneur，FE）模型等研究中，也得到了一定延伸。

按照克鲁格曼的观点，规模的外部经济与运输成本的融合是解释区域产业集中化和形成区域"中心"与"外围"状态的关键（宋德勇和胡宝珠，2005）。不过，克鲁格曼在其研究中较少提及知识溢出和其他类型的外部经济对集聚的作用，这也不失为新经济地理学的遗憾。当然，克鲁格曼也曾解释了自己为什么对这个主题选择沉默，并不是因为他不重视这种集聚力的重要性，而是因为他还没有发现完美的关于知识溢出的微观经济模型，也正因为此，他才转而发展基于关联要素的空间经济学的微观模型（梁琦，2005）。

克鲁格曼所忽视的对技术外部性的研究，在 Glaeser 等（1992）、Audretsch 和 Feldman（1999）、梁琦（2009）的研究中得到了很好的拓展。Glaeser 等（1992）总结了两种技术外部性，即 MAR 外部性（即专业化和垄断更有利于知识外溢和技术创新）和 Jacobs（1970）外部性（即多样化和竞争更有利于知识外溢和技术创新），并拿出证据支持多样化外部性，但他本人并不认为专业化外部性不重要。Audretsch 和 Feldman（1999）的证据表明，多样化集聚比专业化集聚更有利于创新，地方竞争比地方垄断更有利于技术发明；de Lucio 等（2002）的证据表明，专业化外部性显著，而多样化外部性不显著。总而言之，由于选择的样本不同，结论可能存在一定差异，但是并不能否认产业集聚的技术扩散及知识外溢效应的客观存在。

1.1.5 "新"新经济地理学理论

近年来，以 Melitz（2003）为代表的企业异质性贸易理论开始兴起，并引起了学者的广泛关注。企业异质性贸易理论的引入，放松了新经济地理学模型的同质性假定，使其更加契合现实中企业的经济行为，特别是对企业进出口行为和区位选择行为的研究具有重要意义。

在企业区位选择方面，Baldwin 和 Okubo（2005）将 Melitz（2003）的企业异质性垄断模型引入新经济地理模型中分析企业的转移行为。他们认为企业异质性的存在对企业空间分布具有选择效应和分类效应。选择效应是指由于高效率企业往往都位于大市场和中心区域，从而能够获得更大的市场份额，同时也能应对来自大市场或中心区域的更加激烈的竞争。因此，大市场和中心区域能够吸引高效率的企业迁入，同时，高效率的企业也更加倾向迁移至大市场和中心区域。分类效应是指随着高效率企业迁移至中心区域，中心区域的市场竞争将变得更加激烈，而处于中心区域的低效率企业将被迫选择从中心区域迁出至小市场和外围地区。在自由贸易的条件下，企业选址的变化并不是随机的。换言之，在地理空间范围内最终形成企业的"中心-外围"的空间结构并不是随机的，而是在企业选择效应和分类效应的共同作用下实现的。此后，以 Okubo（2010）为代表的一批学者进一步发展企业异质性理论。Okubo（2010）指出低效率企业更加倾向集聚，而高效率企业由于激烈的市场竞争而更加倾向分散化分布。Schröder 和 Sørensen（2012）将技术进一步融入 Melitz 模型中，研究发现企业区位选择是一个动态过程，高效率的企业比低效率和年轻的企业能够生存得更久，同时，贸易自由化会使得低效率企业首先从国外市场退出，甚至可能会丢失国内市场，最终从国内市场退出。Venables（2011）探讨了城市异质性劳动者与企业的匹配机制，认为城市能够为不同类别劳动者和企业提供有效的信息共享和匹配机制，从而有利于降低信息不对称导致的市场失灵程度，从而促进城市生产效率的提高。它的具体实现机制在于，在城市落户的高效率企业能够吸引高技能的劳动者，从而促进企业生产效率进一步提高，最终助推城市生产效率提高。

企业异质性理论的提出弥补了新经济地理学无法处理集聚经济理论和企业分布差异之间的鸿沟，对企业选择效应与分类效应、集聚经济外部性、城市经济外部性等理论的推进具有重要意义。李晓萍和江飞涛（2011）指出企业异质性理论主要从三方面推动了新经济地理学的发展：①微观异质性的假设对新经济地理模型的构建及集聚经济的测度带来新的研究视角（Baldwin and Okubo，2005；季书涵和朱英明，2017）；②企业异质性与劳动者异质性为重新思考城市集聚经济的微观机制带来新视角（Han and Li，2017；陶长琪等，2019）；③企业异质性或动能异质性对经济空间结构与布局的研究具有新启发（范剑勇和邵挺，2011）。总之，企业异质性理论不仅推动了新国际贸易理论向以企业异质性为假设前提的"新"新贸易理论转变，还引发学者借助异质性理论对新经济地理学展开拓展分析，特别是对企业选择效应和分类效应的讨论，该理论成果也被称为"新"新经济地理学。

随着对企业和劳动力异质性选择效应的深入研究，近年来，关于多个产业集聚区协同共生的讨论频繁见于区域科学领域的主流杂志。为研究多个产业集聚区协同共生的原因机制，Ellison 等（2010）提出产业协同集聚的概念，并从经验分析层面指出产业协同集聚有利于解释空间经济差异。此后，出现了大量关于相关产业协同集聚机制、不同产业协同集聚机制，以及协同集聚的评估方法和模型的研究成果（Delgado et al.，2010；Diodato et al.，2018；刘志彪，2008；赵作权，2012；杨开忠，2019）。Delgado 等（2010）验证了相关产业协同集聚在一个区域能表现更强的就业和创新效应，Helsley 和 Strange（2014）指出不同产业协同集聚是促进城市经济发展的重要途径。综合以往产业集聚差异机制原因，Faggio 等（2017）指出无论是马歇尔集聚机制还是雅各布集聚机制，它们之间并不是相互排斥的。一个地区的产业集聚效应能否发挥，一方面，依赖于产业能否发挥协同集聚效应；另一方面，有赖于区域产业集聚的吸收能力。Sullivan 和 Strange（2018）也指出产业协同集聚是分析微观企业集聚均衡及区分产业集聚区边界的一个重要理论依据。近年来，来自中国的学者为产业协同集聚提供了丰富而有价值的经验证据（He et al.，2016；Xiao et al.，2018；Bathelt and Zhao，2020；陈国亮和陈建军，2012；江曼琦和席强敏，2014；汤临佳等，2017）。

上述关于产业集聚产生的金融外部性、技术外部性的基本理论及企业异质性理论，是本书创意产业集聚经济效应及微观发生机制的重要理论基础。

1.2 从熊彼特创新理论到创新网络理论

从纵向历史考察，创新理论的研究主要遵循这样一条主线：熊彼特创新思想—企业技术创新系统—国家创新系统—区域创新系统，强调创新的"系统范式"已经成为创新理论研究演进的最核心理念（OECD，1997）。随着研究的深入，强调创新的"网络范式"也得到了学者的广泛认同。

1.2.1 熊彼特创新理论

自熊彼特在 1912 年《经济发展理论》中提出"创新理论"之后，又于 20 世纪 30~40 年代相继在《经济周期》和《资本主义、社会主义和民主》中加以补充和完善，形成了熊彼特创新理论（Schumpeter，1934）。熊彼特认为，创新就是建立一种新的生产函数，即把一种从来没有过的关于生产要素和生产条件的新组合引入生产系统，并实现商业化价值。创新不同于发明，发明是应用自然规律解决技术领域中的特有问题而提出创新性方案和措施的过程；而创新则是新思想的商业化过程。

熊彼特的创新理论强调了创新的三个特征：一是内生性，即创新并非经济发展结果，而是内生于经济发展过程之中，并推进经济的发展；二是革命性，创新是突发涌现的创造性毁灭过程；三是创新的主体是企业家（Schumpeter，1934）。在这三个特征中，熊彼特强调企业家精神对创新的作用和意义。

熊彼特对创新的研究为经济学家、社会学家、管理学家等提供了重要理论来源。虽然当理论提出时，没得到世人的普遍接受，尤其在大萧条之后——凯恩斯主义盛行的时代背景下，熊彼特创新理论的传播受到了一定束缚，但是随着人们回归对创新的重视，熊彼特的创新理论被重拾，并得到了学者的继承和发展，形成了新熊彼特学派。杜因（1993）指出，熊彼特的著作成为提供灵感的丰富来源，它们对于任何像熊彼特那样，对工业革命以来显示出来的繁荣与萧条交替感到疑惑的人都是不可或缺的。

1.2.2 创新系统理论

在熊彼特的创新理论之后，创新研究领域出现了两个学派：一派是以诺斯

（North，1990）为代表的制度创新学派，强调制度创新（即制度变迁）对经济发展的影响；另一派是以 Freeman 和 Soete（1997）、Mansfield（1986，1991）、Stoneman 等（Stoneman and Ireland，1983；Stoneman，2001）为代表的技术创新学派，强调工业技术创新及扩散对经济发展的影响，并出现了国家创新系统、区域创新系统、部门创新系统等理论分支。

国家创新系统理论的代表人物有 Freeman（1995）、Fleming 和 Sorenson（2001）、Lundvall（1992）、Nelson（1993）、Edquist（1997，2006）等。Freeman 在 1987 年首次提出国家创新系统的概念。Freeman（1995）对日本企业技术创新的研究发现，日本在技术相对落后的情况下，通过技术创新，并辅助组织创新和制度创新，用了短短几十年的时间完成了西方国家上百年才能完成的创新历程，并使其跻身世界工业化大国。Freeman 认为，在人类历史上，技术领先的国家最初是英国，然后是德国，之后是美国，再是日本。这种追赶、跨越，不仅是技术创新的结果，还是诸多制度、组织创新的结果。这种基于技术、制度、组织综合作用和演变的创新，就是国家创新系统。Lundvall（1992）强调了互动学习和制度根植性（institutional embeddedness）对国家创新系统的影响；Nelson（1993）则偏重历史研究和案例研究方法，并从复杂性和多样性方面讨论了国家创新系统；Edquist（1997）在讨论国家创新系统中，更关注创新与经济增长、就业的关系。

随着创新研究的深入，创新系统的研究开始更强调企业与创新环境间的动态性互动过程（Dosi，1988），并出现了区域创新系统（Cooke et al.，1997，1998）、三重螺旋创新体系（Etzkowitz and Leydesorff，1997）、部门创新系统（Malerba，2002）等新的概念。Cooke 等在对欧洲企业的研究中也指出，即使在经济全球化和外资控股的浪潮下，欧洲这些企业的关键性商业联系仍然集中于某一个区域范围内，鉴于此，他们在国家创新系统的理论基础上提出了区域创新系统（Cooke et al.，1998；Cooke and Schienstock，2000）。区域创新系统作为一种介于国家创新系统和亚国家创新系统之间的分析框架，为区域发展提供了新的理论基石。由于区域创新系统具有很强的包容性和渗透性，与区域创新相关的组织、机构、制度、学习等要素都可以囊括在区域创新系统的分析中，因此，区域发展就可以通过区域创新系统的构建来与更高层次的国家创新系统相连接，从而形成全球竞争力。目前，区域创新系统理论也面临着一些批评和质疑，主要包括区域创新系统的边界如何界定，在具备怎样的条件下可以出现创新系统（魏江，2004）。对于诸如此类区域创新系统无法解释的问题，通过网络的范式来分析创新系统，甚至扬弃创新系统，用创意网络系统取而代之，或许能够在一定程度上回避它们。

1.2.3 创新网络理论

市场和企业是经济生活中的重要单元。市场能够提高经济效率，但是很难解决交易费用日益增加的问题；而企业能够减少交易费用，但是日益扩大的科层组织导致了经济效率的损失。由于市场和企业这两种组织形式不能同时解决市场效率和交易费用的两难问题，这使得新古典经济学和新制度经济学陷入了困境。学者利用对"空间"的研究，找到了解决两难问题的第三条道路，即介于市场和企业之间的"中间性组织"——网络。与此同时，创新网络研究学派也孕育而生。

Freeman（1991）指出创新网络是应付创新系统的一种基本制度安排，网络构架的主要联结机制是企业间的创新合作关系链条，包括企业、政府、大学与科研机构、金融机构等机构的相互联系及产生的制度。Zander（2002）探讨了跨国公司的国际创新网络的结构差异，并将国际创新网络分成国际复制型、国际多角型、分散混合型和向心型四类。Cravens等（1996）则把创新网络分成了空心网络、柔性网络、增值网络和虚拟网络四类。国内学者盖文启和王缉慈（1999）对区域创新网络的机制、模式、构建、作用等问题进行了分析。吴贵生等（2000）探讨了技术创新网络的存在原因，以及创新网络如何影响产业技术能力提升，同时对技术外包展开了讨论。王大洲（2001）对企业创新网络的进化机制和治理结构展开了分析。

就区域创新网络结构分析来看，学者从特色经济区（产业集群）、特定行政区和跨区域三个层面展开了研究。产业集聚是区域创新网络的重要载体，研究者从具有当地特色的产业集聚这一组织模式，分析了区域创新网络的结构特征（Giuliani and Bell，2005；Morrison，2008；池仁勇，2005）。Powell等（1996）研究了生物技术产业中的组织间合作和创新网络问题；王春法和洪健飞（2004）分析了中国生物技术产业国家创新系统；魏江（2003）探讨了中小企业集群及其创新网络的基本内涵和结构。针对典型区域的创新网络，Cantner和Graf（2006）运用专利数据和社会网络分析方法，探讨了德国耶拿的创新者网络演化及其网络特征。此外，Krätke（2010a）、Graf和Henning（2009）也对德国典型的行政区域的创新网络展开了探讨。由于创新网络的组织和运行经常会超越特定的行政区域或经济区域边界，形成跨区域的创新网络，因此，Maggioni和Uberti（2009）考察了欧洲区域专利合作网络、学生流动网络、研发网络等，Ejermo和Karlsson（2006）探讨了瑞典跨区域专利合作网络。

由于网络具有很强的渗透性和包容性，无论是新经济地理学、空间经济学，还是交易经济学、创新系统研究，抑或是社会组织学、战略管理学，都与网络存在一定联系，这使得创新网络的研究成为众多学科的交叉研究领域。也正因为此，目前关于创新网络的研究还没有形成统一的理论框架，相关的理论还很不成熟，也没有形成广泛的理论体系。当创新网络的研究正走到风口浪尖之时，另一个理论又开始崛起，它就是创意经济理论。

1.3 创意经济理论的兴起

创意经济理论建立在新经济理论基础之上，其声称找到了促进经济可持续发展的内驱力。Florida（2002a）将人类社会发展划分为农业经济时代、工业经济时代、服务经济时代和创意经济时代。他认为自 20 世纪 80 年代以来，尽管服务经济依然占据经济主导地位，但创意经济的体量也正在加快，并具有超越服务经济的趋势。尤其是随着互联网信息技术的兴起、人们消费需求的转变，以及对消费体验的重视，创意经济正日益受到关注。

1.3.1 创意与创新

Landry（1972，1974）曾对创意进行了定义，他认为"创意是一种工具，利用这种工具可以极尽可能挖掘潜力，创造价值"；创意是"对一件事情做出正确的判断，然后在给定的情况下寻找一种合适的解决方法"。Hospers（2003）则认为创意的本质就是利用原创方法去解决每天出现的问题与提高挑战的能力。创意的实现载体是人的思维能力变化，但并不是人的所有思维能力都是创意，而是发现或者产生一种新的组合。创意具有新颖性和初始性两个属性。Howkins（2001）指出存在两类不同的创意：一类是出于人类探索新事物共同本性的创意；另一类是导向制造创意产品的创意。第一类创意具有人类本性的特点，这类创意的诞生并不会即刻引发第二类创意，即创意产品。第二类创意以第一类创意为基础，否则创意产业所生产的产品将成为无水之源。

创意与创新概念不同。按照熊彼特的理解，创新是新思想的商业化，表现为生产新的产品、产生新的技术、开拓新的市场、实行新的组织形式、拓展新的原料来源。创意可以迸发于任何个体，但是如果这项创意不能实现商业化的价值，就不能称为创新。Howkins（2001）对创意与创新的差异性进行了分析，他认为创意是一种个人、主观、琐碎的活动；而创新是一种团体、客观、系统的活动。从这个意义上说，创意能够演变为创新、激发创新和导致创新。

1.3.2 创意人才与"3T"理论

作为创意经济理论的一个重要组成部分，近年来，创意人才与"3T"理论引起学者关注。随着创意经济、体验经济、数字经济的到来，以往内生增长理论用人力资本、研发投入等技术创新来解释经济增长的理论模型日渐受到现实的挑战。例如，人才确实对经济增长具有一定的贡献，但是内生增长理论无法解释人才的异质性和空间流动性如何影响经济增长；内生增长模型无法解释现实经济体中日益重要的数据资本对经济增长的影响，事实上，数据本身并没有价值，数据资本化的前提条件在于对人力资本的开发与探索。

在此背景下，Florida（2002a）提出推动经济增长来源于"3T"，即技术（technology）、人才（talent）、宽容性（tolerance），其中宽容性和多样化的区域文化具有突出的作用。研究表明：一个区域的技术创新水平与具有创意的文化（用波希米亚指数衡量）和多样化（人口、种族等）具有显著的正相关性。一个宽容、开放和多样化的区域能够吸引创意人才源源不断地流向该区域，并使该区域成为一块"创意人才磁铁"，进而引来高技术产业集聚，由此带来的创意生态圈将推动区域经济增长。创意人才（creative class）是由 Florida（2002a）提出的新概念[①]。他指出传统的人力资本主要通过劳动力的受教育年限来测算，而具有创造力的人力资本，即创意人才，主要通过个人潜在的创造力和实际技能的应用（职业的类型）来体现。他还将创意人才划分成"超级核心创意人员"（super creative core）和"职业创意人员"（creative professionals）两大类，并指出创意人才不仅是推动创意产业发展的核心要素，还是创意资本的缔造者。在市场需求多元化的今天，创意人才已经成为催化经济增长的"创意之本"。因此，一个地区长期的经济优势已经不再是单纯的商品、服务和资本的竞争，而是吸引和留住创意人才的能力，并且将他们的创意转化为潜在的创意经济优势。

1.3.3 创意产业与创意氛围理论

随着以"科技""文化""知识"为主题的新经济形式的出现，"体验经济"和"服务经济"快速发展，并依托现代信息技术，将这种新型产业业态渗透到各行各业。在这一背景下，创意产业应运而生。Throsby（1994，1995，2003）对"艺术与经济"

---

① 在现有文献中，"creative class"一词往往被翻译为创意阶层，不过，在中文语境中，阶层一词容易被理解为由于个人或家庭财富、社会地位差异而形成的社会分层，但 Florida（2002a）提出的"creative class"这一概念并不是分析社会分层问题，而是探讨具有创新性的人才对经济增长的意义，Florida 强调那些需要发挥个体创新能力和创意的工作岗位的重要性。为了避免歧义，本书将"creative class"一词翻译为创意劳动群体或创意人才。

（art and economy）的研究是早期关于创意产业研究的代表。Throsby 构建了一个纯文化创意模型，指出经济效用由创意结果的文化价值决定，这种情况通常适用于个体的自由创意活动；当引入收入因素时，创意者的效用最大化表现为经济价值和文化价值的共同最大化。Throsby 认为这种"共同最大化"普遍存在于小说创作、电影制片、视觉艺术创作、流行音乐创作等文化行业领域（邓晓辉，2006）。

英国文化、媒体和体育部（Department for Culture, Media and Sport, DCMS）最早（1988 年）提出了创意产业的概念。随后，不同国家和学者又依据实际情况，对创意产业的内涵和外延进行了探讨（Pine and Gilmore, 1999; WIPO, 2003; OECD, 2006; Howkins, 2001; European Commission, 2012; UNCTAD, 2008; 厉无畏和王慧敏，2009; Hong et al., 2014）。创意产业概念的提出、创意产业测算方法的建立，其意义非常重大，不仅为现有经济统计部门重新界定产业分类体系提供了参考，更重要的是强调了创意产业作为一个相对独立的产业组织形成，引起了来自经济学、地理科学、创新科学等的学者对创意产业的关注，进而推动创意产业及其集聚研究的发展。

随着研究的深入，学者将研究推向创意产业组织形式、产业结构、产业关联、产业布局、产业发展与政策等领域，尤其从空间形态和集聚的角度分析创意产业成为重要的研究话题（康小明和向勇，2005; 胡晓鹏，2006; 王花毅，2010; 王谡萍，2011; 张艳辉，2011; 张仁寿等，2011; Scott, 1997; Pratt, 2004; Yusuf and Nabeshima, 2005）。Cooke 和 Morgan（1994）提出了"创意情境"（creative milieu）; Landry（2000）借用创意情境这一概念来分析创意城市的构建; Scott（2006）则提出了"创意场域"（creative field），指出创意场域一般是由基础设施和学校、研究机构、设计中心等社会间接资本组成的一系列的网络，这个创意网络促进企业价值增值和区域创新。此后，与创意集聚相关的概念层出不穷，如"创意群落"（creative cluster）（Wu, 2005; Pratt, 2004）、"创意产业区"（creative industrial district）（NESTA, 2003）、"创意性产业集群"（王缉慈，2004）等概念。尽管这些概念存在一定差异，但是本质上是一致的，都强调了创意产业在地理空间上的集聚现象，并由此表现出来的集群网络效应和外部经济效应。无论是通过产业关联效应（Müller et al., 2009; Cooke and de Propris, 2011; Chaston and Sadler-Smith, 2012），还是知识扩散与传播效应（Baines and Robson, 2001; Rantisi et al., 2006; Fingleton et al., 2005; de Miguel-Molina et al., 2011），抑或是创意人才的流动效应（Florida, 2002a; Asheim and Gertler, 2005; Andersson et al., 2005; Clare, 2013），都显示创意产业的空间集聚具有明显的外部经济效应。

本书讨论的创意产业集聚对经济增长的影响，也正是抓住现实中创意产业空间地理集聚这一特征，并对其表现出来的外部创新和增长效应进行实证分析。

综上所述，对创意人才、创意产业、创意集聚区的研究已经形成了一系列理论化成果，这些成果都可看作创意经济理论的重要来源，但是创意经济作为一个学科体系，目前还有很长的路要走。在需要文化经济学者、产业经济学者、城市发展理论家等各自努力的同时，又需要进行交叉学科的研究和探讨。不过，任何关于创意经济分支领域的研究，包括本书对创意产业集聚的分析，都是在为创意经济这座理论大厦添砖加瓦。

1.4 本书的总体研究概况

20世纪以来，文化产业、创意产业、创新人才等蓬勃发展，这是"技术-文化"关系演变、消费需求变化的必然结果，其也是对传统工艺生产的革命性复兴，更是对福特式生产方式的重要反思。

1.4.1 本书的主要研究思路

本书聚焦对创意人才集聚与创意产业集聚的外部经济这一主题的研究，沿着"理论机理—基本现状—原因机制—影响效应"的逻辑体系，通过构建理论和实证模型，运用中国省域层面和行业层面的相关数据，从空间视角来探讨创意人才和创意产业如何推动经济高质量发展，如图1.1所示。通过研究，本书试图打开创意人才和创意产业集聚外部性研究的这一理论"黑箱"，特别是将对创意人才集聚与创意产业集聚的外部性溢出效应从行业内的分析，扩展到对区域层面溢出效应的分析，以期丰富经济地理学、区域创新与发展相关理论，并据此提出相关政策启示。

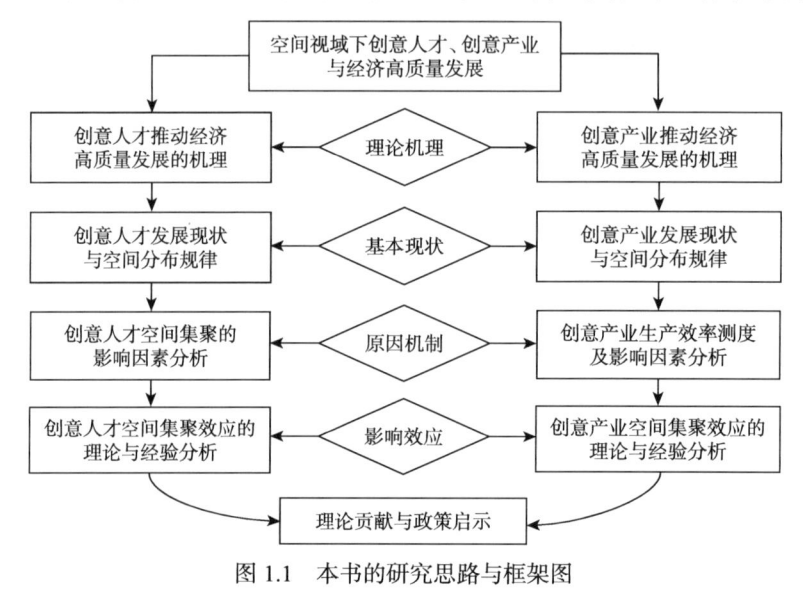

图1.1 本书的研究思路与框架图

1.4.2 本书的主要研究内容与结论

本书的主要研究内容与结论的阐述如下。

1）创意人才与创意产业推动经济高质量发展的机理

首先，对创意人才、创意产业的缘起和特征进行分析，并提出本书关于创意人才和创意产业的概念界定和测量方法。其次，分别探讨创意人才和创意产业的外部性及实现机理，同时，从空间视域探讨创意城市兴起与城市转型发展。最后，对创意人才引发的争论、创意产业引发的争论及创意经济理论进行评述和展望分析。

2）创意人才发展现状与空间分布规律

首先，借助创意人才概念与中国职业目录状况，提出中国创意人才指标构建体系。其次，借助地图编辑软件，分析中国创意人才的空间分布规律、时间演化特征。最后，从空间集聚角度，分析中国创意产业地理密度与空间集聚特点，并提炼出创意人才集聚演化特点。研究显示：无论从省际集聚规模还是省际集聚水平来看，中国创意人才和创意产业都出现了明显的集聚式的发展趋势，并且呈现出东、中、西部明显的梯度效应，东部地区创意集聚规模明显高于中西部地区，同时中西部地区创意人才集聚和吸引效应逐渐凸显。本书将有利于从时间和空间两个维度来认识创意人才是如何流动与演化的。

3）创意人才空间集聚的影响因素

首先，采用"职业稳定性-职业创新性"二维模型，对创意人才进行类别划分，即创新型创意人才与创业型创意人才两种类别。其次，采用地理空间相关数据，对异质性创意人才的空间分布规律进行分析。最后，采用面板数据模型，对两类创意人才空间分布的影响因素进行比较研究。研究显示：对于处在创新链后端的创业型创意人才而言，其对区域经济环境、政治纠偏环境、人文环境具有显著的依赖性，但是对创新环境、知识产权制度、生态环境等因素却不够敏感；而对于处在创新链前端的创新型创意人才而言，其对区域创新环境、生态环境、知识产权制度具有显著的依赖性，但可能受到扭曲效应的影响，经济发展水平与开放性没能起到显著的激励作用。研究还发现创意人才空间集聚有利于通过城市化、产业优化、区域创新等机制实现区域劳动生产率的提高。

4）创意人才空间集聚对区域劳动生产率的影响

首先，分析创意人才空间集聚与劳动生产率差异之间的内在逻辑关系。其次，构建理论与实证模型，探讨创意人才空间集聚如何影响区域劳动生产率。最后，实证分析创意人才空间集聚如何通过城市化、产业优化、区域创新等机制实现区域劳动生产率的提高。研究显示：创意人才空间集聚无论是在当期、滞后一期还是分区域考察，其对劳动生产率的直接影响都显著为正。通过机制分析发现，创意人才空间集聚有利于通过提升城市化水平、优化产业结构、促进区域创新等途径作用于区域劳动生产率。

5）创意产业的发展现状与空间分布规律

首先，探讨了全球创意产业的发展概况，包括整个产业、子行业及不同经济体的进出口贸易发展概况等；其次，从发展规模、发展速度、子行业状况等方面，探讨了中国创意产业的发展概况；最后，从省际集聚规模和集聚水平两个方面，分析了中国创意产业的集聚状况。研究显示：全球创意产业贸易发展迅速，2002~2008年，全球创意产品贸易额年均增长率达11.5%，创意服务贸易额年均增长率达17%。在创意产业的国际贸易中，发达国家占据主导地位。2008年发达国家创意产业贸易出口额占总创意产业贸易出口额的64%，不仅如此，发达国家在创意产业的国际贸易中还占据了产业价值链的高端地位，具有高科技的优势。此外，研究还发现中国创意产业的对外依赖性比较强，国际创意产品和创意服务市场对中国创意产业市场具有较大的传导性。本书研究有利于从全方位理解和认识全球及中国创意产业的发展概况。

6）创意产业生产效率的测度与分析

考虑到数据的可获得性，我们选择全国大中型城市及江苏省作为效率测度的样本。首先，对全国70个大中型城市的创意产业生产效率进行测度与分析；其次，对江苏省120个创意子行业进行测度与分析，探讨不同城市、不同创意子行业的生产效率；最后，提出助推创意产业生产效率提高的政策建议。研究表明：中国创意产业的发展还处于规模扩张的初级阶段，发展尚不成熟，行业营业能力和生产效率还比较低。即便我们选择经济强省之一——江苏省作为研究对象，研究结论也表明，江苏省创意产业生产效率仍然偏低，不同市域之间及不同行业之间创意产业的生产效率存在较大差异。

7）创意产业生产效率的影响因素分析

本书以江苏省120个创意子行业为样本，探讨不同类型创意行业的生产效率及其影响机制。首先，借助数据包络分析（data envelopment analysis，DEA）方法，测度得出不同区域与不同细分行业的创意产业生产效率；其次，构建创意产业生产效率影响因素模型，对关键影响因素进行实证分析；最后，对实证结果进行分析，着重探讨技术效应、企业规模效应、市场效应、电子商务效应、行业减税效应等关键影响机制。实证结果表明：企业规模效应、行业减税效应、电子商务效应能够显著促进创意行业生产效率提高，行业研发投入则表现出一定抑制效应，市场效应则缺乏统计显著性。针对员工性别效应的回归结果表明，在创意行业中女性员工比重越高越能促进该行业生产效率提高，因此，在劳动力市场上任何针对女性就业者的歧视，既不符合罗尔斯的公平正义，也不符合斯密的效率正义。

8）创意产业集聚对创意产业生产效率的影响

首先，以中国 70 个大中型城市为样本，选用规模报酬可变（variable returns to scale，VRS）的 DEA 模型（以下简称 VRS 模型），以城市为决策单元，以创意产业营业收入为产出变量，以创意产业就业人数和资产总额为投入变量，来测算城市创意产业的综合生产效率、纯技术效应及规模效率。其次，构建创意产业集聚的区位商（location quotient，LQ）指数，计算得出中国城市创意产业的集聚状况。最后，建立计量模型，验证创意产业集聚对创意产业生产效率的显著正向的影响，并对其微观作用机制展开深入分析。研究显示：提高城市创意产业的集聚水平，能够显著地促进创意产业综合生产效率和纯技术效率的提高。换言之，创意产业通过集聚式发展模式，能够在一定程度上解决城市创意产业生产效率普遍不高的问题，但是，这一研究结论有两个方面需要注意：一是该实证研究并不支持扩大单个创意企业的规模能够促进创意产业生产效率的提高；二是该实证研究显示，文化影视类、展演出版类、创意科研类这三类创意行业集聚水平的提高，不能显著地促进其各自生产效率的提高。

9）创意产业集聚对区域创新的影响

首先，将创意产业集聚的区域创新效应分为上游和下游两种实现机制，基于上游创新效率提出两个假设，即创意产业集聚对区域研发阶段的技术创新和工艺创新具有正向影响；而基于下游创新效率提出两个假设，即创意产业集聚对区域产业化阶段的传统产业和高技术产业的价值增值具有正向影响。其次，通过建立实证模型，采用中国省际面板数据，对上游创新效应和下游创新效应加以证实。结果表明，中国创意产业集聚确实存在对区域研发阶段的技术创新及区域产业化阶段的价值增值两种创新效应。为了增强结论的稳健性，运用工具变量回归替代变量回归、样本分类回归等方法。一系列的稳健性检验结果显示，创意产业集聚存在显著的区域创新效应的结论是稳健的、可信的。最后，对实证结果进行讨论，并提出结论和启示。

10）创意产业集聚对区域企业家精神的影响

首先，借助集聚经济相关理论，将创意集聚区分为专业化集聚与地理空间集聚两种类型。其次，采用企业家精神微观基础理论，将企业家精神区分为机会型与生存型两种类别。再次，构建专业化集聚与地理空间集聚对两类企业家精神的理论与实证模型。最后，采用中国省际面板数据，借助广义矩估计方法（generalized method of moment，GMM）模型对实证结果进行讨论。结果显示，针对创意产业集聚影响企业家精神的实证结果不仅因不同产业集聚形态、不同类型企业家精神而存在差异，还因不同类别创意行业而异。具体而言，创意产业专业化集聚对企业家创新的影响不够显著，但是对企业家创业具有显著的正向影响；创意产业地理空间集聚无论对企业家创新还是对企业家创业都具有显著而积极的作用。本书为厘清创意产业集聚类别对企业家精神影响之间的关系提供一项证据支持，为如何促进企业家精神涌现的政策制定和实施提供理论参考。

11）创意产业集聚对区域全要素生产率的影响

首先，运用 DEA-Malmquist 指数方法，采用中国省际面板数据，测算 1990~2010 年中国全要素生产率（total factor productivity，TFP）的增长情况，并对此展开分析。其次，构建经济计量模型，从全国及区域两个层面，分析创意产业集聚对区域全要素生产率增长的影响及其作用机制。实证结果显示创意产业集聚能够显著促进区域全要素生产率的提高。通过对影响机制的分析，发现创意产业集聚能够显著地促进技术创新，进而实现对区域全要素生产率的带动作用，而通过技术效率改进的影响机制并不显著。从分区域研究来看，东部沿海地区创意产业集聚更加明显，其对全要素生产率的增长具有显著的作用，而且其作用机制主要是通过促进区域技术创新得以实现的；而中西部地区创意产业集聚的全要素生产率增长效应及其作用机制并不显著。最后，总结创意产业集聚推动经济高质量发展的政策启示。

1.4.3　本书的主要创新之处

本书围绕空间视角下创意经济这一核心话题，分析了创意人才与创意产业集聚的溢出效应及其发生机制，这一研究对推进创意经济理论、空间经济学、区域创新等的发展具有重要意义。具体来说，主要体现在以下几个方面。

第一，对创意人才异质性的研究（将创意人才区分为创新型与创业型两类），有利于创意人才理论体系的发展，同时对各地区针对人才引进措施的评估与优化具有启发意义。

第二，采用 DEA 测算方法，测算了中国城市创意产业的综合生产效率、纯技术效率和规模效率，同时区分八大产业类型，测算了创意产业子行业的生产效率，并得出相关结论。该研究既开拓了创意产业子行业效率研究的新领域，也增强了人们对中国创意产业生产效率状况的认识，还适当丰富了 DEA 方法的研究领域。

第三，通过实证研究范式，首次证实了创意产业集聚对创意产业内部生产效率的影响及其作用机制，并回答了如何提高创意产业生产效率这个科学问题。该项研究既弥补了过去创意产业集聚研究对产业内部知识溢出效应缺乏考虑的不足，也丰富了关于创意产业集聚外部性探讨的研究成果，还为如何提高创意产业生产效率提供了理论和实证依据。

第四，基于创新链的视角，首次将创意产业集聚对区域创新的影响分为上游创新效应（即对研发阶段创新的影响）和下游创新效应（即对产业化阶段价值增值的影响），并通过实证研究范式加以证实。该研究既拓展了创新系统的研究空间，也为创新系统研究和产业集聚研究找到了交叉点，还夯实了关于创意产业集聚外部性讨论的实证研究基础。

第五，证实了创意产业集聚的全要素生产率增长效应。采用实证研究范式，证实了创意产业集聚的区域全要素生产率增长效应及微观作用机制，即是通过促进区域技术创新，还是通过提高区域技术效率来实现全要素生产率的增长这一关键科学问题。该项研究为中国全要素生产率的区域差异提供了一个新的解释视角，也丰富了创意产业集聚经济效应的理论和实证成果，还为如何推动区域创新和提高全要素生产率，以及实现产业和经济结构转型，提供了理论和实证研究支持。

总而言之，本书试图呼吁人们对创意集聚区的关注，并通过规范的研究方法，打开创意集聚外部性及其作用机制这一理论"黑箱"，为丰富创意经济理论的研究提供一个来自发展中国家的实证范例，并为中国经济增长实现由资本广化向资本深化转变，以及由资本驱动向创新驱动转型，提供理论上的借鉴。

1.4.4 本书的研究不足与展望

由于创意经济的研究涉及诸多学科，在研究方法和范式上又千差万别，加之集聚经济这一话题本身具有丰富的内涵，非"巧"不能揭其面纱。本书虽然在研究方法和研究视角上煞费苦心，试图打开创意人才和创意产业集聚外部性这一理论"黑箱"，但是鉴于研究者视野及数据所限，本书在诸多方面仍显不足，未来的研究可在以下几个方面进行拓展和延伸。

第一，本书对创意人才和创意产业内涵的理解，基本上沿用了已有研究成果。为了便于研究，在创意人才和创意产业外延的界定上，即统计口径方面，本书结合数据可获得性和中国创意经济发展实际对其进行了一定处理，但是如果能从创意人才和创意产业的内涵出发，构建一个新的创意经济概念框架，必将有利于推动创意经济研究的进一步发展。正如 Rantisi 等（2006）所强调的那样，创意经济研究的基本立足点应该是对创意的定义。未来的研究可以基于不同标准区分不同类型的创意产业，然后分别探讨不同类型创意产业的集聚效应。例如，可以借用 Florida（2002a）所分析的艺术型、技术型和经济型三种创意产业类型进行研究，或者借用 Asheim 和 Hansen（2009）基于综合型、分析型和符号型的创意人才概念框架，来探讨不同分类体系下创意人才的集聚效应。

第二，关于集聚的概念界定，本书接受了空间集聚的概念，并在指标选取和理论构建上，基本沿用了新经济地理学的分析范式，但是，现实中产业还出现了虚拟集聚的现象，尤其在互联网平台和云计算空间的作用下，创意产业虚拟集聚的趋势更加明显。本书并没有探讨虚拟集聚的情况，而现实中的虚拟集聚可能更加复杂、涉及的研究学科更加广泛，本书的结论被运用到分析创意产业虚拟集聚主题中，也需谨慎。未来的研究，可以从空间地理集聚的视角，跨入虚拟集聚的研究领域中，将创意产业集聚的概念进行拓展，从而有利于形成一系列创意人才和创意产业虚拟集聚的研究成果。

第三，从研究方法上来说，本书对三个关键科学问题的探讨主要采用了实证研究方法，但是实证研究方法最大的局限性在于当研究一个现象或者数据时，通常只局限于对这一现象本身的研究，而忽视了这一现象背后的宏观背景，很多时候，被证明的理论本身可能就是不可靠的。尽管本书关于集聚经济与外部性这一经典理论得到了大家普遍认同，但是，采用集聚经济理论来讨论新兴的创意人才集聚与创意产业集聚，如果在理论基础上没有严密的博弈论模型的支持，而仅仅是通过实证研究模型来证实有关理论假设，不失为一大遗憾。未来的研究，可以在研究方法上进行革新。一方面，可以摆脱实证研究固有的束缚；另一方面，远离"空对空"的泛泛而谈，通过构建巧妙的数学模型，推导出创意人才和创意产业集聚外部性知识溢出的一般理论模型，从而为构建创意经济理论做出新贡献。

第四，由于数据可获得性受限，本书在探讨创意人才和创意产业集聚外部性这一中心话题的过程中，主要采用了省域层面、部分市域及创意行业层面的数据。尽管这些数据能够基本满足本书所探讨问题的要求，但是，如果能够采用更加微观的数据，尤其是创意企业的数据，甚至是针对创意企业的调研数据，就可以实现由对产业的研究转向对企业的研究，研究范式也将由产业经济学向工商管理、企业管理、人力资源等研究领域转变，如企业家精神对创意企业成长的影响、R&D投入对创意企业创新的影响、创意人才偏好对创意企业及其发展的影响等更加微观的研究话题。此外，由于为了便于研究空间视域下创意经济外部性与经济高质量发展这一话题，同时考虑数据可获得性，本书不同章节核心变量的定义存在一定差异，这就导致同一变量在不同章节的数据来源可能存在差异。例如，为了讨论创意人才和人力资本的差异性及空间分布特点，我们以国有单位专业技术人员为代表来刻画创意人才，但是，当讨论创意阶层空间集聚的外部性时，我们则以城镇单位专业技术人员为代表来刻画创意人才。同时各章节的数据截止日期也存在一定差异性。例如，2008年之后，国家统计局不再报告城镇单位专业技术人员的相关数据，但是仍然可以获取国有单位专业技术人员的数据，因此，关于创意阶层空间集聚外部性实证分析的数据截止日期是2008年，而创意人才和人力资本空间分布研究的数据截止日期则为最新的年份。创意产业空间集聚的研究也存在类似的问题。未来的研究可以走出区域经济、产业经济的研究范式，借助工商管理、行为经济学、平台经济学等交叉学科的研究思路，将创意经济、平台经济、企业战略、创新网络等理论和概念串联起来，并运用更加微观的一手调研数据，进一步来探讨创意人才、创意企业、创意产业的空间分布规律及对经济高质量发展的影响机制。

第 2 章 创意推动经济高质量发展的机理分析

近年来,"创意"一词频繁进入大众视野,与创意相关的时髦词语层出不穷,如创意理念、创意生活、创意社区等。创意是在特定背景下产生的一种新颖性的总称,或是技术的,或是商业的,抑或是文化艺术的,其实现载体依赖于个体的创造力。随着"创意时代"的来临,如何发挥个体创造力实现经济持续发展受到人们越来越多的关注,成为学术界的研究热点,并积累了一大批学术成果。创意经济不仅是学术话题,甚至已经成为公共政策和政府治理的重要议题。以往关于创意经济的相关综述也零星出现了一些成果,但是大多数研究都缺乏对由创意而衍生出来众多概念的系统总结与分析,尤其缺乏对创意经济如何推动经济转型发展机理的梳理。因此,有必要对创意经济理论的相关概念进行进一步厘清和系统梳理。本章力图从整体上系统分析国外创意经济的前沿理论,并对创意经济推动经济转型发展的实现机理进行分析,以期为本书的理论和机制分析提供借鉴和参考。

2.1 创意人才、外部性与经济增长

在现代信息社会,国家之间或者地区之间的竞争越来越表现为人才之间的竞争。尤其在城市经济转型和发展过程中,创意人才作为其本源和实现载体,发挥着尤为重要的作用。那么创意人才概念的提出为区域间人才竞争和城市经济转型提供了一种什么样的新思路?这种新的人才观又是如何发挥作用的呢?

2.1.1 创意人才的缘起与特征

对于一名劳动者来说,一方面,虽然其受教育年限越长,知识积累可能越厚

实、越丰富,但是这种知识积累是否一定能转化为解决新问题的创新能力呢?这是一个值得反思的问题。另一方面,如果一名劳动者起初的学历并不高,但是他从事着需要发挥创造力的工作,试问:到底谁是真正的创新型人才?事实上,较高的受教育年限并不必然产生创新型人才,起初受教育水平不高的劳动者也并不意味着不能从事需要发挥创造力的工作。例如,比尔·盖茨、扎克伯格、乔布斯、斯皮尔伯格,他们曾经都是被大学退学的学生,但是他们从事的工作都是需要发挥个人创意的工作。在此情境下,Florida(2002a)总结出新的衡量人才的方法,也就是创意人才,即采用的是个人所拥有的创造力和实际技能的应用来测度和衡量,而非个体受教育年限。

虽然创意人才的类型多种多样,如有综合型(synthetic)知识的创意人才、分析型(analytical)知识的创意人才、符号型(symbolic)知识的创意人才,也有科学和卫生专家型、领军型、创业型、波希米亚型等创意人才(Petrova,2018),但是,不同类型的创意人才都表现出明显的特征。一是创意人才具有更高的创造力,其从事的职业通常都依赖于创造力和想象力,如律师、厨师、画家、音乐家等。这种创造性的发挥又是通过对差异化消费需求的挖掘而实现的,从而促进创意人才向社会提供象征性、个性化的商品或服务(O'Connor,2015)。二是创意人才往往都推崇一些共同的价值观,如尊重个性、崇尚竞争、富有宽容心等。这些价值观在地理空间上的投射,将使区域地理受到开放、包容、多样化的熏陶。主观上,创意人才的空间集聚可能会重构区域人文氛围,使得区域变得开放和包容;客观上,这种特殊的人文氛围又进一步吸引更多创意人才在区域内集聚(Stefanovic,2018)。从某种程度上来说,创意人才的空间集聚对城市经济增长和转型是一种良性循环。

2.1.2 本书关于创意人才的概念界定

本书采用 Florida(2002a)提出的创新性工作岗位来定义创意人才。在具体刻画中,我们用我国专业技术人员来测度创意人才,同时,用受教育年限来刻画人力资本,并对二者进行比较分析。

另外,为了丰富创意人才的概念体系,依据劳动者受雇佣与自我雇佣二元差异,本书将创意人才区分为技能型与创业型两种类型。显然,这两类创意人才所从事的职业都需要发挥个体创造力,不过其竞争优势存在很大不同。技能型创意人才的核心竞争力在于创意群体的专业知识和技能,而创业型创意人才的核心竞争力在于创意群体的企业家精神。技能型创意人才所具备的专业知识和技能在类别上存在差异,Asheim 和 Hansen(2009)提出创意人才具备三种知识基础,即分析型知识、符号型知识、综合型知识。创业型创意人才由于需要在复杂的外部环境中寻找商业机会、解决商业争端、谋求商业利润，因此，除了具备一定专业技能外，还需要具备通用知识和技能。Florida 等（2012）提出创意人才所应具备的通用技能包括分析技能、社交技能和体格技能。本书所构建的异质性创意人才的概念体系，将有利于对创意人才概念进行适当拓展，为创意促进经济高质量发展带来新视角。

2.1.3 创意人才的外部性及实现机制

创意人才理论的公共政策启示在于：区域应该想方设法培养、吸引、留住创意人才，因为创意人才是区域创新和经济增长的动力源泉。创意人才促进城市经济增长的机制可以归结为三个方面，具体的影响机理如图 2.1 所示。

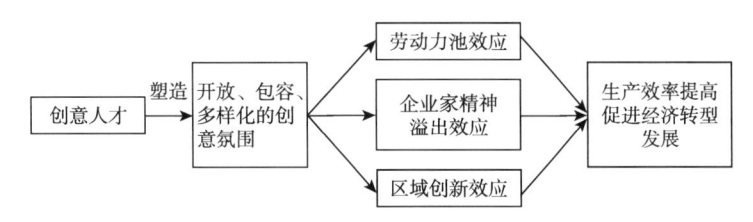

图 2.1 创意人才外部性及实现机制

第一，创意人才能够通过企业家精神溢出和就业增长，从而实现经济持续增长。创意人才从事发挥创造力的"手艺人"的工作，他们是创意企业进行创新的核心载体，是创意企业正常运转的保障。创意人才往往不会受限于被雇用的角色，而会在合适的时机进行创业，甚至将个人的创意或才能作为一项股权进行投资和创业（van Steen and Pellenbarg，2012；Lampel and Germain，2016）。创意人才集聚区域更容易溢出新的商业模式，促进创新企业诞生和发展（Stam et al.，2008）。从就业增长效应来看，Stolarick 和 Currid-Halkett（2013）运用美国 369 个城市区域数据展开实证研究，结果表明创意人才比重越高的城市区域其失业率越低，尤其在 2008 年金融危机以后，创意人才占比高的城市区域失业率较低，而就业率较高。不仅在城市，即便在乡村地区，无论是从整体规模来说，还是从相对水平的变化来看，创意人才都能显著促进当地就业率增长（McGranahan et al.，2010）。

第二，创意人才能够促进区域创新与效率变革，从而实现经济增长。从新经济地理学视角出发，Yu 等（2013）构建了创意人才集聚驱动劳动生产率增长的模型，研究表明由于创意人才集聚具有明显的劳动力池效应和创新效应，因此能够推动区域劳动生产率提高。创意人才富有创造力并以此谋生，不仅能够创造新产品、突破新技术，还能开创新商业模式和新市场（Florida，2004）。创意是创新驱动经济增长的源泉，后工业经济时代越来越涉及美学元素，创意人才的集聚使创意资本变成了经济资本，直接投入后福特主义的生产过程中。工业和制造业生产的信息化程度越来越高，劳动生产率也越来越高，这也是一种"经济的文化化"（O'Connor，2015）。毋庸置疑，创意人才集聚引发的区域劳动生产率提高是解释城市经济增长的重要机制。

第三，创意人才还能营造宽容而开放的社会氛围，从而促进区域经济增长。企业的知识溢出在很大程度上依赖于在特定产业集群的情景中得以实现，这种产业集聚可以是马歇尔的专业化集聚，也可以是雅各布的多样化集聚。不过，创意人才的知识溢出并不必然依赖于产业集群这一情景因素。开放的、多元的、宽容的环境是创意人才发挥创造力，实现创意人才劳动力池效应的重要情景因素（Florida，2002a；Asheim and Hansen，2009）。创意人才集聚将引发区域高技术产业和创意产业集群，刺激城市区域基础设施投资，进而实现城市劳动生产率和创新能力的提高。Batabyal 和 Nijkamp（2013）构建了考察创意资本、创意人才的偏好对城市经济增长影响的博弈模型，研究认为营造一种使创意人才发挥创意的工作氛围及轻松休闲的生活环境是创意人才增长效应的重要因素。总之，与企业知识外溢有所不同，创意人才的知识外溢既可以通过劳动力池效应发挥作用，也可以通过营造一种宽容的社会氛围而产生。

从本质意义上说，创意人才的溢出效应是创意个体的创造力在价值实现过程中所引发的知识外溢、技术外溢和企业家精神外溢，但是，研究表明只有在良好的人文氛围（包括尊重个体、宽容失败、崇尚自由的氛围等）和商业氛围（包括鼓励创新、保护知识产权的商业制度等）中，创意人才才更加容易释放出创造力，并形成商业价值。因此，如何通过营造氛围来实现"智力内迁"（brain-gain），避免"智力外流"（brain-drain）将是一个极其重要的区域人才战略问题。

2.1.4 创意人才引发的争论

针对创意人才理论，也有学者提出不同的看法，甚至是严厉的批评。Boyle（2006）指出 Florida 提出的衡量创意人才的方法太过朴素，他认为应采用更加细致且与地区实际相结合的方法来对创意人才进行更加系统化的衡量，创意人才（仅仅限于对可视艺术家、演员、音乐家和作家）集聚的区域并没有明显的增长效应，因此，应重新审视创意人才对经济增长的作用（Alfken et al.，2015）。创意人才和人力资本如果单从含义上来说并无本质上的差别，其都具有某种知识和才能并能够加以利用。从这个意义上来说，对创意人才的批评存在一定合理性。

创意人才的衡量方法与人力资本采用的受教育年限的衡量方法确实有所不同。创意人才理论的这种差异性并不是试图替代人力资本理论，而是对教育投入如何转化为实际经济增长的微观机理进行挖掘和反思。这并不是一个简单的统计问题，而是一个人才观的问题。创意人才理论从个人职业角度（强调在工作中是否发挥创造力而不是积累知识存量）、软环境角度来解释对经济增长的作用，这在一定程度上弥补了以往经济增长理论忽视文化因素的遗憾。Florida 等（2007）、Marlet 和 van Woerkens（2007）的研究指出人力资本对收入水平存在显著的正向作用，而创意人才对区域工资水平（代表劳动生产率）存在显著的正向影响，同时他们也指出人力资本和创意人才对区域发展的作用是相互补充的，而不是相互替代的。

2.2 创意产业、外部性与经济增长

如果说创意人才理论的提出是对人力资本理论的有效补充，那么创意产业理论的兴起则为产业组织、产业创新等理论的发展带来了新动力，同时，凭借产业创意化和创意产业化这两条路径，对现实中整个产业的质量变革、效率变革、动力变革都具有重要影响。

2.2.1 创意产业的概念及其比较

在国际学术圈内，对创意产业的定义有影响力的机构有 DCMS、欧盟委员会（European Commission）、世界知识产权组织（World Intellectual Property Organization，WIPO）、联合国贸易和发展会议（United Nations Conference on Trade and Development，UNCTAD）。我们首先通过不同机构对创意产业的定义进行总结，并提出本书对创意产业内涵和外延的思考。

1. DCMS 的定义

文化产业的概念可以追溯到 20 世纪的法兰克福学派。法兰克福学派的代表人物西奥多·阿多诺（Theodor Adorno）、马克斯·霍克海默（Max Horkheimer）在 1947 年出版的《启蒙辩证法》一书中，首次提出"文化产业"的概念[①]，并从艺术价值和哲学价值两个维度，对文化产业进行了批判与反思。与他们的批判立场不同，瓦尔特·本雅明（Walter Benjamin）持乐观的态度对待文化产业与大众文化娱乐业，充分肯定了文化产业的积极意义。后来，尼古拉斯·加纳姆（Nicholas Garnham）、贾斯廷·奥康纳（Justin O'connor）、芮佳莉娜·罗马（Raija-Leena

---

① 由于他们用单数形式的"工业"（industry）一词，因此，中文中"creative industry"也常被译为"文化工业"，以此来区别于复数形式的文化产业（creative industries）。

Luoma)等都对文化产业的概念进行了一定分析（林拓等，2004）。

1998年布莱尔政府的 DCMS 发布了《创意产业专题报告》（"Creative Industries Mapping Documents"，CIMD），并明确提出"创意产业"的概念，指出创意产业是"源于个人的创造力、技能和才能，通过对知识产权的利用和开发，具有潜在创造财富和就业机会的产业"。该报告关于创意产业的定义有两个核心的观点，一是创意产业需要有创意的投入；二是创意产业的产出需要具备知识产权的特征（不仅仅是版权）。此外，DCMS（1998）还对创意产业的外延进行了界定，即创意产业包括广告、建筑、艺术和文物交易、工艺品、设计、时尚设计、电影与录像、互动式休闲软件（电子游戏等）、音乐、表演艺术、出版、软件和计算机服务及电视广播13个行业。

目前 DCMS 对创意产业的定义，已经成为创意产业研究的一个重要的蓝本和参考，不过 DCMS 的定义并没有跳出文化产业的范畴（厉无畏和王慧敏，2009）。在该报告中，创意产业的界定并不包括版权中介组织、文化遗产、体育产业及文化旅游业。Howkins（2001）指出创意产业部应该包括版权、专利、商标及设计四个部门。相比文化产业，Cunningham（2002）更愿意使用创意产业一词，他认为创意产业的概念经历了艺术—文化—创意的发展过程。这一发展过程表明艺术、文化正日益广泛地与教育和学习、出版、设计、信息设备及电子商务等内容繁多的服务业联系在一起。

2. 欧盟委员会的界定

欧盟委员会指出创意产业既包括传统的艺术文化产业，也包括现代科技和文化融合的创意服务业，并强调创意服务业对其他产业强大的辐射和价值增值作用。按照欧盟委员会的定义，创意产业包括三个层次：一是艺术产业；二是文化产业；三是创造性服务业（或者活动）。在欧盟委员会的研究中，因为体育业存在非市场性的因素，而软件和数据处理的投入要素却不存在文化因素，因此，体育业及软件和数据处理产业没有被纳入创意产业的范畴。

由于欧洲的执政者十分重视文化产业对经济发展的作用，唯恐欧洲的本土文化被全球化淹没，因此，欧盟委员会对创意产业的认识，仍然没有跳出 DCMS 关于文化产业的定义范畴。

3. WIPO 的界定

版权产业由 WIPO（2003）提出。无论是产品（如书、电影、唱片）还是服务，也无论这些产品或者服务是具有功能的（如茶壶设计）还是没有功能的（如绘画），是大规模生产的还是临时生产的，生产是为了出口的（如好莱坞电影）还是为了国内消费的，这些产品或服务都有一个共同的特点，就是受到版权的保护。WIPO（2003）认为21世纪知识产权成为经济增长的重要推动力，在此背景下，版权产业迅速发展。版权产业包括创造、生产与制造、表演、广播、通信与展览、批发与零售及其他受到知识产权保护的产业。按照这个定义，版权产业包括出版与文学、音乐、戏曲制作、歌剧、广播电视、摄影、软件与数据处理、视觉与图形艺术、广告服务业、版权管理机构等。

相比其他的定义，在 WIPO 的定义中，软件和数据处理被视为创意产业，同时将版权管理的中介服务机构也纳入版权产业中。目前，版权产业这一定义范式，在美国比较普及和流行。

4. UNCTAD 的界定

UNCTAD（2008，2010）认为创意产业是借助创意和知识资本，生产出受到知识产权保护的、能够进行交易的有形产品或无形服务（知识的或艺术的服务），是具有市场价值增值的知识活动的总称。创意产业横跨了艺术、服务和工业三个部门，并且随着时代的变化，创意产业的外延也在发生变化。UNCTAD 区分了创意产业的上游活动（包括传统文化活动，如表演艺术、视觉艺术）和下游活动（更加接近于市场，如广告、出版和媒体），并且指出下游活动与其商业活动密切相关，而且由于其可复制成本较低，容易被其他厂商复制。

UNCTAD（2008，2010）认为创意产业包含了从传统知识和文化遗产类，到以现代科技和服务为导向的各种产业类型，具体包括四大类创意产业类型，即文化遗产、艺术、媒体、功能创造，在这四类子产业中，又具体分为文化遗产、传统文化表达、视觉艺术、表演艺术、视听教程、出版印刷和媒体、设计、新媒体及创意服务业九小类创意行业。目前，UNCTAD 的创意产业界定已经被很多国家所认可，尤其是新西兰、澳大利亚及加拿大等国家（UNCTAD，2010）。

5. 创意产业不同概念之间的比较

通过 UNCTAD、欧盟委员会、WIPO、DCMS 等机构对创意产业概念的分析，总结得出不同研究者关于创意产业所涵盖的子行业类型（表 2.1）。从表 2.1 的比较来看，UNCTAD 对创意产业外延的界定，包括创造性的 R&D 活动（不包括科学研究，而是技术研发），但是没有把科学研究这个子类纳入创意产业[①]。

---

① 对此，UNCTAD（2008）给出的解释如下：首先，无论在公共部门还是私人部门，科学研究都离市场（产业部门）很远，而且并不直接创造市场价值（投入了创意，但是产出很难直接进行市场交易），而技术研发（即创造性的 R&D）大多数都受到市场的影响，具有很强的市场导向性（投入了创意，产出受到知识产权的保护，能够进行直接交易），属于创意产业的范畴；其次，虽然体育业创造了市场价值，具有体验、娱乐、消遣的性质，但是由于体育项目存在培训、体育规则、竞争的特点，而这些特点皆不属于创意的范畴，因此，UNCTAD 认为体育业不属于创意产业。

表 2.1 创意产业的概念界定与比较

欧盟委员会	WIPO	DCMS	UNCTAD
图书与出版	图书与文学	出版	图书与印刷媒体
表演艺术(戏剧、舞蹈、马戏、节日庆祝)	音乐、戏院、歌剧	表演艺术(舞蹈、马戏、戏剧、现场娱乐、节日庆祝)	表演艺术(舞蹈、马戏、戏剧、现场娱乐、节日庆祝)
电影、录像、广播、电视、音乐、软件游戏(不包括其他软件与数据处理)	电影与录像、电视广播、摄影、软件与数据处理	电影与录像、电视广播、音乐、互动休闲、软件	视听教具(电影、电视、广播、录像等)
视觉艺术(工艺品、绘画、雕塑、摄影)	视觉与图像艺术(包括设计)	艺术与古玩市场 工艺品、设计、时尚设计	视觉艺术(绘画、雕塑、摄影、古玩)
设计被从视觉艺术中区分出来			设计被从视觉艺术中区分出来(室内设计、图像设计、时尚设计、珠宝玩具设计)
广告	广告	广告	广告(属于创意服务业范畴)
包含版权管理组织	包含版权管理组织	不包含版权管理组织	不包含版权管理组织
文化遗产(博物馆、考古遗址、图书馆)	不包括文化遗址	不包括文化遗址	文化遗产(博物馆、考古遗址、图书馆、展览馆)
建筑业	不包括建筑业	建筑业	建筑业(属于创意服务业)
不包括体育产业	不包括体育产业	不包括体育产业	文化娱乐业
文化旅游业	不包括旅游业	不包括旅游业	文化娱乐业
不包括软件和计算机服务业	软件和计算机服务业	软件和计算机服务业	软件、数字内容产业
不包括创造性 R&D	不包括创造性 R&D	不包括创造性 R&D	创造性 R&D

资料来源：UNCTAD(2010)的报告，经作者整理

本书认为，基础研究、应用研究和技术研发都应该属于创意产业范畴。原因在于：虽然基础研究和应用研究不能直接产生市场价值，但是这两个活动对直接产生价值活动的其他价值环节具有重要的关联作用，甚至是决定性的作用，这种能够间接或者具有滞后性产生市场价值的创意部门，也应该被纳入创意行业中。如果创意研究不被纳入创意行业，那么按照 UNCTAD 的定义，在其他创意行业类型中，难道就不存在创意研究活动了吗？因此，科学研究和应用研究活动都应该被视为创意行业。

此外，关于创意产业、文化产业、文化创意产业之间的关系，本书基本认同张京成(2007)的观点。

一方面，关于文化产业和创意产业的关系。文化产业强调如何将文化变成商品，强调文化与经济的双向互动融合，体现了经济的文化化和文化的经济化；而创意产业不仅强调如何将文化变成商品这一单向过程，还强调另一个过程，即将创意、创新等元素融入各种商品的生产过程中，并使创意成为该类商品的主导性元素。从这个意义上说，创意产业是文化产业发展的新阶段，它捕捉到了新经济发展过程中出现的新兴产业业态，这是诸如"艺术"、"媒体"和"文化产业"

等概念无法达到的。因此,相比文化产业,创意产业是一个比较新的学术、政策和产业的论述范畴。

另一方面,关于创意产业和文化创意产业的关系。创意产业本身是跨行业的,涉及的产业和门类比较宽泛。从广义上来说,创意产业不仅包括工艺创意、农业创意,还包括文化创意等。文化创意产业是创意产业的重要组成部分,它是以创意为核心,向大众提供文化、艺术、精神、心理、娱乐的新兴产业类型,也是文化产业的核心组成部分,是文化产业高端的创新性产业。文化创意产业整合了文化产业与创意产业这两个概念,涵盖了更为广泛的文化经济活动,在中国语境体系下有弥补文化产业概念不足的意义,但是,文化创意产业的概念内涵没有创意产业丰富,从学理层面上来说,其概念范畴也不如文化产业和创意产业严谨。

当然,也有学者认为创意产业、文化产业、文化创意产业在概念的内涵和外延上大致相同(金元浦,2009)。抛开学理层面不说,从全世界的具体实践来看,创意产业这一概念的接受程度更高。当前创意产业已经被多数国家所采用,尤其如英国、新西兰、澳大利亚及加拿大等国家(UNCTAD,2010)[①]。因此,本书采用创意产业的概念体系来展开相关研究。

2.2.2 本书关于创意产业的概念界定与衡量方法

通过上述分析,可以发现创意产业的概念因不同的研究方法、立场、视角而众说纷纭,之所以会产生这一差异和分歧,与其说是学者基于其自身不同的分析视角而产生的思想上的差异,倒不如说是时代的发展所催生出的新型产业业态,在不同文化、不同区域、不同国家经济体所反映出来的差异。本书并不企图重新构建创意产业的内涵体系,而是指出创意产业的三个基本特征:一是创造性和创新性是创意产业的核心要素,如果创意产业缺乏创造性和创新性,那么它将无法生存;二是创意产业的目标是实现经济价值,并兼顾美学和实用性价值;三是创意产业中各种符号(可以是文化的,也可以是非文化的)、各种商标、各种技术应该受到知识产权的保护。

就其外延来说,创意产业横跨了文化产业、服务业和工业等多个部门。总体来说,创意产业大体上包含三个产业类型:一是狭义的文化艺术产业;二是媒体出版业;三是创意服务业,可以把前两者称为广义的文化类产业。由于产业融合的趋势越来越明显,创意产业这三种子产业之间也存在一定的交叉,但是为了便于剖析创

[①] 关于创意产业、文化产业、文化创意产业,以及有关其他类似概念的细微差异的争论,还将一直存在下去,作者认为这并不是一件坏事,相反,这种争论必将有利于学术研究的进步和发展。

意产业的特征,包括政府补贴、市场导向、生产特点、产出形式、创新类型等特点,大体上可以通过这三种不同分类,来对创意产业的特征进行分析(表 2.2)。

表 2.2 创意产业的类别与特征

一级子类型	文化艺术产业	媒体出版业	创意服务业
二级子类型	文化艺术 工艺品 时尚消费 会展 表演 文化娱乐	广播电视 电影与录像 新闻 出版 电信传输	计算机服务 软件服务 建筑装饰业 建筑工程服务 专业技术服务 商务咨询 科技咨询 创意科研
政府补贴	有一定补贴	有一定补贴	非常少
市场导向	市场导向性较强	混合型导向(市场+公益导向)	市场导向性强
生产特点	劳动力密集型	资金和技术密集型	混合型
产出	产品+服务	产品(有版权)	服务(具有功能性)
产出形式	介于标准化和定做之间	标准化产品	定做的服务
创新类型	工艺创新	产品创新	服务创新

注:①表中的 19 种创意产业二级子类型体系参考了张京成(2007)的研究成果,但是相比他的分类体系,本书并没有将教育类行业包含在创意产业中,主要原因在于教育在很大程度上不是一种产业;②表中对政府补贴、市场导向、创新类型等特征的分析,仅仅是对文化艺术、媒体出版和创意服务三种创意子行业的主要特点的描述,具体每一种子行业类型的创意产业可能还有特殊性,如新闻业的产出形式以服务为主而非以产品为主

本书第 7 章关于城市创意产业效率的分析中,创意产业包含影视文化、软件服务、工艺时尚、设计服务、展演出版、咨询策划、休闲娱乐、创意科研八个中类子行业(这八个中类子行业可在表 2.2 中找到其对应的二级子行业),相关数据来源于《中国经济普查年鉴》;而本书在 10~12 章的分析中,采用了面板数据,而在《中国统计年鉴》中并没有专门的创意产业统计,但是通过数据调研和整理,发现信息传输、计算机服务和软件业,商务服务业,科学研究、技术服务业,居民服务和其他服务业,文化、体育和娱乐业五个产业类型,与表 2.2 中的创意产业类型基本相当。因此,本书 10~12 章关于创意产业集聚外部性的分析中,其数据采用了上述五种产业类型的统计数据来表征创意产业。

2.2.3 创意产业的经济外部性及实现机制

当创意产业这个概念在英国诞生时,它就被"披上"了浓厚的政治色彩,当时发展创意产业被作为布莱尔政府振兴英国经济的重要政策。创意产业构成了城市创新系统,创意产业实现城市经济增长转型主要通过创新效应,而创意产业的创新效应又主要通过两种关键机制加以实现:一是产业链创新机制;二是区域创

新机制。通过实现产业创新和区域创新，创意产业能够提高区域全要素生产率，最终促进区域经济转型发展。创意产业经济外部性及实现机制如图 2.2 所示。

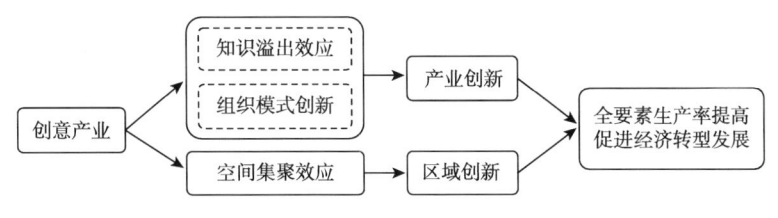

图 2.2 创意产业经济外部性及实现机制

第一，创意产业有利于实现产业链创新。从产业链来看，Stam 等（2008）指出创新性是荷兰创意产业最突出的特性，创新是创意产业所带来的增长效应的重要源泉，不过相比媒体出版、创意服务业这两类创意产业来说，艺术型创意产业的创新能力偏弱；相比乡村创意企业来说，城市创意企业的创新能力更强；而相比于一些资源、劳动力、技术密集型制造业及知识密集型服务业，创意产业创新能力更强，所引起的经济增长效应更为显著。采用欧洲 250 个区域创意产业发展的证据，de Miguel-Molina 等（2011）指出发展创意产业使得区域财富迅速积累。由于创意产业具有明显的产业关联效应，因此对于培育区域高新技术产业，进而增强区域创新能力具有促进作用。从创新链条来说，创意产业的创新效应主要表现在促进新产品、新服务、新技术的诞生，以及带动相关产业的创新等方面（Müller et al.，2009）。具体来说，创意产业的创新溢出效应是一个文化嵌入和社会嵌入的过程，那么创造性知识是如何从创意部门溢出到更广泛的社会部门的呢？一方面，创意产业能够创造新环境，同时融合不同部门的知识和制度背景来最大化地溢出创新效应；另一方面，创造性知识增强了不同部门合作与社会凝聚力（Petrova，2018）。这些都与创意产业创新的网络溢出机制有关。实际上，创意产业的创新不仅仅表现在技术创新、服务创新、产品创新、管理创新、工艺创新方面，更是一种融合新组织发展（new organizational development）、新代理人界面（new client interface）、可选择的技术应用空间（optional technology application）三种形式的独特创新体系（Chaston and Sadler-Smith，2012）。简而言之，创意产业之所以能促进产业创新，是因为创意产业能有效整合价值链和产业链这两类溢出效应。

第二，创意产业空间集聚有利于区域创新效应的实现。由于创意产业处在产业链、价值链的高端，涉及多个行业，产业关联性强，在地理空间上又表现出明显的集聚趋势，因此，创意产业外部性还将通过地理集聚和区域创新得以实现。Clare（2013）指出尽管信息技术的发展浪潮似乎逐渐消灭地理空间上的限制，形成"时空压缩"，但是创意产业仍然集聚在一些较大型的城市中，因为创意产业的形成、培育和发展依赖于创意人才的创造性思维，而创意产业的空间集聚又有利于创意人才进行面对面的交流与知识互动，进而迸发出灵感和创意，这些奇思妙想是区域创新系统的重要组成部分。Yu 等（2014）的研究进一步补充到，创意产业集聚溢出效应表现为上、下游两种效应。研究表明上游创新效应表现为创意产业对研发阶段创新具有显著正向影响，而下游创新效应则表现为创意产业对传统产业和高技术产业的价值增值都具有正向影响。创意产业上、下游创新效应的验证，对区域创新系统的建构具有一定借鉴意义。创意产业的地理空间集聚能显著提高区域的全要素生产率，这主要是通过提高区域纯技术效率这一主要机制来实现的。同时，区域创新绩效的提高得益于部门与创意产业非正式模式的合作，这种合作模式能使部门中的企业以灵活快速的方式从中获益，从而提高区域创新绩效（Santoro et al., 2018）。因此，从区域创新这一视角来看，创意产业地理集聚所带来的"创意情境""创意场域""创意群落"是产生创新的源泉。

与基于个体视角的创意人才的增长效应类似，作为组织形式的创意产业的增长效应无法摆脱对创新效应的依赖。从影响机制来看，创意产业创新效应的发挥主要关注了产业创新和区域创新两种机制的作用。

2.2.4 创意产业增长效应所引发的争论

与创意人才理论类似，创意产业研究领域的快速发展也引起了一些学术争论。一是对创意产业概念体系的质疑。研究者认为创意产业在概念和衡量体系上总是随着形势变化而调整的，创意产业的概念与高科技、现代服务业、数字经济等概念之间的边界比较模糊。二是对创意产业增长效应的质疑。Scherer 等（2012）指出德国南部存在大量的创意企业，但是相比其他企业来说，这些企业却雇用了很少的员工，而且对当地经济增长没有显著的影响，因此，创意产业的增长效应被学者高估了。同时，有研究结论显示：除了阿姆斯特丹城市群，其他城市的创意产业并没有显著的就业增长效应（Stam et al., 2008）。基于中央和地方政府治理政策的角度，Zhou 等（2018）研究了中国创意产业的中央和地方政府资助项目如何影响企业的突破性创新和增量创新，研究指出中央政府资助项目对创意产业中企业的突破性创新和增量创新的影响是倒 U 形的，而地方政府资助项目对企业的增量创新的影响是倒 U 形的，对企业的突破性创新没有显著影响。

创意产业具有很强的产业融合性，其为制造业和高技术产业发展提供了创意链条支撑，为城市经济转型发展甚至整个产业结构优化升级提供了新思路。从这个意义上来说，创意产业不仅仅是作为一个独立的产业体系在全球范围内迅速蔓延，更是一种产业发展观的变革，它的福利效应、竞争效应、创新效应、增长效应对促进整体经济发展提质增效及产业创意化等具有重要参考意义。

总之，从最初的概念探讨，到采用区域科学、开放式创新理论，再到采用系统理论及复杂性科学来讨论创意人才和创意产业，都表明人们越来越认识到创意人才和创意产业对塑造区域竞争力、促进城市经济发展的重要贡献。无论是对创意人才增长效应的分析，还是对创意产业外部经济的探讨，其实现载体都要落实到区域或者生产网络中，而创意人才和产业的汇集区，又将成为创意城市建构的标志和雏形。

2.3 创意城市的构建与城市转型发展

现代大都市的发展正直面前所未有的挑战与困境，如传统产业衰落、集体归属感缺乏、生活品质下降、"全球化-地方化"矛盾等，要处理好这些问题和矛盾，引领城市走上一条创意城市的发展道路或许是"一股清流"。

2.3.1 创意城市的缘起与构建设想

随着创意人才、创意产业、创意区等相关概念的出现，学者开始关注创意城市的研究。有关创意城市的思想来源，可以追溯到维多利亚时代约翰·罗斯金[1]和威廉·莫里斯[2]对艺术经济学和文化经济的研究。Mumford（1938）将罗斯金和莫里斯思想运用于城市研究，指出"城市构建的核心目的是满足人类消费及创意活动的需要"。早期关于创意城市的分析主要散见于各种文学作品，以及文化经济学的著作中。此阶段的研究还属于构想创意城市的愿景阶段。

随着研究深入，创意城市的构建也从远景设想阶段进入设计和实施阶段，所采用的研究方法也更加趋向定量化。Landry（2000）认为，当代大都市的发展面临前所未有的挑战，如传统产业衰退、集体归属感缺乏、生活品质下降等，要解决这些问题，城市需要采用创意的方法，并从创意情景、城市认同感、人品素质、意志力和领导力、组织文化、都市空间与设施、网络化和连接结构、种族多样性及获得不同人才的机会等方面，提出构建创意城市的设想。Hospers（2003）指出

---

[1] 约翰·罗斯金（John Ruskin，1819年2月8日—1900年1月20日）是英国维多利亚时代主要的艺术评论家之一，他还是一位艺术赞助家、制图师、水粉画家、杰出的社会思想家及慈善家，也是前拉斐尔派的一员。

[2] 威廉·莫里斯（William Morris，1834年3月24日—1896年10月3日），英国艺术与工艺美术运动的领导人之一，世界知名的家具、壁纸花样和布料花纹的设计者兼画家，同时他还是小说家和诗人，也是英国社会主义运动的早期发起者之一。

创意城市的构建是解决"全球化-地方化"矛盾的重要策略,并指出集中性、多样化、非稳定性、正面声誉是增强城市创意的四个重要因素。此外,他还提出四种类型的创意城市,即技术创新型城市、文化智力型城市、文化技术型城市、技术组织型城市。

随着研究深入,创意城市微观领域的研究也在深入进行。Gertler 等(2002)指出创意城市对于加拿大来说,可以增强国民经济的竞争力和适应力,提高居民生活质量和水平。构建创意城市应该从吸引和培养创意人才、发展知识密集型产业等方面着手。Evans(2009)采用荟萃分析(meta-analysis)方法讨论了创意产业集群区对构建创意城市的影响。Comunian(2011)借用复杂适应性系统理论,分析了城市公共基础设施(包括微观的创意互动和网络化)对构建创意城市的作用。Kagan 和 Hahn(2011)探讨了创意城市的可持续发展。Lewis 和 Donald(2010)提出了构建创意小城市的思考。

2.3.2 构建创意城市的关键因素

创意城市是在经济全球化和信息技术快速发展的背景下,伴随着城市的更新,创意人才、创意产业、创意群落的兴起而出现的一种新型城市形态,是建立在消费文化与创意产业基础之上,向社会其他领域延伸的城市发展模式(李明超,2008)。要构建创意城市以助推城市转型发展,不可忽视以下三类关键因素(图2.3)。

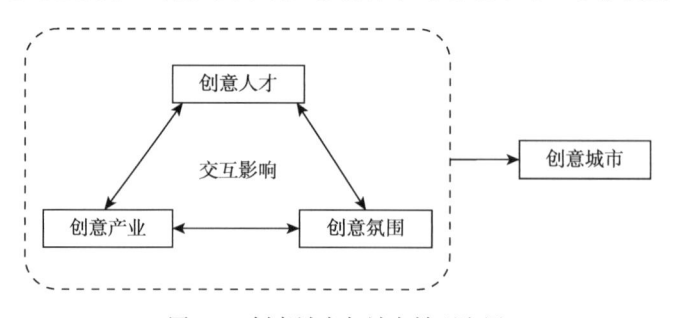

图 2.3 创意城市与城市转型发展

第一,创意人才是构建创意城市的关键生产因素。尽管构建创意城市需从多个维度进行考虑,但是,创意人才无疑是构建创意城市最重要的因素。城市引进和培育创新型人才,营造开放包容的人文环境,积极发展知识密集型产业,有利于引领城市向创意经济转型发展(Gertler et al., 2002)。Pechlaner 和 Innerhofer(2018)指出城市除了要建立良好的数字基础设施以外,提升区域的可达性、到达中心区的便捷程度及吸引更多的艺术家和创意人才在城市集聚,对创意城市的构建也至关重要。

第二，创意产业是推动创意城市建设的支柱性产业。在城市创新体系中，创意产业有助于增强创新潜力。艺术、文化和创意产业是区域创新的灵感来源，有助于丰富和巩固城市创新体系。创意产业是构建创意城市的关键组成部分，在集聚城市财富、创造城市就业、促进城市创新发展及提高城市竞争力方面的作用越来越显著（Pechlaner and Innerhofer, 2018）。所有能称为"创意之都"的城市，无论是"设计之都""音乐之都"，还是"影视之都"，它们都有一些共同的特点，即拥有特色的创意产业发展体系。Bontje 和 Musterd（2009）对欧洲七个城市（阿姆斯特丹、巴塞罗那、伯明翰、赫尔辛基、莱比锡、曼彻斯特、慕尼黑）的创意城市与区域发展进行比较研究，研究指出，尽管七个城市都是典型的创意之都，但是在产业结构上存在显著的差异。例如，赫尔辛基、巴塞罗那偏向信息与通信技术（information and communications technology, ICT）产业的发展，慕尼黑偏向高新科技产业的发展，阿姆斯特丹的创意经济比较发达，曼彻斯特的知识经济和创意经济都比较发达，莱比锡和伯明翰创意产业的发展相对滞后。

第三，创意氛围是助推创意城市发展的催化剂。创意城市设计不仅需要看得见的硬件环境，包括基础设施、高技术产业及新兴产业业态，还需要软件环境，包括开放的、包容的社会环境。因为开放包容的环境有利于鼓励创新，吸引和培育创意人才，使区域成为创意磁场，带动高技术和知识密集型产业的发展，进而促进创意城市的持续发展（Florida, 2002b; Pechlaner and Innerhofer, 2018）。Florida（2002a, 2004）认为，推动创意城市的发展需要提升城市便利性，形成宽容、多样的城市环境，以此来吸引和培育创意人才，并在创意人才的带动下形成创意集聚区、创意磁场，以及促进相关产业的发展，进而促进创意城市的形成。

2.3.3 构建创意城市需要走出两个误区

构建创意城市以促进城市经济转型发展，还需要走出两个误区。第一，创意人才集聚、创新孵化和创意产业集群是构建创意城市的前提条件，但是构建创意城市并不意味着要放弃城市的工业体系。Bontje 和 Musterd（2009）对欧洲七大创意城市与其所对应的区域产业结构发展情况进行了对比研究，研究表明并不是所有创意城市的主导产业都集中在创意产业。例如，慕尼黑主要倾向发展高新科技产业，虽然莱比锡和伯明翰的文化产业发展相对滞后，但是它们的先进制造业和设计都比较发达。第二，构建创意城市并非大都市的"专利"，小城市也可以走创意城市的发展道路。借用创意资本相关理论，Lewis 和 Donald（2010）探讨了加拿大构建创意小城市的设想，研究指出构建小型创意城市的关键在于该城市能否提供便利、绿色、高质量的人居环境，以及城市本身能否践行绿色、可持续发展的理念。

创意人才、创意产业与创意城市具有内在关联性（图2.3），这种联系的纽带就是创意，而创意本身具有非线性、非均衡性的特点，容易在某些区域集聚。创意集聚区是构建创意城市不可忽视的因素。在后工业化时期，即在创意经济和知识经济的时代，城市经济发展都在寻找新的动力机制，无污染、绿色、环保、可持续的创意城市构想便成为未来城市发展的趋势。创意人才、创意产业等概念的提出既顺应了当前城市经济发展的趋势，又为未来城市经济发展向创意城市转型提供了新思路。

创意经济研究者声称找到了人力资本、产业发展、城市规划等理论中"创意"这一关键因素，并把创意人才、创意产业、创意城市当作一个学科支脉进行系统研究，在创意人才与增长、创意产业与增长、创意产业集聚外部性、创意城市构建体系等方面，出现了一批显著的研究成果。这为人力资本、产业组织和区域发展等理论研究提供了来自创意经济的新视角，但是，就创意经济研究的现状来说，仍然还有很多可挖掘的空间。

第一，在用英语传播的创意经济文献中，目前很少有来自中国的经验证据。事实上，中国创意人才正在崛起。中国创意产业发展迅猛，在国际贸易中占有一席之地。UNCTAD的数据显示，2018年中国创意产业出口贸易额位居世界第一，占全球创意产业贸易总额的20%。当然在快速发展的创意经济体背后，也存在诸多问题。例如，目前中国文化类创意产业的市场化改革还很不完善，而内容型创意产业的发展则受到薄弱知识产权保护系统的挑战；当创意人才在选择居住和工作环境时，他们对自然环境、人文环境、商业环境要求较高，正因为此，中国区域竞争力格局正在发生变化。诸如此类，在创意经济方面值得研究的问题很多，但是，遗憾的是在国际英文文献中很少有来自中国创意产业和创意人才的声音。中国创意经济快速发展的现实与科学研究之间的鸿沟，应该引起学者的重视。

第二，创意研究的理论基础有待进一步夯实。目前关于"创意人才-创意产业-创意城市"的研究主要表现在创意人才、创意产业与区域创新、增长的关系及创意城市概念与构建等方面，很少有研究将创意作为一个内生变量，来讨论创意对创意人才、创意产业、创意城市的影响。换句话说，以创意为"利基"而形成的创意经济理论体系还没有形成。尽管有学者试图采用Florida的"3T"理论来分析创意人才和创意产业对城市经济的影响，提出创意城市构建的设想，但是很难将创意人才、创意产业、创意城市三者嫁接起来，创意经济不同子模块之间的内在影响机制还有待进一步挖掘。未来研究可以从复杂性科学、心理学、脑科学、区域科学等交叉科学视角出发，探讨创意人才、创意产业、创意城市这三者之间的内在关联机制，进而从整体上推动创意经济相关理论的突破和发展。

第三，研究方法的规范性仍需进一步加强，研究手段可以多元化。目前对创意人才、创意产业进行的研究，尤其是对创意城市的探索，其中绝大部分成果仍然需要以质性研究的积淀为前提。国际创意研究领域的两本主流杂志，其中一本名为 *International Journal of Cultural Policy*，它的研究视角主要集中在创意产业的微观子行业，以理论探究和案例分析为主；另一本名为 *Journal of Cultural Economics*，虽然它比较注重定量研究，但是该杂志的很多论文仍然沿用文化经济学的传统，使得创意研究陷入单一逻辑"陷阱"，缺乏区域科学和经济学的视角。由于研究方法存在较大随意性，研究手段缺乏多样性，这就造成关于创意人才、创意产业、创意城市的很多研究结论缺乏理论和实证支持。未来的研究可以采用质性研究、定量研究、案例研究、模型构建等多种方法，尤其注意采用规范性的定量研究，对创意人才、创意产业、创意城市进行系统化研究，以便为创意理论的构建做出新贡献。

第 3 章 创意人才的发展状况与空间分布

作为经济增长的新动能，创意人才正在改变区域经济增长模式，并出现快速增长的良好发展态势。但是，在地理空间范围内，创意人才并不会均匀分布，而是表现出对开放性、多样性、便利性具有特殊偏好的集聚式分布。本章将对创意人才的发展状况、空间分布特征进行分析，以期进一步揭示创意人才的空间分布规律[①]。

3.1 创意人才发展状况

3.1.1 创意人才总量及演变趋势

1. 创意人才的衡量方法

按照 Florida（2002a）给出的定义，创意人才即从事需要发挥个体创造性工作的人员或"手艺人"。从具体岗位来看，创意人才包括科学家、工程师、大学教授、诗人、小说家、艺术家、演员、设计师、建筑师、散文家、编辑、文化工作者、咨询研究人员、分析师与政策制定者、高科技工作者、金融服务人员、从事法律或者保健的工作人员及商业管理者等。中国官方统计年鉴中并没有 Florida 式的创意人才，因此，我们采用变通的方法来衡量中国的创意人才。创意人才的本

---

① 创意人才空间分布不仅包括区域空间分布还包括城市地域分布。例如，创意人才空间分布可能具有产业带状性、文化依赖性、交通便利性等特点，但是，考虑到数据可获得性，本章仅从省域和区域角度来探讨创意人才空间分布。

意是指那些具有特殊技能的人才,从这个意义上讲,中国的专业技术人员能够较好地刻画"中国式"的创意人才(Qian,2010)[①]。

在本节中,我们认为专业技术人员企业家群体也需要发挥他们的创新创业精神,其所从事的工作岗位也是具有创造性的工作岗位,故也属于创意人才群体。因此,本节采用专业技术人员与企业家数量二者之和来刻画创意人才,其中,专业技术人员用来表示技能型创意人才,企业家精神用来表示创业型创意人才。我们用公有经济企事业单位专业技术人员来衡量技能型创意人才,用私营企业投资者人数来衡量创业型创意人才。

2. 中国创意人才的总体发展状况

创意人才已成为中国经济发展的重要推动力量。从总量上看,2017年中国创意人才数量达7 539.82万人,占全国人口比重为5.43%(表3.1)。为便于比较,我们收集了1991~2017年毕业的本科和专科生数量。数据显示,1991~2017年中国本科和专科毕业生人数累计约8 886万人,其中,本科人数为4 436万人,专科人数为4 450万人。2017年本科和专科毕业生人数占全国人口的比重为6.40%,本科、专科毕业生人数占全国人口的比重分别为3.19%和3.20%。通过比较可以发现,中国创意人才数量的占比要比本专科人数的占比小1个百分点,这说明接受高等教育的人员并不必然会成为创意人才,也不必然会从事具有创造性岗位的工作。

表3.1 1991~2017年创意人才与本专科毕业生人数的情况

年份	本专科毕业生人数/万人	本专科在校生人数/万人	本专科在校生人数占全国人口比重	创意人才数量/万人	新增创意人才数量/万人	创意人才数量占全国人口比重
1991	66.18	120.69	0.10%	1 747.14	60.52	1.51%
1992	70.95	137.13	0.12%	1 789.95	69.14	1.54%
1993	75.73	212.85	0.18%	1 863.78	73.83	1.58%
1994	78.11	290.96	0.24%	1 958.40	94.62	1.65%
1995	80.50	371.46	0.31%	2 047.08	88.68	1.70%
1996	84.74	456.21	0.38%	2 162.38	115.30	1.78%
1997	87.75	543.96	0.44%	2 253.70	91.32	1.84%
1998	89.56	633.52	0.51%	2 339.63	85.93	1.90%
1999	91.38	724.89	0.58%	2 465.40	125.76	1.98%
2000	95.00	819.89	0.65%	2 560.43	95.03	2.03%

---

① 在中国,专业技术人员被界定为从事专业技术工作和专业技术管理工作,且已在1983年以前被评定为专业技术职称,或在1984年以后被聘任为专业技术职务的人员,具体包括工程技术人员、农业技术人员、科研人员、卫生技术人员、教学人员、民用航空飞行技术人员、船舶技术人员、经济人员、翻译人员、新闻和出版人员、律师、公证人员、广播电视播音人员、工艺美术人员、体育人员、艺术人员和政工人员等。

续表

年份	本专科毕业生人数/万人	本专科在校生人数/万人	本专科在校生人数占全国人口比重	创意人才数量/万人	新增创意人才数量/万人	创意人才数量占全国人口比重
2001	103.60	923.49	0.73%	2 630.64	70.21	2.07%
2002	133.70	1 057.19	0.83%	2 869.20	238.56	2.25%
2003	187.70	1 244.89	0.97%	2 946.80	77.60	2.30%
2004	239.10	1 483.99	1.15%	3 126.93	180.13	2.42%
2005	306.80	1 790.79	1.40%	3 307.80	180.87	2.58%
2006	377.50	2 168.29	1.67%	3 501.47	193.67	2.70%
2007	447.80	2 616.09	2.01%	3 651.03	149.56	2.80%
2008	511.90	3 127.99	2.38%	3 817.25	166.22	2.90%
2009	531.10	3 659.09	2.76%	3 971.79	154.54	3.00%
2010	575.40	4 234.49	3.17%	4 063.73	91.94	3.05%
2011	608.20	4 842.69	3.61%	4 342.68	278.95	3.24%
2012	624.70	5 467.39	4.06%	4 587.52	244.84	3.40%
2013	638.70	6 106.09	4.51%	4 924.69	337.16	3.63%
2014	659.40	6 765.49	4.97%	5 430.67	505.99	3.99%
2015	680.90	7 446.39	5.43%	6 305.34	874.67	4.60%
2016	704.20	8 150.59	5.91%	7 110.65	805.31	5.15%
2017	735.80	8 886.39	6.40%	7 539.82	429.17	5.43%

从创意人才的基本构成看，2017年全国技能型创意人才的数量为2 087.02万人，占全国人口的比重为3.93%；创业型创意人才的数量为5 452.80万人，占全国人口的比重为1.50%。

从时间演化趋势来看，无论是创意人才数量还是创意人才数量占全国人口的比重，都呈现出明显的增长趋势。1991年，创意人才数量占全国人口的比重为1.51%，经过二十多年的发展，2017年创意人才数量占全国人口的比重增长至5.43%。在此期间，本专科毕业生人数出现了迅速增长，本专科在校生人数占全国人口的比重也保持较快的增长速度。对比本专科在校生人数占全国人口的比重与创意人才数量占全国人口的比重，可以发现，前者的增长速度明显高于后者，这说明尽管接受高等教育的人数呈现较快的增长速度，但是，这些接受高等教育的个体并不能等量地转化为创意人才，或者说不能等量地转化为具有创造性的工作岗位。特别是随着高等教育由精英教育向大众教育转变，大量接受高等教育的个体毕业后并没有从事需要发挥创造性的工作。

如果将接受高等教育的人数用来表征人力资本发展水平，那么根据上述分析可以得出判断，中国人力资本水平和创意人才数量都得到了稳步增长。为进一步分析人力资本与创意人才二者之间的关系，我们画出 1991~2017 年创意人才与人力资本的散点图（图 3.1 和图 3.2），其中，图 3.1 的横、纵坐标分别表示创意人才新增数量与人力资本新增数量（本专科当年毕业人数），图 3.2 的横、纵坐标分别表示创意人才总量与人力资本总量（本专科在校生人数总量）。图 3.1 表明，大体上来看，新增的大学毕业生人数越多，社会新增创意人才的数量也越多，但是，大学毕业生数量在 200 万~500 万人这个区间，大学生毕业人数与创意人才新增量并没有正向相关关系。在该区间，中国大学的招生数量恰好处于迅速扩张阶段，其时间初始点在 2002 年前后（实际上，大学出现大幅扩张始于 1998 年，而扩张后的第一届毕业生人数大幅增加的时间节点则始于 2002 年），而大幅扩张后的大学毕业生可能难以在短期内转变为具有创造性的人员。大学毕业生人数在 500 万人以上的区段，即 2008 年之后，大学毕业生与创意人才二者之间的关系又表现为正向关系，只不过其相关性出现了一定程度的下降。

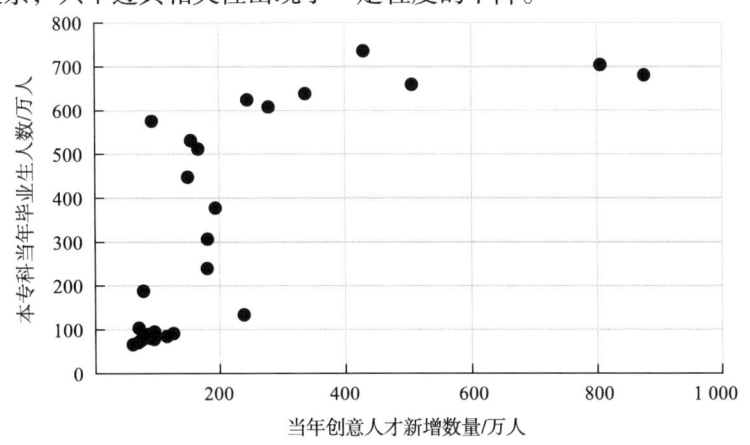

图 3.1　创意人才新增数量与人力资本新增数量散点图（1991~2017 年）

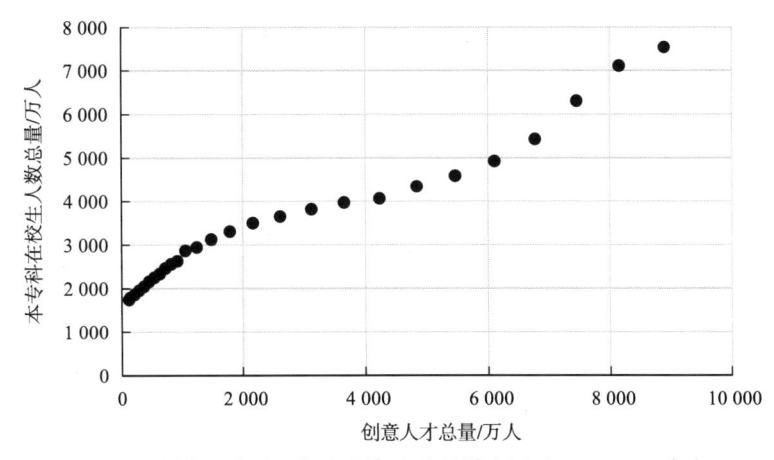

图 3.2　创意人才总量与人力资本总量散点图（1991~2017 年）

图 3.2 显示，1991~2017 年创意人才总量与人力资本总量二者之间确实存在相关关系，但是，二者的相关性具有先凸后凹的特点，事实上与图 3.1 具有相同之处。当创意人才数量处于 3 000 万~4 000 万人的区段时，创意人才总量与人力资本总量之间的相关关系开始变得平缓，主要原因可能在于随着大学生数量的持续增加，整个经济系统难以提供相应的创造性工作岗位。当创意人才数量大于 4 000 万人时，创意人才总量与人力资本总量之间的相关关系开始变得更加陡峭，说明随着经济增长和社会全面发展，整个经济系统能够为他们提供更多的具有创造性的工作岗位。

3.1.2 不同区域创意人才的演变趋势

从不同区域来看，创意人才的发展和演变状况具有不同特点。1991 年，全国拥有创意人才 1 747.14 万人，占全国人口的比重为 1.51%，其中，东部地区拥有创意人才 743.2 万人，占该地区人口的比重为 1.71%；中部地区拥有创意人才 541.24 万人，占该地区人口的比重为 1.38%；西部地区为 459.38 万人，占该地区人口的比重为 1.39%。1991 年东部、中部、西部地区创意人才数量占本地区人口的比重差距并不明显，如图 3.3 所示。东部与中西部之间仅相差约 0.3 个百分点。经过二十多年发展，2017 年全国创意人才总量已经增长至 7 539.82 万人，占全国总人口的比重也提升至 5.43%，其中，东部地区创意人才数量已增长至 4 352.68 万人，占该地区人口的比重则提升至 7.53%；中部地区创意人才数量增长至 1 745.93 万人，占该地区人口的比重升至 4.02%；西部地区创意人才数量增长至 1 718.00 万人，占该地区人口的比重升至 4.55%[①]。

就 1991~2017 年不同地区创意人才数量的演化来看，全国创意人才数量的增长速度十分明显，年均增长率达 12%，其中，东部地区创意人才数量的年均增长率高达 18%，中部地区的年均增长率为 8.5%，西部地区的年均增长率为 10.5%。通过比较发现，东部地区创意人才数量的增长速度一直处于领先地位，其创意人才数量占该地区人口的比重也要高于全国平均水平。西部地区创意人才数量的增长速度要高于中部地区，特别是在 2008 年之后，西部地区通过加快基础设施建设、加大人才引进力度、提升公共服务水平，其创意人才数量占该地区人口的比重开始超过中部地区。通过比较还可以看出，自 2008 年开始，西部地区创意人才数量

---

① 通过数据比较可以发现，全国层面的创意阶层数量与东部、中部和西部创意阶层数量之和存在一定误差，其原因在于：我国统计年鉴中，涉及专业技术人员的统计对中央和地方专业技术人员是分开报告的，因此，导致了一定的误差。

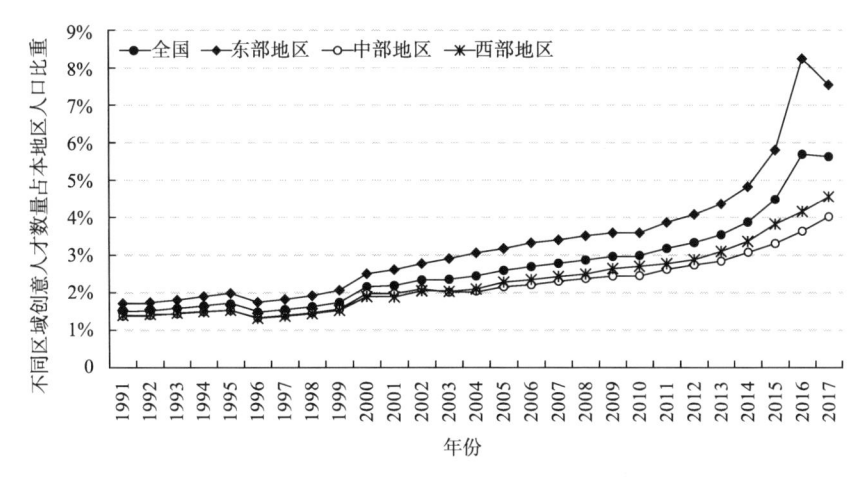

图 3.3 1991~2017 年不同区域创意人才数量占本地区人口比重的演变趋势

占该地区人口的比重开始逐步攀升，并在 2012 年之后，稳步大于中部地区创意人才数量占该地区人口的比重，而且二者之间的差距呈现逐渐扩大的趋势。

3.1.3 不同类别创意人才的演变趋势

按照本书的定义，创意人才可以被区分为创业型创意人才和技能型创意人才，其中，技能型创意人才又包括工程技术型、农业技术型、科学研究型、卫生技术型、教育教学型五大类。为进一步分析不同类别创意人才的演化特征，我们将 1991~2017 年中国六类创意人才占全国人口比重的数据列在表 3.2 中。数据显示，工程技术型创意人才数量占全国人口的比重呈现出 U 形特点，说明随着时间变化，工程技术型创意人才占比呈现出下降的趋势，并在 2004 年、2005 年达到底部，此后，工程技术型创意人才占比呈现上升趋势。值得注意的是，2017 年工程技术型创意人才占比出现一个迅速下滑的冲击，即由 0.47%下降至 0.22%。农业技术型和科学研究型创意人才与人口增长率保持着相当的增长速度，二者各自占全国人口的比重分别处于 0.05%和 0.02%上下波动的水平。卫生技术型创意人才保持稳步的增长态势，其占全国人口的比重由 1991 年的 0.03%增长到 2017 年的 0.30%。教育教学型创意人才也保持着稳步的增长态势，其占全国人口的比重由 1991 年的 0.74%增长至 2017 年的 0.92%，这说明整个经济系统内教育型创意岗位处于稳步扩大的趋势。创业型创意人才的发展速度十分显著，其增长速度在所有创意人才中是最快的，而且具有持续稳步增长的特点。2017 年，创业型创意人才占全国人口的比重已超过其他五类技能型创意人才占全国人口的比重之和，创业型创意人才已成为中国创意人才的重要组成部分。

表 3.2 1991~2017 年不同类型创意人才占全国人口的比重

年份	工程技术型创意人才占比	农业技术型创意人才占比	科学研究型创意人才占比	卫生技术型创意人才占比	教育教学型创意人才占比	创业型创意人才占比	合计
1991	0.44%	0.04%	0.24%	0.03%	0.74%	0.03%	1.51%
1992	0.45%	0.04%	0.24%	0.03%	0.75%	0.03%	1.54%
1993	0.46%	0.04%	0.25%	0.03%	0.77%	0.04%	1.58%
1994	0.47%	0.04%	0.25%	0.03%	0.78%	0.08%	1.65%
1995	0.47%	0.04%	0.03%	0.25%	0.80%	0.11%	1.70%
1996	0.47%	0.05%	0.02%	0.26%	0.84%	0.14%	1.78%
1997	0.47%	0.05%	0.02%	0.26%	0.87%	0.17%	1.84%
1998	0.46%	0.05%	0.02%	0.26%	0.90%	0.20%	1.90%
1999	0.46%	0.05%	0.02%	0.27%	0.93%	0.26%	1.98%
2000	0.44%	0.05%	0.02%	0.27%	0.93%	0.31%	2.03%
2001	0.42%	0.05%	0.02%	0.27%	0.95%	0.36%	2.07%
2002	0.41%	0.05%	0.02%	0.27%	0.96%	0.54%	2.25%
2003	0.39%	0.05%	0.02%	0.27%	0.96%	0.60%	2.30%
2004	0.37%	0.05%	0.02%	0.27%	0.96%	0.73%	2.42%
2005	0.37%	0.05%	0.02%	0.28%	0.98%	0.86%	2.58%
2006	0.38%	0.05%	0.03%	0.28%	0.99%	0.98%	2.70%
2007	0.38%	0.05%	0.03%	0.28%	0.98%	1.07%	2.80%
2008	0.39%	0.05%	0.03%	0.30%	0.99%	1.15%	2.90%
2009	0.40%	0.05%	0.03%	0.30%	0.97%	1.25%	3.00%
2010	0.41%	0.05%	0.03%	0.29%	0.93%	1.34%	3.05%
2011	0.43%	0.05%	0.03%	0.31%	0.94%	1.48%	3.24%
2012	0.44%	0.05%	0.03%	0.31%	0.94%	1.63%	3.40%
2013	0.45%	0.05%	0.03%	0.32%	0.95%	1.83%	3.63%
2014	0.47%	0.05%	0.03%	0.32%	0.94%	2.17%	3.99%
2015	0.47%	0.05%	0.03%	0.32%	0.94%	2.78%	4.60%
2016	0.47%	0.05%	0.03%	0.32%	0.93%	3.35%	5.15%
2017	0.22%	0.05%	0.01%	0.30%	0.92%	3.93%	5.43%

我们对技能型和创业型两类创意人才的发展水平进行对比分析，二者的演化关系如图 3.4 所示。图 3.4 的数据显示，技能型创意人才的增长速度比较平缓，而创业型创意人才的增长速度比较稳健。2001 年以来，创业型创意人才发展十分迅

速,特别是 2013 年以后,创业型创意人才数量超过技能型创意人才数量,成为推动全国创意人才发展的重要动力。

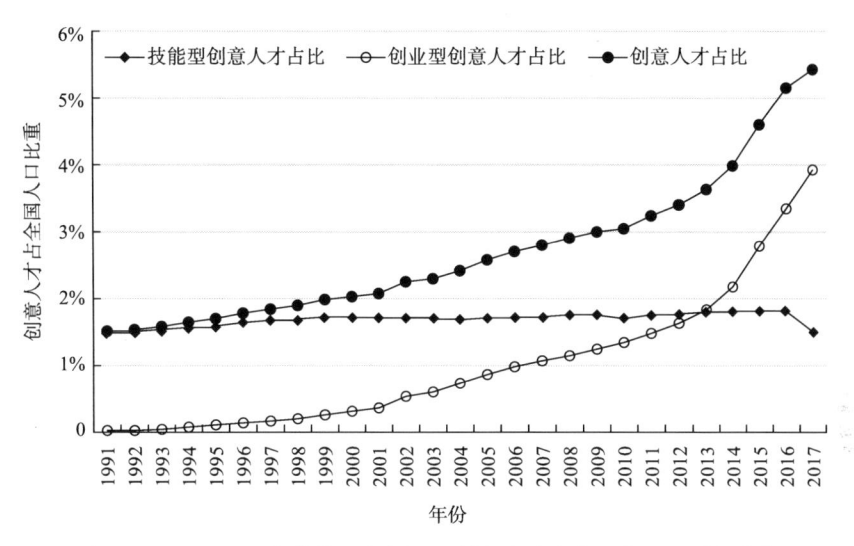

图 3.4　1991~2017 年技能型和创业型创意人才占全国人口比重的演化

3.2　创意人才的空间分布特征

3.2.1　创意人才人口密度分布特征

创意人才占人口比重的高低能够反映其空间集聚水平。数据显示,东部地区创意人才人口密度明显高于中西部地区,此外,西部地区创意人才人口密度要略高于中部地区(表 3.3)。通过对比不同类型创意人才的人口密度发现,西部地区技能型创意人才占比要略高于东部和中部地区,说明西部地区尤其是一些省(自治区、直辖市)的中心城市,如成都、重庆、西安等已成为吸引技能型创意人才在此工作的重要集聚地,而中部地区可能由于人口基数大、环境污染突出等问题,反而表现出技能型创意人才比重相对较低的局面,不仅如此,西部地区创业型创意人才占比也高于中部地区。东部地区创业型创意人才占比明显高于中西部地区,也因此导致东部地区整个创意人才的占比要比中西部地区更高。从不同省域来看,上海、北京两地创意人才的占比都超过 15%,分别排在全国第一和第二的位置,其创意人才占比较高的主要原因在于两地的创业型创意人才的体量较大,发展水平也较高。北京的创业型创意人才的占比为 12.68%,上海的创业型创意人才占比则高达 14.13%。

广东和浙江两省创意人才的占比均超过 8%。江苏、天津、重庆、山东、福建五省（直辖市）创意人才占比超过 6%。湖南、黑龙江、河南、江西四个中部省域的创意人才占比都小于 4%，而西部地区创意人才占比普遍在 4%~5%。

表 3.3 2017 年不同区域创意人才数量占总人口的比重

区域	创意人才占比	技能型创意人才占比	创业型创意人才占比
全国	5.63%	2.27%	3.92%
东部地区	7.54%	1.73%	5.81%
中部地区	4.02%	1.58%	2.44%
西部地区	4.56%	1.80%	2.75%
北京	15.20%	2.53%	12.68%
天津	7.52%	1.97%	5.55%
河北	4.57%	1.57%	3.00%
山西	4.89%	2.43%	2.46%
内蒙古	4.72%	2.14%	2.59%
辽宁	4.88%	1.69%	3.19%
吉林	4.49%	1.97%	2.52%
黑龙江	3.69%	1.86%	1.84%
上海	17.08%	2.95%	14.13%
江苏	7.93%	1.49%	6.44%
浙江	8.22%	1.85%	6.37%
安徽	4.26%	1.33%	2.93%
福建	6.76%	1.80%	4.97%
江西	3.96%	1.61%	2.35%
山东	6.03%	1.84%	4.19%
河南	3.81%	1.46%	2.35%
湖北	4.47%	1.34%	3.13%
湖南	3.29%	1.42%	1.86%
广东	8.22%	1.39%	6.83%
广西	4.01%	1.56%	2.45%
海南	5.25%	1.58%	3.67%
重庆	6.08%	1.58%	4.49%
四川	4.05%	1.41%	2.63%
贵州	4.75%	1.99%	2.77%
云南	4.06%	1.78%	2.29%
西藏	5.36%	2.63%	2.73%

续表

区域	创意人才占比	技能型创意人才占比	创业型创意人才占比
陕西	5.23%	2.08%	3.15%
甘肃	4.50%	2.21%	2.28%
青海	4.70%	2.26%	2.44%
宁夏	5.95%	1.99%	3.96%
新疆	4.47%	2.20%	2.27%

从不同类型创意人才来看，无论东部、中部还是西部地区，其创业型创意人才的占比都要比技能型创意人才的占比高，同时，技能型创意人才占比在不同区域之间的离差相对较小，而创业型创意人才占比在不同省域之间的离差相对较大。东部地区创意人才人口密度普遍高于中西部地区，其原因不在于东部地区的技能型创意人才占比较高，相反，如广东、江苏、浙江、福建等省的技能型创意人才人口密度反而比陕西、青海、甘肃、黑龙江、吉林等省的技能型创意人才人口密度都低，其关键原因在于东部地区的创业型创意人才占比较高，从而拉高了整个东部地区的创意人才密度。

3.2.2 创意人才地理密度分布特征

表 3.4 给出 2017 年不同区域创意人才的地理密度状况。数据显示，从全国来看，每百公顷土地上有 8 名创意人才，其中，2 名为技能型创意人才，6 名为创业型创意人才。从不同类型创意人才看，创业型创意人才人数明显高于技能型创意人才，因此，前者的地理密度要明显高于后者。从不同区域来看，东部地区创意人才的地理密度最高，每百公顷土地拥有 40 名创意人才，其次是中部地区，每百公顷拥有创意人才 10 名，西部地区创意人才的地理密度最低，每百公顷仅仅拥有 3 名创意人才。

表 3.4 2017 年不同区域创意人才的地理密度状况　　单位：人/100 公顷

区域	创意人才地理密度	技能型创意人才地理密度	创业型创意人才地理密度
全国	8	2	6
东部地区	40	9	31
中部地区	10	4	6
西部地区	3	1	2
北京	201	33	168
天津	98	26	72

续表

区域	创意人才地理密度	技能型创意人才地理密度	创业型创意人才地理密度
河北	18	6	12
山西	12	6	6
内蒙古	1	0	1
辽宁	14	5	9
吉林	6	3	4
黑龙江	3	2	2
上海	501	87	415
江苏	60	11	48
浙江	44	10	34
安徽	19	6	13
福建	21	6	16
江西	11	4	7
山东	38	12	27
河南	22	8	14
湖北	14	4	10
湖南	11	5	6
广东	51	9	42
广西	8	3	5
海南	14	4	10
重庆	23	6	17
四川	7	2	5
贵州	10	4	6
云南	5	2	3
西藏	0	0	0
陕西	10	4	6
甘肃	3	1	1
青海	0	0	0
宁夏	8	3	5
新疆	1	0	0

2017年，西部地区创意人才数量与中部地区不相上下，但是，西部地区的创意人才地理密度要小于中部地区，其主要原因在于西部地区的土地面积要明显高于中部地区，特别是青海、新疆、西藏、甘肃、云南等的土地面积较大，人口密

度本身也较小。此外,我们从北京、上海、天津、重庆等的创意人才地理密度可以看出,这些直辖市的创意人才地理密度普遍高于其他省(自治区),这再次说明创意人才地理密度与其土地面积具有密切关系。

3.2.3 创意人才经济密度的分布特征

为进一步分析创意人才的空间分布特征,我们列出不同区域创意人才与国内生产总值(gross domestic product,GDP)比值的数据,即创意人才的经济密度(表3.5)。如果说创意人才的人口密度和地理密度能够表征创意人才的集聚水平,那么创意人才的经济密度则能够反映一个地区创意人才对经济增长的贡献。数据显示,2017年全国创意人才的经济密度为9.23人/10万元,表明每10万元GDP能够容纳或者需要9.23个创意人才就业岗位。从不同区域来看,创意人才经济密度在西部地区最高,其次是东部地区,中部地区最低,这说明西部地区每10万元GDP依赖的创意人才数量最多,同时,也反映出单位创意人才对GDP的贡献在西部地区要低于东部和中部地区。中部地区创意人才经济密度要比东部地区更低,说明一方面虽然中部地区创意人才经济密度低于东部地区,但是,中部地区单位创意人才对GDP的贡献还是比东部地区更大,另一个方面也说明,每引进1个创意人才对中部地区来说,其对经济增长的边际贡献要高于东部地区。因此,相对来说,中部地区引进或培育创意人才的迫切性比东部和西部地区都要高。

表3.5　2017年不同区域创意人才的经济密度　　　　单位:人/10万元

区域	创意人才经济密度	技能型创意人才经济密度	创业型创意人才经济密度
全国	9.23	2.79	6.44
东部地区	9.24	2.11	7.12
中部地区	8.42	3.32	5.11
西部地区	10.19	4.04	6.16
北京	11.78	1.96	9.82
天津	6.31	1.65	4.66
河北	10.10	3.47	6.63
山西	11.65	5.79	5.86
内蒙古	7.42	3.36	4.06
辽宁	9.11	3.15	5.95
吉林	8.16	3.57	4.59
黑龙江	8.80	4.42	4.38
上海	13.48	2.33	11.15

续表

区域	创意人才经济密度	技能型创意人才经济密度	创业型创意人才经济密度
江苏	7.41	1.39	6.02
浙江	8.98	2.02	6.96
安徽	9.86	3.08	6.78
福建	8.22	2.18	6.03
江西	9.15	3.71	5.44
山东	8.30	2.53	5.77
河南	8.18	3.14	5.04
湖北	7.44	2.22	5.21
湖南	6.65	2.88	3.77
广东	10.24	1.73	8.51
广西	10.57	4.12	6.46
海南	10.89	3.27	7.62
重庆	9.62	2.50	7.11
四川	9.08	3.17	5.91
贵州	12.57	5.26	7.31
云南	11.91	5.21	6.70
西藏	13.79	6.77	7.02
陕西	9.15	3.64	5.52
甘肃	15.83	7.78	8.04
青海	10.72	5.15	5.56
宁夏	11.77	3.93	7.84
新疆	10.05	4.94	5.11

从不同类型创意人才来看，东部地区的技能型创意人才经济密度要低于中部地区和西部地区，说明引进或培育技能型创意人才对东部地区来说最为迫切。虽然东部地区的经济发展水平最高，特别如北京、天津、上海、江苏、浙江等省市，教育、医疗等资源都更为丰富，但是，该地区的技能型创意人才仍然相对稀缺，其对技能型创意人才的需求十分迫切。相反，虽然西部地区经济发展水平相比东部地区具有劣势，但是，由于在教育、医疗、住房、交通等方面仍然表现出较强的优势，从而吸引和培育了相对丰富的创意人才。就创业型创意人才经济密度而言，东部地区最高，其次是西部地区，中部地区最低，这说明中部地区引进和培育该地区创业型创意人才的迫切性更加强烈，甚至比西部地区都要强。

从不同省域来看，创意人才经济密度的省域分布状况仍然遵循东部、中部、西部的分布特点。北京、天津、江苏、广东等每 10 万元 GDP 拥有的技能型创意人才不到两名,而青海、甘肃、西藏、山西等每 10 万元 GDP 拥有的技能型创意人才均超过 5 名。从每 10 万元 GDP 拥有的创业型创意人才数量这一指标来看,北京和上海两市均超过 9 名;河北、江苏、浙江、福建、广东、海南等东部省域都超过了 6 名;天津、山东、辽宁等则低于 6 名,小于全国平均水平;西部地区的宁夏、西藏、云南、贵州、重庆、广西等都超过了 6 名,而中部地区(除安徽)所有省域的数值都低于 6 名。

总体而言,技能型创意人才在东部省域相比该地区经济体量而言仍然是相对稀缺的,当然,这也说明东部省域技能型创意人才对经济增长的贡献相比中西部地区表现出更大的作用;创业型创意人才在中部省域相比该地区经济体量而言则表现出相对稀缺的特点,东部和西部地区大部分的创业型创意人才则相对比较丰富。

3.3 创意人才空间分布的演变特征

为分析创意人才空间分布的演变特征,我们计算得出 1991~2017 年创意人才的人口密度、地理密度、经济密度三个指标的相关数据。

首先,我们收集了 1991~2007 年相关数据,并计算出 1991~2007 年创意人才相对增长速度,即表示区域创意人才密度相对于全国创意人才密度的变动情况,所采用的公式表示为

$$v = \frac{C_{2017i} - C_{1991i}}{C_{2017} - C_{1991}} \tag{3.1}$$

式(3.1)中,C_{2017i} 和 C_{1991i} 分别表示第 i 个省域 2017 年和 1991 年的创意人才密度;C_{2017} 和 C_{1991} 分别表示 2017 年和 1991 年全国的创意人才密度。

其次,按照人口密度、地理密度、经济密度三个指标的相关数据,借助式(3.1)的计算方法,得出创意人才不同密度的空间演变数据。

最后,针对创意人才密度的空间演变数据,进行分析。相关指标的数据来源于《中国统计年鉴》(1992~2018 年)。

3.3.1 创意人才人口密度分布演变特征

按照式(3.1)的计算方法,我们计算得出 1991~2017 年各省(自治区、直辖

市）①创意人才占地区人口比重的增长速度,其结果见图 3.5。总体上来说,各省（自治区、直辖市）创意人才人口密度都实现了正增长,其中,上海、北京、广东、浙江、江苏、福建、山东、西藏等的 v 值大于 1%,说明这些省（自治区、直辖市）的创意人才人口密度增长速度高于全国平均水平。从不同类型创意人才看,创业型创意人才人口密度的增长趋势与全国创意人才人口密度保持高度的一致性,而技能型创意人才人口密度在不同省（自治区、直辖市）的增长速度存在较大差异,特别是上海、北京、宁夏、天津、湖北、辽宁、吉林、新疆、黑龙江等还出现了负增长。

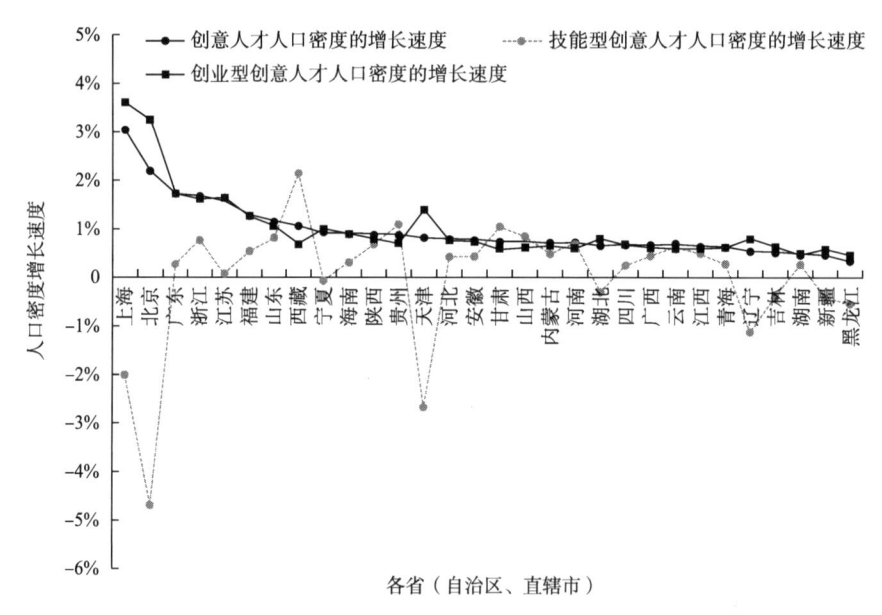

图 3.5　1991~2017 年各省（自治区、直辖市）创意人才人口密度的增长速度

从图 3.5 还可以看出,尽管技能型创意人才人口密度的增长速度在不同省（自治区、直辖市）之间的离差相对较大,但是,创业型创意人才人口密度的增长速度在不同省（自治区、直辖市）之间的离差较小,从而也使得整个创意人才人口密度的增长速度在不同省（自治区、直辖市）之间的离差较小,其主要原因在于技能型创意人才占创意人才的比重相对较小,而且随着时间变化,创业型创意人才发展迅速,其占创意人才的比重呈现逐步扩大的趋势。因而,整个创意人才人口密度的变化趋势随着创业型创意人才人口密度的变化而变化。

---

① 因为 1997 年重庆才设立直辖市,其统计数据在 1991~1997 年是缺失的,为了便于研究,故在样本中没有考虑重庆。

3.3.2 创意人才地理密度分布演变特征

图 3.6 给出了 1991~2017 年创意人才地理密度的增长速度。数据显示，上海、北京、天津、江苏、广东、浙江、山东、福建、河南、安徽、河北、海南、湖北、山西、江西、贵州、辽宁、陕西、湖南等创意人才地理密度的增长速度均超过了全国平均水平，其中，上海、北京、天津的数值明显较大，这与它们的土地面积相对较小而人口密度集中有关系。其他创意人才地理密度的增长速度低于全国平均水平的省（自治区、直辖市）大多集中在西部地区。

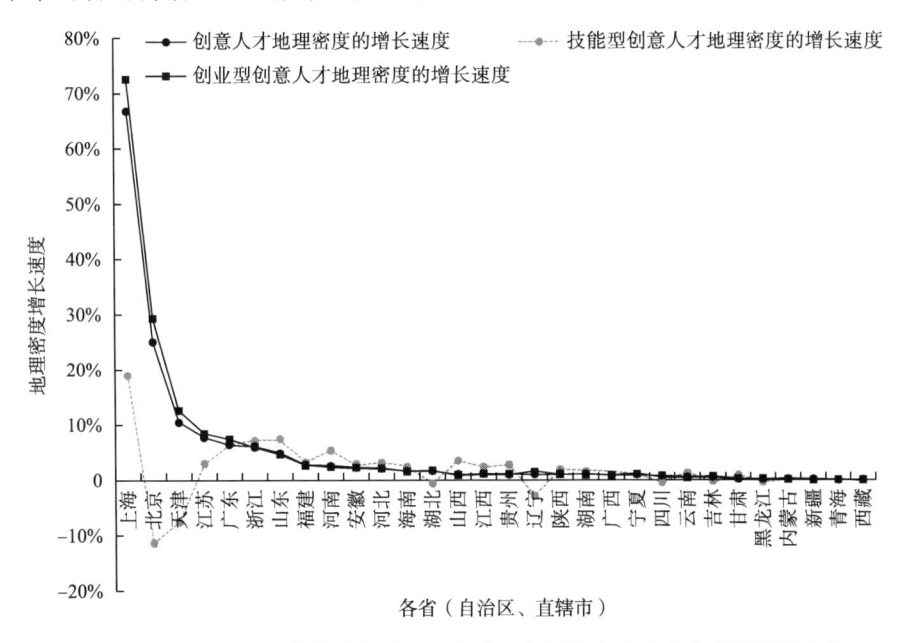

图 3.6　1991~2017 年各省（自治区、直辖市）创意人才地理密度的增长速度

从不同类型创意人才来看，技能型创意人才地理密度的增长速度要小于创业型创意人才地理密度的增速，同时北京、天津、湖北、辽宁、四川、吉林、黑龙江的技能型创意人才地理密度的增长速度出现了负增长，说明这些省（自治区、直辖市）的技能型创意人才出现流失现象。可能的原因在于：本章采用公共经济部门专业技术人员来衡量技能型创意人才，而上述这些省（自治区、直辖市）在 20 世纪 90 年代都集中了大量国有单位性质企业，随着国有企业改革的推进，不少专业技术人员同样也面临下岗、再就业等问题。不同省（自治区、直辖市）创意人才地理密度的增长速度与创业型创意人才地理密度的增长速度具有高度一致性，即便在部分省（自治区、直辖市）技能型创业人才地理密度出现负增长的情

形下，二者仍然保持着高度的一致性。

3.3.3 创意人才经济密度分布演变特征

图 3.7 给出了 1991~2017 年创意人才经济密度的增长速度。数据显示，创意人才经济密度的增长速度在不同省（自治区、直辖市）之间存在较大差异，西藏的增速最快，其次是上海，广东、浙江、甘肃、河北、海南、山东、江苏、云南、福建、安徽、河南的增长速度都超过了全国平均水平，其他省（自治区、直辖市）则都出现了负向增长。

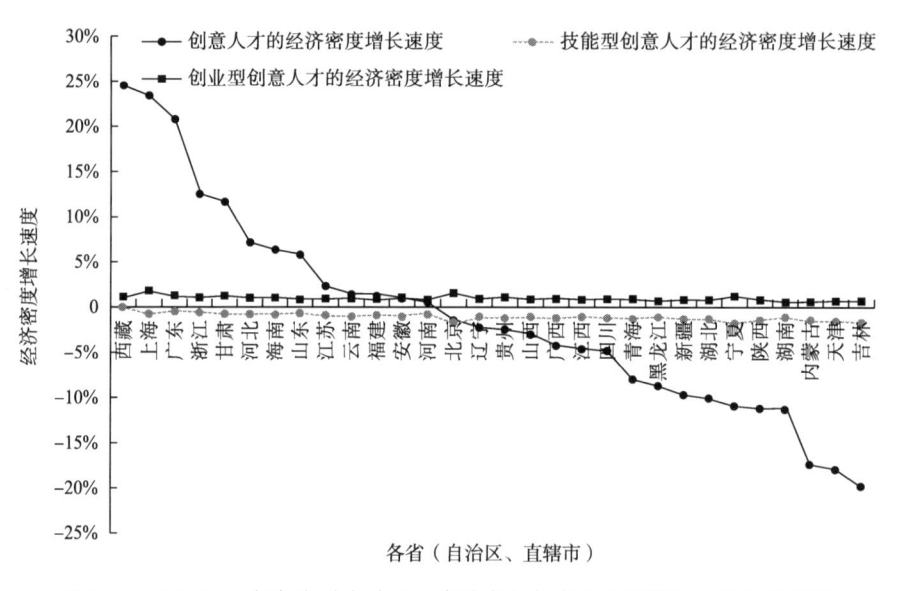

图 3.7 1991~2017 年各省（自治区、直辖市）创意人才经济密度的增长速度

从不同类型创意人才看，一方面，技能型创意人才与经济体量的比重基本上都处在负向增长状态，说明随着事业单位、国有企业改革的推进，公共部门的专业技术人员相对一定经济体量来说处于不断收缩状态；另一方面，各省（自治区、直辖市）创业型创意人才的经济密度基本处于稳步增长态势，说明各省（自治区、直辖市）随着市场化改革的深入，其创业型创意人才迅速增长，对该地区经济增长的贡献日益显著。

通过对创意人才发展状况、空间分布特征及空间演变特征的分析，可以得出如下结论：第一，无论从创意人才总量来看，还是从创意人才占人口比重来看，创意人才都呈现稳步的增长态势。第二，创意人才在地理空间上的区位分布具有非均质性，呈现出东部地区明显高于中西部地区的现象，同时，西部地区创意人才的经济密度和人口密度要高于中部地区，这可能是由于西部地区在交通便利性、城市经济发展、文化多样性等方面表现出较强的优势，从而有利于吸引和培育创意人才。第三，从不同类型创意人才来看，技能型和创业型两类创意人才在地理空间分布、时间演化方面都存在明显的差异，这可能暗示不同类型创意人才对经济、文化、地理等因素表现出不同的偏好，从而在一定程度上影响了不同类型创意人才的时间演变与空间分布。通过对创意人才在空间分布上非均衡性的分析，人们不禁要问，到底什么原因导致了这一非均衡性呢？关于创意人才空间分布的决定因素将在下一章进行讨论。

第 4 章 创意人才空间分布的影响因素

随着知识经济和创意经济的到来，区域间的竞争开始逐渐聚焦到知识资本存量这一生产要素上来，而知识资本存量的关键是人才，尤其是创新型人才和领军型人才。Florida（2002a）采用创意人才这一概念来描述目前正快速兴起的各类人才[①]，指出区域间竞争的关键在于能否吸引和培育创意人才，因为创意人才是技术创新、产业革新、经济持续增长的源泉（Sands and Reese，2008；Yu et al.，2013；Freire-Gibb and Nielsen，2014；王猛等，2016）。由于创意人才具有较高的生活品质，其对区域人文环境和商业环境具有较高的要求。一旦创意环境发生变化，创意人才也就随之流动。在经济地理版图上总是存在创意人才的净流入区和净流出区。到底哪些因素造成了创意人才在区域分布上的非均质性呢？

自 Florida（2002a）提出创意人才的概念后，学术界一直没有间断过对此问题的探讨。学者观察到商业机会、创新环境、基础设施等情境因素对创意人才区域分布的影响（Houston et al.，2008；Qian，2010；McGranahan and Wojan，2007），尤其是近年来如区域宽容度、文化多样性、社会开放度等软环境因素受到人们的青睐（Borén and Young，2013；Haisch and Klöpper，2015；Lazzeretti et al.，2017；张可云和赵文景，2017）。但是，创意人才在区域分布上是否与当地制度环境存在内在关联性，至今未得到经验研究证实。此外，目前中国创意人才的研究还未引起足够的重视，尽管在现实中中国创意人才群体正在快速兴起，尤其在电子商务和社交网络的作用下，其发展速度之快、规模之大令人惊叹，甚至引起有关部

[①] 需要说明，创意人才的"阶层"概念并非指具有高低差异的社会阶层，而仅仅是指不同的社会群体。由于其英文为"creative class"，国内学者通常将其直译为"创意人才"，故本书延续这一传统，采用创意人才这一概念体系。

门的重视[①]。然而，目前对中国创意人才区域分布的探讨却比较少见，理论研究严重滞后。

本章力图借助劳动者雇用角色的二元差异，将创意人才区分为受雇型（技能型）和自我雇用型（创业型）两种类型，并对两类创意人才区域分布的差异性进行经验研究。

4.1 创意人才异质性理论模型

目前关于创意人才异质性探讨的成果并不多，不过，借鉴人力资本异质性理论，可以将创意人才异质性定义为创意人才在数量、质量、结构上的差异性。Florida（2002b）依据工作岗位创新程度的差异性将创意人才划分为核心创意群体和职业创意群体两种类型。基于知识技能差异，Asheim 和 Hansen（2009）提出将创意人才区分为分析型知识创意人才、符号型知识创意人才和综合型知识创意人才三种类别。除了技能、知识基础等方面的差异，事实上，创意人才在工作模式、雇用关系等方面还存在差异。

本节依据创意人才受雇用与自我雇用二元差异，将创意人才区分为技能型创意人才与创业型创意人才（图4.1）。显然，两类创意人才所从事的职业都需要发挥个体创造力，不过这两类创意人才的竞争优势存在很大差异。技能型创意人才的核心竞争力在于创意群体的专业知识和技能，而创业型创意人才的核心竞争力在于创意群体的企业家精神。技能型创意人才所具备的专业知识和技能在类别上存在差异，Asheim 和 Hansen（2009）提出创意人才具备三种知识基础，即分析型知识、符号型知识、综合型知识。创业型创意人才由于需要在复杂的外部环境中寻找商业机会、解决商业争端、谋求商业利润，因此，他们除了需要拥有一定专业技能外，还需要具备通用知识和技能。Florida 等（2012）提出创意人才所拥有的通用技能包括分析技能、社交技能和体格技能。

创业型创意人才大量存在于私有部门，各行各业的自我雇用者和创业群体是该类创意人才的典型代表。技能型创意人才类似于彼得德鲁克提出的知识型工作者，其涵盖范围广泛，包括工程师、会计师、律师、科学家、作家、艺术家等，既大量存在于公共部门，又存在于大型私有部门。在具体行业和部门中，这两类创意人才往往并行存在，共同促进经济发展。

[①] 2016年7月中央统战部正式组建了人局，全名叫"新的社会阶层人士工作局"，专门负责新的社会阶层人士统战工作。新的社会阶层人士包括四类人群，即私营企业和外资企业的管理技术人员、中介组织和社会组织从业人员、自由职业人员、新媒体从业人员。这些新社会阶层人士即 Florida（2002a）所描述的创意人才。

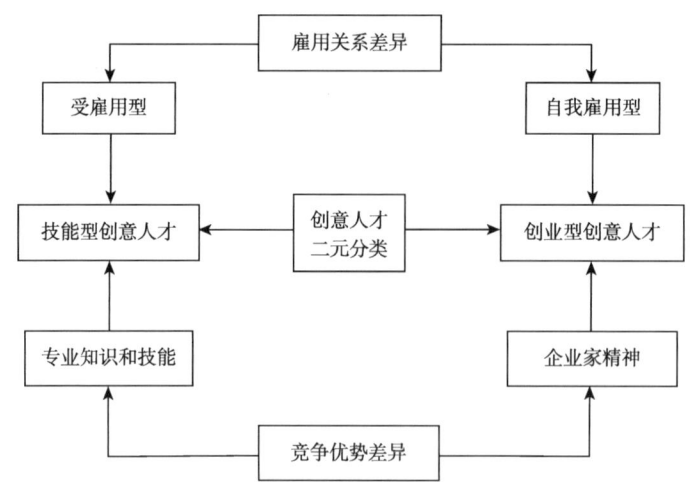

图 4.1 技能型创意人才与创业型创意人才比较

4.2 创意人才影响因素的实证模型

4.2.1 模型的构建

为实证探讨经济因素、创新环境、人文环境、制度环境、生态环境对异质性创意人才区域分布的影响，本节构建如下面板数据模型：

$$CC_{it} = c_{it} + \beta_1 Wage_{it} + \beta_2 Innovation_{it} + \beta_3 People_{it} + \beta_4 Institution_{it} + \beta_5 Environment_{it} + \mu_{it} \quad (4.1)$$

其中，因变量 CC_{it} 表示 i 地区 t 时期不同类型创意人才，即技能型创意人才和创业型创意人才。Wage 表示人均工资水平，用以表征经济因素；Innovation 表示创新环境，用 R&D 投入强度来刻画；People 表示人文环境，用区域开放度和高等教育水平来衡量；Institution 表示制度环境，用知识产权保护力度和腐败惩治力度来衡量；Environment 表示生态环境，用空气污染程度和环境治理力度两个变量来刻画。$\beta_1 \sim \beta_5$ 分别表示与之对应变量的影响系数。c_{it} 为截距项，μ_{it} 为随机误差项，用以反映模型中被忽略的随截面和时间变化因素变化而产生的影响。

4.2.2 变量设计

1. 被解释变量

被解释变量为二元视角下的异质性创意人才，即技能型创意人才和创业型创意人才。在中国经济部门中存在两类创意人才,一类是能刻画技能型创意人才的专业技术人员,另一类是能描述创业型创意人才的个体户和私营企业家。在中国官方统计目录中,专业技术人员是依据职业类型而非教育类型进行的统计,这一统计口径十分符合 Florida(2002a)对创意人才的定义。中国专业技术人员大多受雇于企业、科研院所、事业单位,其职业稳定性和创新性都较高,能够较好地表征受雇型创意人才。Qian(2010)、洪进等(2011)、方远平等(2016)也曾采用类似的方法来刻画通用的创意人才。中国个体户及私营企业家既是企业初创或成长阶段的经营者,又是所有者,相对来说他们所从事的工作岗位的稳定性和保障性都较低,属于自我雇用群体,在残酷的商海竞争中他们唯有不断发挥创造力才能促进企业发展。因此,采用专业技术人员占当地就业人口的比重来衡量技能型创意人才,而采用个体户及私营企业家占当地就业人口的比重来衡量创业型创意人才。

2. 经济因素

为分析经济因素对创意人才区域分布的影响,模型中引入人均工资水平这一变量。关于经济因素与创意人才之间的关系,目前存在两种观点:一种观点认为良好的经济环境有利于吸引创意人才(Qian,2010);另一种观点认为经济因素对吸引创意人才没有显著影响(洪进等,2011)。关于经济因素对异质性创意人才的影响有待本书进一步验证。

3. 创新环境

本节用 R&D 经费投入水平占 GDP 的比重来表示区域创新环境,以检验创新环境对异质性创意人才分布的影响。按照现有研究预期,区域创新氛围越浓厚,越能吸引和产生创意人才(Qian,2010;Florida et al.,2012)。

4. 人文环境

本节用区域开放度和高等教育水平来表征区域人文环境。具体而言,用 10 000 人中大学生的数量来表示高等教育水平,用外来人口占当地总人口的比重来表示区域开放度。按照 Florida(2002a)的"3T"理论及 Asheim 和 Hansen(2009)的研究结论,区域人文氛围为创意人才创造力的发挥提供了孕育土壤,有利于吸引和培育创意人才。

5. 制度环境

本节引入知识产权保护力度和腐败惩治力度两个变量来刻画区域制度环境。用 10 000 个公职人员中贪污、受贿、渎职的立案数量来衡量政府对腐败的惩治力度。通常来说,腐败惩治力度越大,制度威慑和规范性作用越强,制度内外的寻租空间越小,政府清明廉洁程度越高。Arin 等(2011)、刘胜等(2016)采用了类似的衡量方法。关于知识产权保护力度的衡量,本节参照韩玉雄和李怀祖(2005)的研究方法,依据各省(自治区、直辖市)知识产权执法力度的差别(由知识产权法律体系完备程度、社会法治程度、经济发展水平、国际社会的监督与制衡机制四个变量构成),按照 Ginarte-Park 方法(Ginarte and Park,1997),测算得到各省(自治区、直辖市)知识产权保护指数。其中,知识产权法律体系完备程度用侵权及其他知识产权纠纷的结案与立案之比来衡量;社会法治程度用 10 000 人中律师的数量来衡量;经济发展水平用 GDP 水平来衡量;国际社会的监督与制衡机制用是否加入世界贸易组织(World Trade Organization,WTO)来衡量。以往关于创意人才的研究中,很少涉及制度环境。按照预期,我们认为改善制度环境将有利于吸引和产生创意人才。

6. 生态环境

本节借助空气污染程度和环境治理力度两个指标来衡量区域生态环境。用人均废气排放量(包括二氧化硫、烟尘及工业粉尘)来衡量空气污染程度;用环境污染治理投资额占 GDP 的比重来衡量区域环境污染治理程度。按照理论预期(Glaeser and Tobio,2007;洪进等,2011),改善区域生态环境和设施,将有利于吸引创意人才,尤其在空气质量日益受到关注的中国,环境质量好坏可能将成为影响人才流动的一个不可忽视的因素。

4.2.3 数据来源

各省(自治区、直辖市)企事业单位专业技术人员数量、R&D 投入强度等数据均来源于《中国科技统计年鉴》(2004~2014 年);各省(自治区、直辖市)个体户及私营企业家数量、就业量、人均工资水平、公职人员数量、分地区年末人口数、高等学校在校人数、外来人口数量、废气(包括二氧化硫、烟尘及工业粉尘)排放量等数据均来源于《中国统计年鉴》(2004~2014 年);各省(自治区、直辖市)环境污染治理投资额均来源于《中国环境年鉴》(2004~2014 年);各省(自治区、直辖市)贪污、受贿、渎职立案数量等数据均来源于《中国检察年鉴》(2004~2014 年);各省(自治区、直辖市)律师人员数量均来源于《中国律师年鉴》(2004~2014 年);各省(自治区、直辖市)侵权及其他知识产权纠纷的结案与立案之比的数据均来源于《中国知识产权统计年报》(2004~2014 年)。考虑到台湾、香港、澳门地区的数据难以获取,因此,该样本在本书中被剔除。最终,本书的样本为中国 31 个省际面板数据，时间跨度 2003~2013 年。表 4.1 给出了各变量的描述性统计。

表 4.1 各变量的描述性统计

变量	变量刻画	均值	最大值	最小值	标准差	样本
被解释变量	创业型创意人才	10.931%	22.748%	3.212%	3.986%	341
	技能型创意人才	3.481%	8.522%	1.864%	1.079%	341
经济因素	人均工资水平/(千元/人)	29.966	93.006	10.397	14.591	341
创新环境	R&D 投入强度	1.257%	7.408%	0.119%	1.077%	341
人文环境	区域开放度	14.411%	64.704%	0.152%	11.382%	341
	高等教育水平	150.701‰	356.482‰	38.246‰	65.892‰	341
制度环境	腐败惩治力度/(件/万人)	26.175	62.203	2.652	8.796	341
	知识产权保护力度	3.253	4.177	2.649	0.272	341
	社会法治化程度	1.594‰	11.691‰	0.265‰	1.733‰	341
生态环境	空气污染程度/(千克/人)	38.568	169.524	1.086	26.865	341
	环境治理力度	1.301%	4.660%	0.050%	0.665%	341

4.3 创意人才空间分布的实证结果与讨论

4.3.1 全国回归结果分析

通过 Hausman 检验，我们发现面板数据回归结果的显著性都接近 1，说明从统计上来说，随机效应是可以被接受的，因此，我们仅报告随机效应结果（表 4.2）。由于人均工资水平可能与其他解释变量存在共线性，因此，采用逐步回归法报告结果。模型 1a 和模型 1b 报告了创新环境、人文环境、制度环境、生态环境对两类创意人才区域分布的影响，在此基础上，模型 2a 和模型 2b 则将经济因素添加至对应模型并分别报告结果。模型 1a 和模型 2a 的因变量为技能型创意人才，模型 1b 和模型 2b 的因变量为创业型创意人才。

表 4.2 异质性创意人才区域分布的决定因素

变量		因变量：技能型创意人才		因变量：创业型创意人才		
		模型 1a	模型 2a	模型 1b	模型 2b	模型 2c
经济因素	人均工资水平		−0.019*** (−5.723)		0.134*** (9.307)	

续表

变量		因变量：技能型创意人才		因变量：创业型创意人才		
		模型 1a	模型 2a	模型 1b	模型 2b	模型 2c
创新环境	R&D 投入强度	0.220** (2.112)	0.293*** (2.835)	−0.066 (−0.186)	−0.187 (−0.564)	−0.301 (−0.850)
人文环境	区域开放度	−0.015*** (−3.775)	0.002 (0.432)	0.166*** (10.098)	0.054*** (3.103)	0.143*** (7.944)
	高等教育水平	−0.003*** (−3.135)	−0.001 (−0.564)	0.040*** (9.999)	0.024*** (5.911)	0.041*** (10.228)
制度环境	腐败惩治力度	0.007 (1.240)	0.002 (0.357)	0.035* (1.745)	0.091*** (4.876)	0.036* (1.800)
	知识产权保护力度	0.594** (2.384)	0.529** (2.346)	−0.215 (−0.239)	−0.370 (−0.462)	0.580** (2.479)
生态环境	空气污染程度	−0.004** (−2.092)	−0.004** (−2.133)	0.026*** (2.841)	0.015* (1.891)	0.028*** (2.994)
	环境治理力度	0.067 (1.563)	0.103*** (2.606)	0.129 (0.596)	−0.160 (−0.866)	0.107 (0.492)
常数项		1.838** (2.157)	1.985** (2.455)	1.166 (0.410)	1.169 (0.447)	0.015 (0.015)
R^2		0.179	0.290	0.620	0.723	0.630
调整后的 R^2		0.162	0.273	0.613	0.716	0.623
样本数		341	341	341	341	341

*、**、***分别表示在10%、5%、1%的显著水平上显著

注：表中括号内的数值为 t 检验值；各个模型所报告的 Hausman 检验值，都表明不能拒绝随机效应的原假设；模型 2c 的知识产权变量被替换成为社会法治化程度变量

从经济因素回归结果来看，在模型 2a 中，人均工资水平表现出显著负向影响，而在模型 2b 中则表现出显著正向影响，这说明经济因素对创业型创意人才具有积极影响，但是对技能型创意人才存在一定抑制效应。可能的解释如下：由于受到劳动力扭曲效应的影响，中国知识型工作者和技术型工作者在区域分布上存在一定错配效应，较好的经济因素并没能显著吸引技能型创意人才跨省流动。余运江和高向东（2018）的研究还给出另一种解释：地理距离的存在加剧技能型创意人才在省际的迁移成本，因而技能型创意人才的省际流动更多地考虑除工资以外的其他因素。与之不同，由于长期在市场环境中摸爬滚打，创业型创意人才对经济因素极为敏感，良好的经济和商业氛围及市场空间对创业型创意人才具有积极作用。

模型 1a 和模型 2a 的回归结果显示，R&D 投入强度对技能型创意人才的影响显著为正，说明良好的创新环境有利于吸引技能型创意人才。不过，在模型 1b 和模型 2b 中，R&D 投入强度对创业型创意人才的影响为负，但在统计上并不显著。可能的解释在于，由于中国政府对 R&D 的投入主要针对科研院所，较少针对企业，而且长期以来在制度设计中就缺乏一个有效的制度框架以促进大学、科研院所、

企业之间展开合作创新，因此，研发投入在吸引创业型创意人才的作用上不明显。

从人文环境回归结果来看，模型 2a 中区域开放度和高等教育水平的影响系数不显著，在不考虑经济因素的情况下，模型 1a 甚至表现出显著负向影响。这与理论预期不相符，可能的解释如下：一方面，由于受恋乡恋土情结的影响及户口政策的限制，中国各省（自治区、直辖市）的技能型创意人才倾向在原籍工作，在长期循环累计效应的作用下，大量技能型创意岗位表现出本地化特征，造成外来创意人才在该地就业缺乏优势；另一方面，受历史因素影响，中国高等教育资源分布的非均衡性远大于技能型创意人才分布的异质性，进而造成很多高校资源丰富的区域无法为毕业生提供充沛的技能型工作岗位（如陕西省、湖北省、辽宁省），而那些高校资源相对稀缺的区域（如福建省、浙江省、海南省），却因为经济发展潜力大能提供足够多的创意岗位，不仅能满足本地大学毕业生需求，还能够吸引外省大学毕业生在此就业。因此，从统计意义上说，外来人口比重高且大学资源丰富的区域对技能型创意人才并没有表现出吸引力。与技能型创意人才不同，人文环境对创业型创意人才表现出显著的积极影响（参见模型 1b 和模型 2b），这说明外来人口比重高的区域其文化更加多元，有利于诞生更多商业机会；而大学资源丰富的区域，则对当地创新创业溢出具有明显作用。

从制度环境的回归结果来看，在模型 1a 和模型 2a 中，腐败惩治力度的回归系数并不显著，而知识产权保护力度表现出正向显著影响。这说明加强腐败惩治力度对大多数受雇于体制内的创意岗位并没有明显的增长效应，而完善区域知识产权法律体系、加强知识产权执法力度有利于吸引技能型创意人才。在模型 1b 和模型 2b 中，腐败惩治力度的回归系数显著为正，而知识产权保护力度的影响缺乏显著性。这说明完善政治制度建设、减少制度内外寻租空间、构建区域公平交易环境，能够明显溢出创新和创业精神，但是知识产权这一制度环境的作用却不明显。不过，在模型 2c 中，当采用社会法治化程度（用 1 000 人中律师的数量来衡量）来代替知识产权保护力度时，回归结果表明完善法治化建设有利于促进创新创业发展。为什么制度环境对两类创意人才的影响表现出明显差异呢？由于技能型创意人才主要从事依赖于专业知识的工作，该类创意工作处在创新链的前端，其产出形式也以知识性产品为主，而知识性产品的正外部性能否得到发挥关键取决于整个社会知识产权保护体制是否健全。与之不同，创业型创意人才从事的工作大多处于创新链的后端，其产出形式直接接触市场，而市场竞争的关键在于能否提供一个公平的交易环境。换言之，技能型创意人才无法能忍受其创新产品遭到侵犯，因此，需要一个良好的产权制度加以保护；而创业型创意人才更加无法忍受其市场利润遭到攫取，因此，需要一个良好的交易制度加以保护。

生态环境的回归结果显示，空气污染程度对技能型创意人才的区域分布表现为显著负向影响，而环境治理力度则表现为正向影响（当加入经济因素时，这一正向影响开始显著），这表明空气污染严重的地区将阻碍技能型创意人才在此就业；而环境治理费用投入越高的地区，其潜在环境质量越好，则越能吸引技能型创意人才在此就业。从对创业型创意人才的影响来看，空气污染程度表现出正向而显著的影响，而环境治理力度的影响不显著。一种解释在于：并不是环境污染严重的区域吸引了创业者，而可能是创业者越密集的区域往往越容易造成当地环境污染。

从上述回归结果可以看出，由于雇用与被雇用的二元角色差异，以及在专业技能与通用技能方面的差异，技能型创意人才和创业型创意人才表现出明显的区域偏好差异性。对市场因素敏感、流动性较高的创业型创意人才而言，其对区域经济环境、政治纠偏环境、人文环境的依赖性显著强烈，但是对区域创新环境、知识产权保护力度、生态环境等因素却不够敏感。对生活品质要求较高、流动性相对较低的技能型创意人才而言，其对区域创新环境、知识产权保护力度、生态环境表现出明显的偏好依赖性，但是由于受资源错配效应影响，经济因素没能有效激励技能型创意人才流动。

4.3.2 分区域回归

为了减少内生性问题，尽管本书采用面板数据模型及逐步回归方法，但是为了进一步观察回归结果是否存在区域差异，本节按照中国经济发展的区域差异，分别报告东部、中部、西部、东北四个区域的回归结果（表 4.3 和表 4.4）。从估计结果来看，除生态环境变量外，东部地区的实证结果与全国回归结果基本一致；而中部地区除了知识产权保护力度外，其他回归结果与全国回归结果基本一致；西部和东北部地区的创新环境和制度环境与全国回归结果存在差异。为了进一步讨论，我们重点对不同地区的回归结果进行比较分析。

表 4.3 技能型创意人才影响因素的分区域回归结果

变量		东部地区 模型 3a	中部地区 模型 4a	西部地区 模型 5a	东北地区 模型 6a
经济因素	人均工资水平	−0.030*** (−6.356)	−0.005** (−2.045)	−0.007 (−1.248)	−0.033*** (−2.651)
创新环境	R&D 投入强度	0.705*** (6.236)	0.121* (1.988)	−0.518*** (−3.599)	0.409 (1.186)
人文环境	区域开放度	0.008 (1.239)	−0.009*** (−3.299)	−0.008 (−1.450)	0.001 (0.031)
	高等教育水平	−0.004** (−2.605)	−0.003*** (−9.655)	0.002 (1.003)	−0.006** (−2.009)
制度环境	腐败惩治力度	0.011 (1.246)	−0.002 (−1.210)	−0.017*** (−3.017)	0.011* (1.728)
	知识产权保护力度	1.070** (2.388)	−0.176*** (−2.555)	0.417** (2.276)	0.471 (1.136)

续表

变量		东部地区	中部地区	西部地区	东北地区
		模型 3a	模型 4a	模型 5a	模型 6a
生态环境	空气污染程度	−0.004 (−0.589)	0.001 (0.584)	−0.005** (−3.291)	−5×10⁻⁵ (−0.013)
	环境治理力度	0.072 (0.694)	0.048*** (2.540)	0.075** (2.203)	0.018 (0.212)
常数项		−0.172 (−0.116)	4.035*** (17.277)	3.277*** (5.090)	3.713** (2.136)
R^2		0.492	0.994	0.361	0.949
调整后的 R^2		0.451	0.992	0.320	0.926
样本数		110	66	132	33

*、**、***分别表示在10%、5%、1%的显著水平上显著

注：表中括号内的数值为 t 检验值；中部和东北地区由于数据量的限制只能报告固定效应，东部和西部地区基于 Hausman 检验值都接近 1，所以报告了随机效应模型

中部地区知识产权保护力度对技能型创意人才表现为显著负向影响，东北地区的影响不显著，而西部地区却和东部地区一样，表现为显著正向影响，这一方面说明西部地区加大知识产权保护力度对技术人才的吸引作用产生了积极影响，另一方面说明东北地区、中部地区存在制度扭曲，不利于吸引技术人才。中西部地区的生态环境因素对技能型创意人才具有显著正向影响，而东部地区和东北地区生态环境的影响却缺乏显著性。可能原因在于：中西部地区环境治理的投入力度较大，环境改善明显，并已经成为吸引技能型创意人才的因素之一；东部地区知识产权保护力度与创新环境对技能型创意人才具有吸引作用；技能型创意人才的区域分布在东北地区受到比较严重的扭曲效应作用。

表 4.4　创业型创意人才影响因素的分区域回归结果

变量		东部地区	中部地区	西部地区	东北地区
		模型 3b	模型 4b	模型 5b	模型 6b
经济因素	人均工资水平	0.076*** (3.151)	0.283*** (5.710)	0.177*** (7.767)	0.293*** (4.022)
创新环境	R&D 投入强度	0.436 (1.565)	−3.077* (−1.876)	0.473 (1.018)	−3.981 (−1.380)
人文环境	区域开放度	0.087*** (3.004)	0.167* (1.726)	0.023 (0.915)	−0.015 (−0.221)
	高等教育水平	−0.012** (−2.608)	−0.011 (−0.964)	0.007 (1.158)	−0.0003 (−0.013)
制度环境	腐败惩治力度	−0.134*** (−4.764)	0.0002 (0.005)	0.075*** (5.069)	0.140** (2.580)
	知识产权保护力度	0.799 (0.769)	−2.150 (−1.028)	1.401** (2.654)	−2.836 (−0.269)

续表

变量		东部地区	中部地区	西部地区	东北地区
		模型 3b	模型 4b	模型 5b	模型 6b
生态环境	空气污染程度	−0.012 (−0.595)	−0.032 (−1.036)	0.016** (2.216)	0.062** (2.102)
	环境治理力度	0.255 (0.535)	−0.713 (−0.916)	−0.235 (−0.789)	−0.604 (−0.397)
常数项		9.720*** (3.076)	13.801** (2.046)	−3.161** (−2.063)	14.058 (0.442)
R^2		0.758	0.827	0.751	0.861
调整后的 R^2		0.738	0.784	0.735	0.797
样本数		110	66	132	33

*、**、***分别表示在10%、5%、1%的显著水平上显著

注：表中括号内的数值为 t 检验值；中部和东北地区由于数据量的限制只能报告固定效应，东部和西部地区基于 Hausman 检验值都接近 1，所以报告了随机效应模型

创业型创意人才的分区域回归结果表明：东部和中部地区的开放度表现为显著正向影响，而西部和东北部地区的影响不显著，这说明西部地区和东北地区的本地化创业倾向更强；东部地区的腐败惩治力度表现为显著负向影响，可能由于东部地区腐败惩治力度与企业家之间存在比较大的循环因果性；空气污染程度在东部和中部地区的影响不显著，可能由于东部和中部地区的生态环境得到了较大程度的改善，而西部和东北地区尽管环境治理投入较大，但是，成效仍然不够明显，导致空气污染程度与企业家分布存在正相关关系。

总的来说，雇用与被雇用二元角色差异，可能导致创意人才存在异质性，而不同类型的创意人才的区域分布特点存在明显的差异。不仅如此，即便同一类型的创意人才由于处在中国东部、中部、西部、东北地区的差异，也可能在地理空间分布上存在差异。

4.4 促进创意人才发展的政策建议

通过实证分析，本节试图引起同行关注创意人才的异质性，即技能型创意人才和创业型创意人才。在创意人才的研究过程中，如果忽视其二元特性，不仅不利于创意人才理论体系的发展，还可能造成各地区人才引进措施的成效因缺少对创意人才异质性考量而大打折扣。从政策启发角度，本节有利于从多因素和竞争战略视角，为区域如何引进和培育高端人才提供启示。

第一，充分发挥市场在人才资源配置中的决定性作用，摒弃过去有些区域通

过增加创意人才的流动成本以防止人才流失的落后观念。事实上，采取如限制户口迁移、卡留档案等行政干预措施，不仅最终没能留住人才，反而使得该区域"名声在外"很难再吸引人才，最终导致该区域陷入"人才贫乏—效率低下—经济落后"的恶性循环怪圈。在以市场经济为导向的人才竞争中，有落后的人才管理体制，必然存在先进的人才管理体制，而人才的流动方向通常都是朝向先进管理机制的区域。

第二，注重改善区域制度环境、创新环境、人文环境，以吸引和培育创意人才。创意人才的溢出效应是创意个体的创造力在价值实现过程中所引发的知识外溢、技术外溢、企业家外溢，但是并不是所有创意个体的创造力都能带来价值增值。创意人才只有在良好的人文氛围（包括尊重个体、宽容失败、崇尚自由等）和商业氛围（包括鼓励创新、加强知识产权保护力度等）中才更容易释放出创造力，并形成商业价值。

第三，深化人才发展体制机制改革仍然是当前中国各区域人才引进和人才培育工程的重要任务。研究显示，目前中国在技能型创意人才市场上还存在一定扭曲效应，出现资源错配，而在"大学-企业-科研机构"合作创新的制度设计方面仍存在缺陷。这些现象如果长期得不到改观，将会束缚创意人才创新能力的发挥及其商业利润的实现，进而致使该区域难逃竞争力衰退的命运。

第5章 创意人才集聚对区域劳动生产率的影响

改革开放以来,中国的劳动力资源为经济增长带来巨大优势,然而随着中国人口红利的式微及资源与环境瓶颈的凸显,寻求一种新型经济增长模式已成为亟待解决的难题。与之相适应的经济增长理论也需要吸纳新的理论分析框架。经济增长理论经历古典经济增长理论—新古典经济增长理论—内生经济增长理论这一过程,其对现实经济增长的解释已经得到明显的改进。特别是近年来,以Florida为代表的创意经济理论,为理解区域经济增长提供了新视角,也给中国在后人口红利期的经济发展带来了新的借鉴。

以创意经济和集聚经济理论为基础,本章将探讨中国创意人才空间集聚对劳动生产率的影响。这种影响主要包括两种,一种是直接影响,即创意人才的集聚将带来规模报酬递增的地方化,使得劳动生产率得到提高;另一种是间接影响,即创意人才空间集聚通过知识外溢的区域创新、城市化水平提高、产业结构优化等途径来实现劳动生产率的提高。对于直接影响,本章采用Ciccone和Hall(1996)的分析模型并结合Florida(2002a)的创意人才概念,采用单位土地面积上创意人才的数量来分析创意人才的空间集聚效应;而对间接影响的分析,我们则在模型中引入区域创新、城市化水平及产业结构与创意人才空间密度的交互项,以此分析创意人才空间集聚对劳动生产率的作用机制。

5.1 创意人才集聚影响劳动生产率的理论模型

Ciccone和Hall(1996)所构建的模型主要用于分析集聚经济的技术外部性与劳动生产率的关系,实际上该模型使得马歇尔的思想形式化了。他们指出地理上邻近的区域存在明显的技术外溢,即集聚经济活动将促进劳动生产率的提高,同时在经济密度较大的区域更加容易实施专业化,进而提高当地劳动生产率。Ciccone 和 Hall 分析区域空间经济密度与劳动生产率的关系模型,对本节具有很强的借鉴意义。本节我们将以该模型为基础,并在此基础上将其扩展为一个创意人才集聚与劳动生产率关系的模型。为了得到创意人才集聚对劳动生产率的影响模型,我们假定经济活动空间内部的劳动、创意资本、物质资本的分布是均匀的,并且令单位面积产出水平为 q,则其生产函数为

$$q = \Omega_i f(nC, k; Q_i, A_i) = \Omega_i f(nC, k; Q_i, A_i) = \Omega_i (nC_i)^\alpha k^{1-\alpha} \left(\frac{Q_i}{A_i}\right)^{\frac{\lambda-1}{\lambda}} \quad (5.1)$$

其中,Ω_i 表示第 i 区域全要素生产率,其值与特定区位条件相关;n 表示单位土地面积劳动力数量;C 用以衡量劳动力要素质量,即创意资本水平;k 为单位土地面积资本数量;Q_i 和 A_i 分别表示第 i 区域总经济规模(总产出水平)和总土地面积,则 $\frac{Q_i}{A_i}$ 表示产出分布的密度状况,代表产出分布密度对平均产出水平的外部性,在模型中当且仅当 $\lambda \geq 1$ 时,这种外部性的影响才能显著为正;α 表示单位土地面积上的产出对劳动力和创意资本的反映系数,其取值范围在 0~1。

由于假定了经济活动空间内部产出水平的分布是均匀的,所以第 i 区域的总产出可以用单位面积产出与第 i 区域的总土地面积之积表示,即

$$Q_i = A_i \times q = A_i \times \Omega_i \left(\frac{N_i C_i}{A_i}\right)^\alpha \left(\frac{K_i}{A_i}\right)^{1-\alpha} \left(\frac{Q_i}{A_i}\right)^{\frac{\lambda-1}{\lambda}} \quad (5.2)$$

其中,N_i 表示总的就业规模,$\frac{N_i}{A_i}$ 则表示单位土地面积的劳动力数量,即式(5.1)中的 n;K_i 表示总资本存量,$\frac{K_i}{A_i}$ 则表示单位土地面积资本数量,即式(5.1)中的 k。通过对式(5.2)的变换可以求得第 i 省域的平均劳动生产率:

$$\frac{Q_i}{N_i} = \Omega_i^\lambda \left(\frac{C_i}{A_i}\right)^{\alpha\beta\lambda} \left(\frac{K_i}{N_i}\right)^{\alpha\lambda(1-\beta)} \left(\frac{N_i}{A_i}\right)^{\alpha\lambda-1} A_i^{\alpha\beta\lambda} \quad (5.3)$$

其中,$\frac{Q_i}{N_i}$ 表示第 i 区域平均劳动生产率;$\frac{C_i}{A_i}$ 表示第 i 区域的创意人才空间分布密度,即创意人才的空间集聚水平;$\frac{K_i}{N_i}$ 表示第 i 区域的人均资本水平;$\frac{N_i}{A_i}$ 表示第 i 区域劳动力就业密度。

将式(5.3)变换为线性对数形式,可以得到:

$$\ln\frac{Q_i}{N_i} = \lambda(\ln \Omega_i + \alpha\beta \ln A_i) + \alpha\beta\lambda \ln\frac{C_i}{A_i} + (\alpha\lambda-1)\ln\frac{N_i}{A_i} + \partial\lambda(1-\beta)\ln\frac{K_i}{N_i} + \mu_i \quad (5.4)$$

由于中国各类统计年鉴缺乏直接资本存量数据，因此需要对变量进行修正。由于产出的分配一般可以分为劳动力工资水平、资本利息和土地租金，我们假定在每个省（自治区、直辖市）之间的资本利息和土地租金相同，则式（5.4）被解释变量可以变成平均工资水平，用以衡量劳动生产率水平。与此同时，工资水平衡量的是劳动力收益，并不包括资本等其他要素收益，所以将工资作为被解释变量。解释变量中并不需要控制人均资本存量的影响，这将有利于解决缺乏资本存量数据的困扰[①]。

首先，式（5.4）中由于各省（自治区、直辖市）全要素生产率水平很难估计，同时各省（自治区、直辖市）的行政土地面积具有较长的历史性和稳定性，因此我们将此种效应添加在各省（自治区、直辖市）的固定效应中（固定效应模型的选择，后文将详细阐述）。为了进一步说明区域的差异性，本节还将通过对东部、中部、西部、东北四个地区的分析，以控制全要素生产率和土地面积等综合因素的影响。其次，劳动力就业密度（N_i/A_i）的测算往往因实际研究问题的差异而不同。例如，范剑勇（2006）和陈良文等（2008）分别从非农业就业密度和北京各区域总从业人员密度着手，来研究经济密度对劳动生产率的影响，而在本节的模型中，创意人才空间集聚度和就业密度存在较强的共线性，因此我们采用各省（自治区、直辖市）的城市化水平作为就业密度的替代变量，而城市化恰好又是本节所关注的变量之一。此外，各省（自治区、直辖市）的区域创新水平、产业结构状况都是影响其工资水平的重要因素，我们需要对此变量进行控制。最后，为了研究创意人才集聚与区域创新、城市化和产业结构对区域劳动生产率的交互影响，我们引入了三个变量分别与创意人才空间密度的乘积项。

结合上述分析，式（5.4）可以变换为

$$\ln(\text{Wage}_i) = \alpha_0 + \alpha_1 \ln\frac{C_i}{A_i} + \alpha_2 \ln P_i + \alpha_3 \ln(\text{Urb}_i) + \alpha_4 \ln(\text{MSration}_i) + \phi\text{con}_i + u_i \quad (5.5)$$

其中，Wage_i 和 Urb_i 分别表示各省（自治区、直辖市）工资水平和城市化水平；P_i 为各省（自治区、直辖市）发明专利授权数，用以代表区域创新水平；MSration_i 为第二产业与第三产业产值之比，以代表各省（自治区、直辖市）产业结构；con_i 为区域创新、二三产业产值比重和城市化水平分别与创意人才空间集聚的交互项，在后文的分析中将它们逐一引入模型；α_0 为常数项；u_i 为随机误差项。

由于本书采用了省际面板数据来分析创意人才集聚对劳动生产率的影响，所

---

① Sveikauskas（1975）、Harris 和 Ioannides（2000）、陈良文等（2008）等的研究中都采用了此种处理方法。

以在式（5.5）中，需加入时间影响，因此我们实际估计方程变成以下模型：

$$\ln\left(\text{Wage}_{it}\right) = \alpha_0 + \alpha_1 \ln \frac{C_{it}}{A_{it}} + \alpha_2 \ln P_{it} + \alpha_3 \ln(\text{Urb}_{it}) + \alpha_4 \ln(\text{MSration}_{it}) + \phi \text{con}_{it} + u_{it}$$

（5.6）

5.2 数据来源及统计描述

5.2.1 本章的数据来源

各省（自治区、直辖市）职工平均工资水平，创意人才数量（用各地区城镇单位专业技术人员数量来衡量），发明专利授权量，第二、三产业产值比等数据均来自 2000~2008 年的《中国统计年鉴》；各省（自治区、直辖市）城市化水平，即非农业人口比重的数据来自 2000~2008 年《中国人口和就业统计年鉴》；各省（自治区、直辖市）行政土地面积的数据来自 2000~2008 年《中国城市统计年鉴》。使用的样本为 1999~2007 年我国 30 个省（自治区、直辖市）的面板数据。鉴于西藏自治区部分数据缺失，收集也较为困难，因而未选择其作为样本[①]。

5.2.2 变量说明

本章使用中国各省（自治区、直辖市）的职工平均工资作为被解释变量。一般来讲，一个区域经济越发达，其劳动生产率越高，平均工资水平也越高。因此，用各省（自治区、直辖市）职工平均工资水平来代表劳动生产率发展水平是合理的。

1. 创意人才空间集聚水平

创意人才空间密度是本章所关注的主要解释变量，也是本章展开研究的核心概念。按照 Florida（2002a）对创意人才的定义，创意人才是由具有高级创意的核心人员和具有创造力的专职人员构成的，其中，核心人员包括科学家、工程师、

---

① 有关本章的数据需要特别说明，本章采用各地区城镇单位专业技术人员数量来衡量创意人才数量，其原因在于希望借助该指标来衡量创意人才核心人员的空间集聚对劳动生产率的影响。本章为什么没有延续第 3、4 章创意人才的衡量指标呢？原因有二：一是如果借助公共经济部门专业技术人员的数据，可能无法征表整个经济面的创意人才；二是如果借助创业者来刻画创意人才，则可能难以刻画创意人才核心人员，因此，本章采用了另外一个指标。在第 3、4 章中，其研究议题需要对技能型和创业型两类创意人才进行区分，因此，与之相关的数据指标体系能够说明相关的研究问题。此外，本章创意人才数据的截止时间为 2007 年，原因在于 2008 年以后国家统计局并没有对各地区城镇单位专业技术人员数量进行统计。

大学教授、诗人、小说家、艺术家、演员、设计师、建筑师、散文家、编辑、文化工作者、咨询研究人员、分析师及政策制定者；专职人员包括高科技工作者、金融服务人员、从事法律或者保健的工作人员及商业管理者等。然而，中国官方统计年鉴中并没有 Florida 式的创意人才。在第 3、4 章中，为了分析需要，我们用变通的方法来刻画创意人才，即用专业技术人员与创业者二者之和来表征，其中，专业技术人员与创意人才的核心人员密切相关，创业者与创意人才专职人员密切相关。本章希望借助创意人才核心人员来探讨创意人才集聚的空间外部性，但是，中国专业技术人员中部分劳动者所从事的工作与具有创意的工作岗位相去甚远，如图书管理人员、低级会计人员、制造业工人、采掘业工人及农业生产人员等。因此，为了更真实地反映中国创意人才的集聚效应，我们将专业技术人员中的制造业工人、采掘业工人以及农、林、牧、渔业等专业技术人员排除在外，并用剩下的人员数量代表中国的创意人才数量。用这部分创意人才除以各省（自治区、直辖市）的行政土地面积，可以代表区域创意人才集聚水平[①]。

根据集聚经济理论，创意人才在空间上的集聚规模越大，其集聚经济效应越强，从而越能提高该地区的劳动生产率。

2. 城市化水平

工业化加剧了城市化进程，城市化进程的加快又促进了经济的增长。一方面，城市化使得农村剩余劳动力向城市转移，优化第一产业劳动力配置，补给非农产业劳动力的需求，进而加快三种产业结构的优化升级，从而促进劳动生产率提高；另一方面，城市是多种高质量生产要素集聚的地方，有利于创意资本、知识和技术的积累，因此城市化水平的提高可以带来多样化经济和集聚经济，进而提高区域劳动生产率（Jacobs，1970）。我们选用非农业人口占总人口的比重来衡量城市化水平。

3. 区域创新水平

新经济地理学和内生增长理论对区域创新的概念已形成了较为完善的分析框架，本书沿用了这种分析思路，即创新将通过知识溢出效应、产业联动效应、创新浪潮等途径，以实现区域劳动生产率的提高。我们选用各省（自治区、直辖市）的发明专利授权数量代表区域创新水平。

---

① 需要指出的是，由于部分省（自治区、直辖市）在不同年份里发生过较大的行政区划变动，这给分析创意人才的集聚效应带来偏差。为了减少人为因素造成的数据偏差，我们对行政土地面积发生较大变更的省（自治区、直辖市）进行了修正，即采用观测期的平均值来代替具有较大变异年份的数据。

4. 产业结构

一个地区的产业结构状况对区域的劳动生产率水平存在一定影响。通常的预期是，第三产业比重越高的地区，其平均工资水平要高于其他地区。本书用各省（自治区、直辖市）第二、三产业产值之比来衡量区域产业结构状况，即第三产业比重越高，二、三产业产值比重就越低，产业结构的配置也越优化，劳动生产率也越高。

5. 交互项

创意人才集聚对劳动生产率的影响不仅具有直接影响，还具有间接影响。创意人才集聚将为区域知识存量的积累提供创意资本，促进知识外溢、技术创新、产业结构优化和城市化水平提高等，并最终促进劳动生产率的提高。为了捕捉创意人才集聚的间接影响，我们将区域创新水平、产业结构和城市化水平等变量，分别与创意人才集聚的乘积项逐一引入模型。

5.2.3 统计描述

表 5.1 列出了各变量的简单描述性统计量。从样本期数据可以看出，各省（自治区、直辖市）的人均工资水平，创意人才空间密度，区域创新能力（用发明专利授权数量表示），城市化水平和第二、三产业比重的数据，均有很大的变异。人均工资水平均值为 14 812.26 元，变动范围在 6 065.00~49 310.00 元，其标准差高达 6 960.13 元，说明数据的区域差异非常显著[①]；创意人才空间密度的均值为 13.90 人/平方千米，变动范围在 0.82~95.41 人/平方千米，不过标准差为 20.04 人/平方千米，说明其地区差异要小于人均工资水平和区域创新能力变量的地区差异；发明专利授权数量均值为 457.10 项，变动范围在 5.00~4 824.00 项，标准差为 689.38 项，说明地区差异非常明显；城市化水平和第二、三产业产值比重变量的地区差异仍然较大，但明显小于其他变量。

表 5.1　各变量的简单描述性统计量

变量	样本数	均值	标准差	最小值	最大值
人均工资水平/元	270	14 812.26	6 960.13	6 065.00	4 9310.00
创意人才空间密度/（人/平方千米）	270	13.90	20.04	0.82	95.41

---

① 一般而言，面板数据的标准差并不仅仅代表截面的变异程度，同样也反映时间序列的变化差异。由于本书选用的面板时间序列较短，同时通过数据整理发现各变量数据的空间地区差异要远远高出时间序列差异，所以本书认为数据地理差异明显，关于其他变量的分析也同样如此。

续表

变量	样本数	均值	标准差	最小值	最大值
发明专利授权数量/项	270	457.10	689.38	5.00	4 824.00
城市化水平	270	35.10%	16.65%	14.46%	87.46%
第二、三产业比重	270	1.22%	0.28%	0.37%	2.02%

5.3 创意人才集聚影响劳动生产率的实证分析

5.3.1 全国层面的实证结果

无论从简单相关散点图还是从数据描述性统计量都可以看出，面板数据截面异方差显著。如果采用混合最小二乘回归将造成系数估计值非一致性，而对固定效应与随机效应识别的 Hausman 检验 p 值都接近于 0，这在统计上表明随机效应模型是不合适的，因此本节将采用固定效应对基本方程进行回归分析[①]。

我们先对式（5.5）进行固定效应估计，其估计结果见表 5.2 第 2 列，第 2 列是基本模型（模型 1）。模型 2、模型 3、模型 4、模型 5 在基本模型的基础上，逐步添加了区域创新、城市化水平及产业结构与创意人才集聚的交互项。模型 1 显示，创意人才空间密度对劳动生产率的影响显著为正，其弹性系数为 1.346，即单位面积创意人才集聚水平提高 1%，劳动生产率将提高 1.346 个百分点，这验证了创意人才集聚效应的存在。区域创新和城市化水平的系数显著为正，这基本符合我们的预期，但是第二、三产业产值比重对劳动生产率的影响与理论预期并不一致，可能的解释是，目前中国第二产业发展仍然是地区工资水平提高的主要因素，另外，也说明中国传统服务业所占比重仍然较高，使得整体服务业的平均劳动生产率要低于工业部门。

表 5.2　当期固定效应估计结果

自变量	模型 1	模型 2	模型 3	模型 4	模型 5	模型 6	模型 7
常数项	4.493*** (12.389)	4.539*** (12.205)	3.847*** (7.400)	4.699*** (13.951)	3.870*** (7.528)	2.834*** (5.258)	1.701** (1.995)
ln（C/A）	1.346*** (6.614)	1.313*** (6.394)	1.704*** (5.970)	1.167*** (6.267)	1.636*** (5.666)	2.289*** (7.340)	2.859*** (5.679)
ln（P）	0.329*** (19.480)	0.345*** (9.593)	0.331*** (19.341)	0.330*** (21.035)	0.322*** (8.843)	0.293*** (12.691)	0.360*** (7.058)

---

① 由于 Hausman 检验拒绝了随机效应模型，所以后文的分析并没有报告随机效应估计结果。

续表

自变量	模型1	模型2	模型3	模型4	模型5	模型6	模型7
ln（Urb）	0.143*** (2.680)	0.142*** (2.621)	0.328*** (2.816)	0.174*** (3.223)	0.398*** (3.169)	0.127*** (2.485)	0.527*** (4.005)
ln（MSration）	0.313*** (3.533)	0.316*** (3.509)	0.365*** (4.095)	0.895*** (5.673)	0.945*** (5.980)	0.405*** (4.429)	0.926*** (5.724)
ln（C/A）×ln（P）		−0.005 (−0.449)			0.005 (0.427)		−0.017 (−1.034)
ln（C/A）×ln（Urb）			−0.102* (−1.813)		−0.127** (−2.042)		−0.224*** (−3.028)
ln（C/A）×ln（MSration）				−0.253*** (−4.909)	−0.267*** (−4.863)		−0.236*** (−3.911)
样本数	270	270	270	270	270	240	240
调整后的 R^2	0.881	0.879	0.880	0.912	0.908	0.866	0.885

*、**、***分别表示在10%、5%、1%的显著水平上显著

注：括号中为 t 检验值

模型2显示，创意人才集聚与区域创新的交互项的系数为负，但在统计上并不显著。这说明在当期，创意人才的集聚效应通过区域创新作用于劳动生产率的效果并不明显。模型3是在基本模型中加入了创意人才集聚与城市化水平的交互项，其交互项系数为负，表明创意人才集聚的增强将通过降低城市化水平以提高劳动生产率。这与我们的预期并不一致，不过联想到创意人才的具体特征和中国城市发展的实际，我们认为原因可能是当前城市的自然、人文、社会环境不足以吸引创意人才立足于此，相反他们可能更加愿意生活在宽容度高、具有多样化且基础设施完善的非中心城市区域，然后在岗位上发挥自己的创意，进而推动劳动生产率的提高。当然其交互项系数只在10%的水平上显著。模型4中交互项的系数显著为负，表明当期创意人才密度的提高将有利于第三产业比重提高，进而提高区域生产率水平。具体而言，具有创意的岗位往往需要专家思维、复杂沟通及适时灵感，因此在创意岗位上的创意人才为了获得工作所需要的新思维、新理念，他们对服务业的要求无论从数量还是质量上都更高，所以创意人才的集聚将带来服务业的繁荣。特别是在中国，这将使得产业结构得到优化，进而提高劳动生产率。当三个交互项同时被引入模型5中时，其回归结果与模型2、模型3、模型4的结论基本一致。

前述模型的主要结论基本印证了我们的理论预期，然而创意人才的集聚效应可能具有内生性，即一方面创意人才集聚将带来区域劳动生产率的提高，但另一方面，区域劳动生产率的提高将吸引更多的创意人才集聚该区域，从而提高该区

域的创意人才集聚水平。由于联立性所导致的内生性将引起估计的偏误，为此，我们采用滞后期的创意人才密度作为工具变量，并应用广义两阶段最小二乘法进行回归，回归结果见表 5.2 第 7 列（模型 6），而模型 7 则在模型 6 的基础上添加了三个交互项。从回归的结果来看，创意人才空间密度对劳动生产率的影响仍然显著为正，并且作用更加强烈，其偏效应分别为 2.289 和 2.859。其他项系数和符号与模型 1 和模型 5 相比，并没有显著差别，说明方程（5.6）的回归基本上不存在由于创意人才空间集聚与劳动生产率互动影响而引起内生性。

总体而言，创意人才空间集聚将有利于区域劳动生产率的提高，且回归结果较为稳健，不具有内生性，但其间接影响除了优化产业结构这一结果显著外，另外两项交互项与理论预期并不符合，因此我们需要进一步分析。

鉴于创意人才的集聚效应可能具有滞后性，所以我们把创意人才集聚的一阶滞后项引入基本方程并进行回归，结果见表 5.3 第 2 列。结果显示，创意人才集聚效应显著为正，其偏效应为 1.490，相对于模型 1 提高了 0.144 个百分点，其他自变量的系数和符号与模型 1 基本一致，这印证了创意人才集聚对劳动生产率具有滞后效应的猜想。为了分析间接影响，我们仍然将其交互项逐一加入基本模型，并分别进行回归，结果见表 5.3 第 3、4、5、6 列。模型 9 显示，创意人才集聚与区域创新乘积的滞后项对劳动生产率的影响在 1% 的水平上显著为正，即创意人才通过区域创新来促进生产率水平提高的效果，需在一定时期内才能显著发挥，但是其偏效应较小仅有 0.059，说明中国的经济体与基于知识的经济结构体相差甚远。模型 10 中其交互项显著为正，说明创意人才通过提高城市化水平能够显著促进生产率提高，但这一影响仍然很小，仅为 0.085。模型 10 中的交互项显著为正，而模型 3 的交互项却在 10% 的显著水平上显著为负，这似乎是矛盾的。经过分析，我们进行如下解释：模型 3 的交互项为负，说明当期创意人才集聚确实存在远离中心城市发展的趋势；而模型 10 的交互项为正，且在 1% 的显著水平上显著，则说明城市为各类生产要素的集聚提供了空间。城市化水平的提高将有利于创意人才的积累，而创意人才的积累具有很强的外溢性（只不过这种外溢性具有一定滞后效应），并显著促进生产率提高[①]。模型 11 显示，创意人才集聚通过优化产业结构对劳动生产率的滞后效应在统计上并不显著（即在 10% 的显著水平上不显著），但是当期创意人才空间聚集将通过优化产业结构以提高劳动生产率的效果非常明显，参见模型 4。模型 12 将三个滞后一期的交互项放入一个模型中，可以

[①] 两种交互效应的大小不能以系数绝对值的大小一概而论，因为还有其他因素未被加入该模型中。例如，影响城市化水平的因素除了人才集聚作用，还包括工业化、资源禀赋等因素，同样城市化除了对创意人才具有积累效应，还对知识、技术等生产要素的集聚具有累积效应。

看出其回归结果与前述模型大体上一致，但是产业结构交互项滞后期的系数在 5% 的显著水平上显著为负，这可能是由于三个交互项同时放入模型中引起了多重共线性。

表 5.3　带有滞后项的固定效应估计结果

变量	模型 8	模型 9	模型 10	模型 11	模型 12	模型 13
常数项	4.201*** (10.349)	4.773*** (12.001)	4.304*** (10.466)	3.998*** (9.698)	5.017*** (12.896)	4.470*** (7.870)
ln（C/A）		1.357*** (6.151)	1.216*** (4.859)	1.565*** (6.648)	1.006*** (4.283)	1.362*** (3.744)
ln（C/A）滞后一期	1.490*** (6.464)					
ln（P）	0.328*** (15.372)	0.180*** (6.702)	0.292*** (13.100)	0.320*** (15.396)	0.166*** (6.046)	0.159*** (5.796)
ln（Urb）	0.149*** (2.746)	0.101** (2.204)	0.158*** (3.026)	0.171*** (3.000)	0.151*** (3.062)	0.137*** (2.731)
ln（MSration）	0.386*** (3.929)		0.315*** (3.288)	0.449*** (3.573)	0.594*** (5.300)	0.586*** (5.232)
ln（C/A）×ln（P）滞后一期		0.059*** (6.917)			0.055*** (6.475)	0.054*** (6.300)
ln（C/A）×ln（Urb）滞后一期			0.085*** (3.411)		0.057*** (2.578)	0.047** (2.002)
ln（C/A）×ln（MSration）滞后一期				−0.057 (−1.039)	−0.094** (−2.001)	−0.076 (−1.552)
样本数	240	240	240	240	240	240
调整后的 R^2	0.847	0.890	0.868	0.867	0.895	0.911

*、**、***分别表示在 10%、5%、1%的显著水平上显著
注：括号中为 t 检验值

同样为了避免内生性问题，模型 13 将创意人才空间集聚的滞后项作为工具变量来代替当期变量，其两阶段最小二乘法回归结果与上述分析的结论并无明显差异，调整后的拟合优度也在一定程度上得到了提高（约 0.90），同时产业结构交互项的滞后项与模型 11 的结论基本一致，这也间接印证了模型 12 存在多重共线性。因此，上述关于创意人才集聚带来区域创新，进而促进生产率提高，以及城市化对创意人才具有积累效应的结论是稳健的。

5.3.2　区域层面的实证结果

由于中国特殊的空间经济地理结构，我们还将分区域来分析创意人才的集聚

效应①。我们仍然选用个体固定效应模型，并应用截面加权的广义最小二乘法进行了估计（表5.4），同时考虑内生性问题，还报告了广义的两阶段最小二乘法估计结果（工具变量仍然用创意人才密度的滞后项来代替，结果见表5.4）。从估计的结果来看，东、中、西部地区创意人才集聚效应都在5%的显著水平上显著为正，但是东北地区创意人才集聚项的符号为负，且在10%的显著水平上显著，即创意人才的空间离散将提高劳动生产率水平，这与上述结论并不一致。我们认为原因可能是，东北地区并未摆脱重工业生产基地的惯性，第二产业比重过大，挤压新兴创意行业的发展，使得创意人才兴起滞后，进而造成其系数为负的结论（我们在整理数据过程中发现，东北地区的创意人才数量呈逐年递减趋势）。同时，东北地区城市化水平和第二、三产业产值比重的系数都为负，但在统计上并不显著。原因可能是近年来"振兴东北老工业基地"相关政策的实施，其产业结构得到一定调整但还不完善，城市化发展进程仍然滞后。东北地区的回归结果反映了这一过渡阶段的特征。

表5.4 分区域固定效应估计结果

自变量	东部地区 固定效应	东部地区 两阶段最小二乘法	东北地区 固定效应	东北地区 两阶段最小二乘法	中部地区 固定效应	中部地区 两阶段最小二乘法	西部地区 固定效应	西部地区 两阶段最小二乘法
常数项	5.345*** (8.329)	4.880*** (5.027)	11.032*** (3.077)	30.602*** (3.080)	4.777*** (8.018)	2.007** (2.28)	2.120*** (2.845)	−0.374 (−0.435)
$\ln(C/A)$	0.535** (2.005)	0.749* (1.754)	−2.542* (−1.802)	−13.771** (−2.581)	1.373*** (2.891)	3.623*** (4.902)	3.461*** (6.735)	5.362*** (7.426)
$\ln(P)$	0.305*** (14.212)	0.287*** (10.990)	0.449*** (5.575)	0.157 (0.595)	0.387*** (7.587)	0.285*** (3.791)	0.173*** (3.842)	0.072 (0.977)
$\ln(Urb)$	0.315*** (2.898)	0.311*** (2.713)	−0.125 (−0.194)	−0.541 (−0.865)	0.099 (0.977)	0.066 (0.727)	0.165* (1.728)	0.092* (1.881)
$\ln(MSration)$	−0.216* (−1.617)	−0.165 (−1.092)	−0.353 (−1.054)	−0.133 (−0.306)	0.596*** (4.304)	0.565*** (4.054)	0.579*** (3.813)	0.529*** (3.544)
样本数	99	88	27	24	63	56	81	72
R^2	0.928	0.920	0.882	0.782	0.876	0.887	0.886	0.864
调整后的R^2	0.916	0.905	0.846	0.705	0.852	0.862	0.866	0.836

*、**、***分别表示在10%、5%、1%的显著水平上显著

注：括号中为t检验值

---

① 四个区域划分是基于中国传统经济空间地理因素，并结合各区域创意产业发展和工业机构特征而考虑的。东部地区包括北京、天津、河北、山东、上海、江苏、浙江、福建、广东、海南、广西11个省（自治区、直辖市）；中部地区包括山西、内蒙古、安徽、江西、河南、湖北、湖南7个省（自治区）；西部地区包括重庆、四川、贵州、云南、陕西、甘肃、青海、宁夏、新疆、西藏10个省（自治区、直辖市）；东北地区包括辽宁、吉林、黑龙江三省。

从创意人才空间集聚对劳动生产率的弹性来看，西部地区为3.461，高于中部地区的1.373，而东部地区仅为0.535。为什么具有较好工业基础和产业结构的东部地区，其创意人才集聚效应反而要低于中西部地区呢？就中国经济发展的具体实际来看，我们认为由于近年来"西部大开发"和"中部崛起"战略的实施，相关人才引进、区域发展政策的践行，其区域发展迅速，尤其是人才引进措施推行得当，使得中西部地区创意人才集聚效应凸显；而东部地区产业结构已经趋于完善，各类生产要素积累作用的差距要低于中西部地区，或者说东部地区可能已经处于超越高人才集聚效应的发展阶段，因此东部地区创意人才集聚效应略低于中西部地区。不过东部地区劳动生产率的截距项为5.345，仍然要高于中西部地区（中部地区为4.777，西部地区为2.120），这说明东部地区的创意人才集聚与劳动生产率的总体水平仍然要高于中西部地区。

此外，四个地区的知识溢出效应、城市化水平、产业结构等变量与理论预期及现有文献分析的结论基本一致。无论东部地区、中部地区、东北地区还是西部地区，知识创新的溢出效应都很显著，而城市化水平和产业结构的估计结果都表明东部地区要比中西部地区更占优势。从广义的两阶段最小二乘法估计结果看，四个地区的固定效应估计结果都是稳健的。

5.4 创意人才推动劳动生产率的政策建议

本章受创意人才与集聚经济相关理论的启发，分析了中国创意人才空间集聚效应及其影响机制。我们发现创意人才集聚无论在当期、滞后一期还是分区域考察，其对劳动生产率的直接影响都显著为正（东北地区较为特殊）。这不仅说明目前中国创意人才空间集聚效应的存在性，也为中国区域间劳动生产率差异的解释提供了一个新视角。从上述分析的结论中可以得出相关政策启示。

第一，各地方政府应进一步加大人才引进力度，不断完善人才引进机制，积极落实针对高层次创意人才的特殊政策，充分发挥创意人才集聚效应。同时通过构建开放、多样、宽容的区域体系，吸引并留住创意人才，为区域创新、城市经济、产业结构优化升级提供新动力。特别是中西部地区，应该充分抓住创意人才较高的边际收益优势，逐步缩小与东部地区的差距。

第二，大力推进创意产业发展。一方面，通过创意产业来释放创意人才集聚效应，在"创意人才磁铁中心"为兴办创意园区提供条件；另一方面，通过创意人才集聚来孵化创意产业，优化产业结构，最终实现经济良性循环。

第6章 创意产业的发展现状与空间分布

2008年全球金融海啸过后，发展实体经济得到了应有的重视，创新、创业精神自然成为人们关注的焦点。企业家精神的复兴给产业的发展，尤其是创意产业的发展带来了新活力。统计数据显示，2008年金融危机前后，全球创意产业仍然保持着较快的发展速度。2002~2008年，全球创意产业产值年均增长率高达14%。首先，本章将探讨全球创意产业的发展概况，包括发展速度、进出口贸易等；其次，从产业的发展规模和发展速度方面，讨论中国创意产业的发展概况；最后，从省际集聚规模和集聚水平，分析中国创意产业的空间集聚分布。

6.1 全球创意产业发展概况

随着高科技和文化的融合，世界创意产品层出不穷，人们对不同文化背景下创意产品的需求也不断增加，从而推动全球创意产业贸易迅速发展。据联合国贸易法委员会的调查数据（表6.1），2002年全球创意产业（包括创意产品和创意服务）出口贸易额为2 672亿美元，2008年增长至5 921亿美元，年均增长率高达12.0%（UNCTAD，2010）[①]。从统计数据还可以看出，相比创意产品而言，创意服务的出口贸易额增长更加明显。2002年创意产品出口贸易额为2 050亿美元，2008年出口贸易额为4 070亿美元，年均增长率达10.3%，而2002年创意服务出口贸易额维持在622亿美元的水平，2008年出口贸易额突破了1 850亿美元，年

---

① 相关数据主要来源于UNCTAD的《创意经济2010》这一研究报告。尽管本书认为科学研究和体育产业都应该属于创意产业范畴，但是在UNCTAD的研究报告中，未将这两类产业数据剥离开来，因此，该部分的创意产业数据未包含这两个子类数据。不过，由于这两类产业所占的比重极小，总的来说，并不影响本书的分析结论。

均增长率高达16.9%[①]。从年均增长率的对比来看，创意服务的出口贸易额年均增长率要高于创意产品的出口贸易额年均增长率。

表6.1 全球创意产业出口贸易额（2002年、2008年）

年份	2002			2008			2002~2008
类型	出口贸易额/亿美元	占创意产业出口贸易额的比重	占全球出口贸易额的比重	出口贸易额/亿美元	占创意产业出口贸易额的比重	占全球出口贸易额的比重	年均增长率
创意产品	2 050	76.72%	3.52%	4 070	68.74%	2.73%	10.3%
创意服务	622	23.28%	3.79%	1 851	31.26%	4.80%	16.9%
创意产业	2 672	100.00%	—	5 921	100.00%	—	12.0%

注：创意产业的相关数据值为创意产品和创意服务的有关数据加总；2002年、2008年创意产品的数据来源于所报告的92个国家（138个国家）；创意服务的数据来源于所报告的102个国家（125个国家）。
资料来源：UNCTAD（2010）的报告，经作者整理

在创意产业的国际贸易中，发达国家占据了主导地位。2008年发达国家创意产业出口贸易额占总创意产业出口贸易额的64%，其中创意产品占总创意产品出口贸易额的56%，创意服务占总创意服务出口贸易额的83%；发展中国家创意产业出口贸易额占总创意产业贸易出口额的33%，其中创意产品占总创意产品出口贸易额的43%，创意服务占总创意服务出口贸易额的11%；转换经济体创意产业出口贸易额占总创意产业出口贸易额的1%，其中创意产品占总创意产品出口贸易额的1%，创意服务占总创意服务出口贸易额的6%，如图6.1所示。从创意产品的进口贸易额来看（2008年全球创意服务进口贸易额的数据无法获取），2008年发达国家创意产品的进口贸易额占总创意产品进口贸易额的75%，发展中国家占了22%，转换经济体仅占2%。总的来说，发达国家在创意产业的进出口贸易上占据了主导地位。

从行业来说，2008年在全球创意产业出口贸易额中，发达国家的视听教具占了89.5%，出版占了80.3%，表演艺术占了86.2%，可视艺术占了75.9%。在发展中国家的创意产业出口中，工艺品、设计、新媒体行业占据一定优势。2008年的数据显示，发展中国家的工艺品出口贸易额占整个工艺品出口贸易额的64.1%，设计占比达到50.6%，新媒体占比达51.9%，如图6.2所示。视听教具、出版和可视艺术都有高技术产业的特点，说明发达国家在创意产业中不仅具有出口量的优势，还占据了产业价值链的高端，具有高科技的优势。

---

① 在全球创意产业出口额中，创意服务业占整个出口总额的31%，所占比率相对较低，不过这可能比真实的比率要低，因为很多国家没有对创意服务业进行专门统计（UNCTAD，2010）。

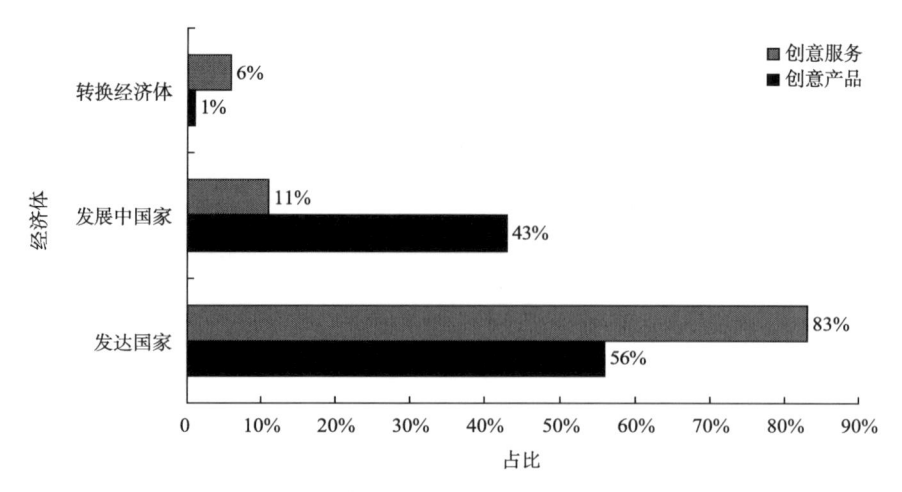

图 6.1　2008 年不同经济体创意服务和创意产品出口贸易额的占比情况

资料来源：UNCTAD（2010）的报告，经作者整理

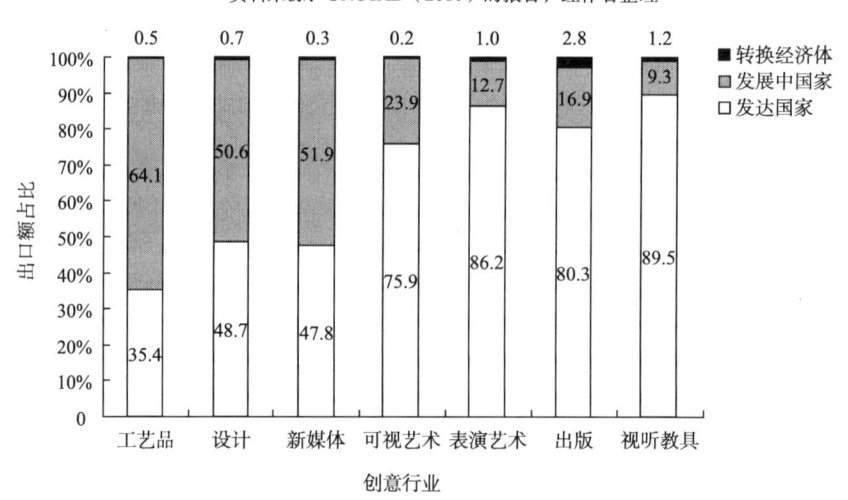

图 6.2　2008 年不同经济体不同创意行业出口贸易额的占比情况

图中的数值为百分比数值

资料来源：UNCTAD（2010）的报告，经作者整理

通过对比 2002 年和 2008 年的数据发现，发展中国家创意产业的出口优势开始逐渐显露（表 6.2）。UNCTAD 的数据显示，2002 年发展中国家出口贸易额在全球创意产业（仅限创意产品）出口贸易额中仅约占 37%，2008 年这一占比已经上升到约 43%。这一增长的贡献有很大一部分来自中国。目前，中国已经成为创意产品出口贸易额增长最快的国家，2008 年创意产品出口贸易额占总创意产品出口贸易额的 21%，这一比率是全球出口贸易额占比中最高的。

表 6.2　2002 年、2008 年创意产品贸易额

经济体与区域	出口 2002年/亿美元	出口 2008年/亿美元	出口 2002~2008年年均增长率	进口 2002年/亿美元	进口 2008年/亿美元	进口 2002~2008年年均增长率
全球	2 049	4 070	99%	2 256	4 208	87%
发达经济体	1 279	2 271	78%	1 872	3 171	69%
欧洲	945	1 740	84%	935	1 844	97%
美国	186	350	89%	686	900	31%
日本	40	70	76%	121	185	53%
加拿大	93	92	−1%	82	147	79%
发展中国家经济体	758	1 762	132%	367	937	155%
东南亚国家	667	1 431	115%	260	534	105%
中国	323	848	162%	29	61	107%
西亚	26	107	311%	24	150	518%
拉丁美洲和加勒比海地区	55	90	63%	61	160	161%
非洲	7	22	200%	16	57	259%
最不发达国家	3	16	359%	3	16	359%
发展中的小岛国家	0.6	1	120%	2	8	400%
转换经济体国家	12	37	204%	1 728	10 003	479%

注：表中全球创意产品进出口数据为发达经济体、发展中国家经济体、转换经济体国家的数值加总；发达经济体数据为欧洲、美国、日本、加拿大的有关数值加总；发展中国家经济体为东南亚国家、中国、西亚、拉丁美洲和加勒比海地区、非洲、最不发达国家、发展中的小岛国家的有关数值加总。创意服务的进口额的数据不易获取，因此表6.2只统计了创意产品的相关数据

资料来源：UNCTAD（2010）的报告，经作者整理

2008年全球创意产品进口贸易类型中，设计行业占了最大的比重，高达59.0%（三个经济体设计行业都占了很大比重），其次是出版和新媒体行业，各占11.7%和8.6%，表演艺术占6.7%，可视艺术占6.9%，工艺品占7.0%，视听教具最低，仅占0.2%（UNCTAD，2010）。

在2002~2008年创意产业（仅限创意产品）的国际进口贸易额中，全球进口贸易额出现了明显的增长趋势，从2 256亿美元增长到4 208亿美元（表6.2）。发达经济体的进口贸易额占比出现了一定下降，从占全球进口贸易额的83%（发达经济体进口贸易额为1 872亿美元，全球为2 256亿美元）下降到75%（发达国家进口贸易额为3 171亿美元，全球为4 208亿美元）。从国家（区域）来看，创意产品进口贸易额最大的经济体是欧洲，其次是美国、日本和加拿大。亚洲的创意产品进口增速最快，从2002年313亿美元增长到2008年的745亿美元，年均增长率为23%。拉丁美洲和加勒比海地区、非洲、最不发达国家、发展中的小岛国家虽然所占比重较小，但是2002~2008年创意产品的年均增长速度也非常明显。

6.2 中国创意产业发展概况

随着文化体制改革的深入,中国创意产业作为一个新兴产业,得到了迅速发展(张晓明等,2010)。数据显示:2004~2008年,创意企业数和创意产业就业人数的年均增长率分别为20.11%和11.97%,这一增长速度比全部行业企业数的年均增长率(13.16%)和全部行业就业人数年均增长率(7.78%)都要高。创意产业全年营业收入年均增长率为25.71%,比全部行业营业收入的年均增长率低了约8个百分点,但是比创意企业数和创意产业就业人数的年均增长率要高得多(表6.3)。

表 6.3 中国创意产业总体发展状况(2004~2008年)

类别	行业	2004年	2008年	增长率	年均增长率
企业数/个	创意产业	378 975	683 781	80.43%	20.11%
	全部行业	3 249 342	4 959 671	52.64%	13.16%
	创意产业占全行业比重	11.66%	13.79%	18.21%	4.55%
就业人数/万人	创意产业	942.89	1 394.30	47.88%	11.97%
	全部行业	16 693.01	21 889.36	31.13%	7.78%
	创意产业占全行业比重	5.65%	6.37%	12.77%	3.19%
营业收入/10亿元	创意产业	2 291.66	4 648.64	102.85%	25.71%
	全部行业	44 097.65	104 167.20	136.22%	34.05%
	创意产业占全行业比重	5.20%	4.46%	-14.13%	-3.53%

资料来源:《中国经济普查年鉴2008》,经作者整理

截至2008年,中国已经登记注册的创意企业共683 781个,占全部行业企业总数的13.79%;创意产业就业人数为1 394.30万人,占全部行业就业人数总数的6.37%;创意企业营业收入为46 486.39亿元,占全部行业营业收入的4.46%。

表6.3还显示,2008年,相比创意产业企业数量占全部行业企业数量的比重(13.79%),创意产业就业人数占全部行业就业人数的比重(6.37%)相对偏小。这在一定程度上说明,相比传统产业来说,创意产业企业的平均规模普遍不高。本书的第4章研究还得出:创意产业生产效率出现了规模报酬递减,而且企业规模对生产效率没有显著的影响。这说明创意产业企业的规模本身就相对较小,而且其规模对效率的影响与其他产业相比,具有较小的上限值。

从创意产业内在结构来看(表6.4),咨询策划类创意企业的企业数和就业人数最多,分别为276 526个和374.87万人,占所有创意企业数的比重为40.44%,

占所有创意产业就业人数的比重为 26.89%。软件服务、设计服务类创意企业数和就业人数也比较大。软件服务类创意企业数（就业人数）占所有创意企业（所有创意产业就业人数）的比重达 20.75%（21.86%），而设计服务类创意企业数（就业人数）占所有创意企业（所有创意产业就业人数）的比重达 18.33%（23.67%）。影视文化和创意科研创意企业数最少，分别占所有创意企业数的比重为 1.43% 和 1.79%。

表 6.4　中国创意产业分行业发展状况（2008 年）

创意行业类别	企业数/个	占所有创意企业数的比重	就业人数/万人	占所有创意产业就业人数的比重	营业收入/10 亿元	占所有创意产业营业收入的比重
影视文化	9 802	1.43%	18.47	1.32%	43.51	0.94%
软件服务	141 861	20.75%	304.82	21.86%	1 520.54	32.71%
工艺时尚	57 888	8.47%	219.59	15.75%	395.89	8.52%
设计服务	125 308	18.33%	330.01	23.67%	779.78	16.77%
展演出版	14 237	2.08%	28.10	2.02%	95.79	2.06%
咨询策划	276 526	40.44%	374.87	26.89%	1 467.60	31.57%
休闲娱乐	45 949	6.72%	92.48	6.63%	234.03	5.03%
创意科研	12 210	1.79%	25.96	1.86%	111.50	2.40%
合计	683 781	100%	1 394.30	100%	4 648.64	100%

资料来源：《中国经济普查年鉴 2008》，经作者整理

2008 年，相比创意产业企业数占全部行业企业数的比重（13.79%），创意产业营业收入占全部行业营业收入的比重明显偏小，仅为 4.46%（这一数值比 2004 年减少了 0.74 个百分点，见表 6.3）。这表示相比其他行业，创意产业投入了相同的就业人数，却获得了更小的收入，说明创意企业的生产效率比其他行业要低。具体分行业来说，创意产业生产效率最高的是软件服务业，其企业就业人数占所有创意产业就业人员的比重为 21.86%；其营业收入占所有创意产业营业收入的比重高达 32.71%，是所有创意产业中实现营业收入最高的行业。咨询策划行业的生产效率仅次于软件服务业。咨询策划行业用占比为 26.89% 的创意就业人员，实现了占比为 31.57% 的营业收入。工艺时尚、设计服务、休闲娱乐类创意企业的生产效率明显偏低，其创意产业就业人员所占比重都高于创意产业实现的营业收入比重（表 6.4）。

从创意产品净出口贸易额（出口额减去进口额）来看（表 6.5），中国（未含香港）的贸易顺差最大。2002 年创意产品净出口贸易额为 294.1 亿美元，2008 年增长到 787.3 亿美元。排名第二的是意大利，其 2002 年创意产品净出口贸易额为 102.2 亿美元，2008 年为 152.0 亿美元。目前，美国是创意产品贸易赤字最大的国

家，其2002年贸易赤字为500.7亿美元，2008年贸易赤字达549.7亿美元。其次是日本、英国、澳大利亚等国家，其创意产品净出口贸易额都出现了赤字。从创意产品净出口贸易额处于顺差地位的国家和地区来看（表6.5中排名前10的净出口贸易额顺差国和地区），它们大部分都是发展中国家；而创意产品净出口贸易额处于逆差地位的国家（表6.5中排名后10的净出口贸易额逆差国），大部分都是发达国家。从表6.5的数据来看，中国（未含香港）创意产品的贸易顺差额处于全球第一的位置，这在一定程度上反映出中国不但在生产制造业领域对外依赖性比较强，而且在创意产品生产与贸易领域的对外依存性也比较强。

表6.5 排名前（后）10国家或地区的创意产品净出口贸易额　　单位：亿美元

国家和地区	2002年创意产品净出口贸易额	国家和地区	2008年创意产品净出口贸易额
中国（未含香港）	294.1	中国（未含香港）	787.3
意大利	102.2	意大利	152.0
中国香港	67.1	德国	75.4
泰国	21.3	印度	71.8
爱尔兰	13.7	中国香港	37.8
土耳其	12.4	泰国	31.0
马来西亚	11.6	马来西亚	25.2
加拿大	11.1	越南	22.7
朝鲜	8.4	土耳其	18.5
波兰	7.5	波兰	14.1
沙特阿拉伯	-6.3	俄罗斯	-35.7
希腊	-7.6	瑞士	-39.9
荷兰	-9.1	西班牙	-42.0
挪威	-13.5	阿拉伯联合酋长国	-46.8
瑞士	-22.6	法国	-55.2
法国	-23.4	加拿大	-55.2
澳大利亚	-25.4	澳大利亚	-60.2
英国	-58.1	英国	-109.5
日本	-81.5	日本	-115.2
美国	-500.7	美国	-549.7

注：创意服务进口额的数据不易获取，因此，该表格只统计了创意产品的相关数据；排名前10的国家和地区，其净出口贸易额为正数；排名后10的国家和地区，其净出口贸易额为负数

资料来源：UNCTAD（2010）的报告，经作者整理

6.3 中国创意产业空间分布概况

无论在中国还是在世界范围内,创意产业的发展都不是单个企业的成长,而是在一定环境和产业生态空间内的集群式发展。创意产业集聚是由众多相互独立又相互关联的创意企业及相关支撑机构,依据专业化分工和协作而建立起来的,并在一定的区域和空间内所形成的一种产业组织形式。正如全球创意产业的集群发展一样,中国创意产业正呈现出当地网络化集聚和跨地域虚拟网络集聚的演进趋势。为了说明中国创意产业的集聚空间分布,将从省际集聚规模和省际相对集聚水平两个方面展开阐述。

6.3.1 空间集聚规模

2009 年国务院常务会议审议通过了《文化产业振兴规划》,标志着文化创意产业已经上升为国家战略性产业。2011 年中国共产党第十七届中央委员会第六次全体会议审议通过了《中共中央关于深化文化体制改革、推动社会主义文化大发展大繁荣若干重大问题的决定》,该文件充分肯定了文化产业对推动文化大发展大繁荣的重要作用。随着一系列文化创意产业纲领性文件的出台,各地区纷纷将创意产业提升到战略性产业的高度,着力解决创意产业融资问题,积极促进创意产业集聚区和重点创意园区的建设。截至 2010 年底,北京市级创意产业集聚区已经增加到 30 个,上海则已经高达 81 个(张京成等,2010)。集群式发展已经成为中国各地区创意产业发展的重要模式。也正是借助集群式发展,各地区的创意产业出现了欣欣向荣的景象。

从国家级文化产业示范(试验)园区来看,截至 2020 年,中国已经有 21 家国家级文化产业园区(包括示范区和试验区)(表 6.6)。创意产业集群式的发展,产生了一定的创新效应和经济增长效益。具体来说,目前在这 21 家国家级文化产业园区内,集聚了上万家文化企业,吸引了各类创意从业人员 50 余万人,园区内文化企业实现的总收入超过 1 500 亿元。这些数据从一个侧面显示,创意产业园区式的发展模式能够产生明显的社会和经济效益。

表 6.6 国家级文化产业示范(试验)园区

时间	示范园区名称	批次
2017 年	广东省 广州北京路文化核心区 河北省 "21 世纪避暑山庄"文化旅游产业园区	第一批

续表

时间	示范园区名称	批次
2017年	湖南省　湘潭昭山文化产业园 江西省　景德镇市陶溪川文创街区 云南省　建水紫陶文化产业园区 浙江省　杭州市白马湖生态创意城 重庆市　重庆市南滨路文化产业园 吉林省　吉林省东北亚文化创意科技园 山东省　台儿庄古城文化产业园	第一批
2020年	安徽省　合肥包河创意文化产业园 北京市　798艺术区 广东省　龙岗数字创意产业走廊 广西壮族自治区　钦州坭兴陶文化创意产业园 贵州省　正安吉他文化产业园 湖南省　马栏山视频文创产业园 吉林省　吉林省广告创意文化产业园区 江苏省　苏州元和塘文化产业园区 山东省　青州中晨书画艺术产业园 上海市　大创智创新发展示范园区 四川省　梵木文化产业园 天津市　滨海新区智慧山文化创意产业园 浙江省　横店影视文化产业集聚区	第二批

时间	试验园区名称	批次
2017年	河北省　中国曲阳雕塑文化产业园 江苏省　南京秦淮特色文化产业园 浙江省　衢州儒学文化产业园 湖北省　武昌长江文化创意设计产业园 西藏自治区　西藏文化旅游创意园区	第一批

资料来源：https://www.mct.gov.cn/，经作者整理

为了说明创意产业的省际集群规模，从各省（自治区、直辖市）国家级文化产业基地、国家级软件科技园、国家级大学科技园、国家级科技企业孵化器等方面展开分析。表6.7对各省（自治区、直辖市）2004年、2006年、2008年、2011年和2012年获批的国家级文化产业基地数目进行汇总，从表中可以看出，广东拥有国家级文化产业示范基地数目最多，达23家；其次是北京，拥有21家；然后是浙江，拥有14家；上海、江苏、四川都拥有13家。数目最少的是西藏，拥有2家；新疆、宁夏、贵州、海南的数量相对较少，仅拥有4家。总体来说，东部地区的国家级文化产业示范基地数目要高于中西部地区，尤其是广东、北京、上海、浙江、江苏，其文化产业集聚明显，集聚了大批国家级文化创意产业基地。关于创意产业园，邵培仁和黄清（2012）认为文化创意产业出现了明显的园区式发展趋势，并统计得出，截至2012年底，中国建成市级以上文化创意产业园区846座。

表 6.7　国家级文化产业示范基地数目汇总　　　单位：个

省（自治区、直辖市）	2004 年	2006 年	2008 年	2011 年	2012 年	合计
北京	6	0	2	7	6	21
天津	1	1	2	3	2	9
河北	1	1	2	3	3	10
山西	1	1	1	2	2	7
内蒙古	0	1	1	2	1	5
辽宁	3	2	3	2	1	11
吉林	0	1	3	2	2	8
黑龙江	1	0	2	2	2	7
上海	4	2	2	2	3	13
江苏	2	2	3	3	3	13
浙江	3	1	3	3	4	14
安徽	1	1	1	3	2	8
福建	0	1	1	3	2	7
江西	0	1	1	2	2	6
山东	1	1	3	3	3	11
河南	0	1	3	3	2	9
湖北	1	1	1	2	3	8
湖南	2	1	2	2	2	9
广东	5	3	5	6	4	23
广西	2	0	1	1	1	5
海南	0	0	1	1	2	4
重庆	0	1	2	1	2	6
四川	4	4	3	1	1	13
贵州	0	1	1	1	1	4
云南	2	1	2	1	2	8
西藏	0	0	1	1	0	2
陕西	0	2	3	3	2	10
甘肃	1	1	1	1	3	7
青海	1	1	1	2	2	7
宁夏	0	0	1	1	2	4
新疆	0	0	1	1	2	4
合计	42	33	59	70	69	273

资料来源：文化部（现为文化和旅游部）官方网站 http://www.ccnt.gov.cn/sjzz/whcys_4769/cys_gjwhcysfjdm/，经作者整理

实际上，创意产业园区不仅包括文化产业园区，还包括高科技产业园区。表6.8给出了2010年国家级软件科技园、国家级大学科技园、国家级科技企业孵化器数量情况。从表6.8可以看出，截至2010年，江苏拥有4个国家级软件科技园，数目最高；其次是广东，拥有3个；而海南、重庆、贵州、青海、宁夏、新疆、西藏等省份还没有国家级软件园区。除此之外，其他省份都拥有1~2个国家软件园。截至2010年，北京拥有的国家级大学科技园数目最多，共14个，其次是上海和江苏，各拥有11个。内蒙古、广西、海南、贵州、西藏、青海、宁夏截至2010年还没有国家级大学科技园。截至2010年，江苏拥有最多数目的国家级企业孵化器，共54个；其次是山东和浙江，分别为31个和27个；北京、辽宁、广东的数目都超过20个；此外，海南和西藏还没有国家级科技企业孵化器。

表6.8　2010年国家级软件科技园、大学科技园和科技企业孵化器数量汇总　单位：个

省（自治区、直辖市）	国家级软件科技园	国家级大学科技园	国家级科技企业孵化器	合计
北京	1	14	25	40
天津	1	2	8	11
河北	1	2	10	13
山西	1	1	3	5
内蒙古	1	0	2	3
辽宁	2	5	24	31
吉林	2	1	5	8
黑龙江	1	4	8	13
上海	1	11	18	30
江苏	4	11	54	69
浙江	1	4	27	32
安徽	1	1	9	11
福建	2	1	7	10
江西	1	1	3	5
山东	2	3	31	36
河南	1	1	12	14
湖北	1	3	18	22
湖南	1	2	8	11
广东	3	3	21	27
广西	1	0	4	5
海南	0	0	0	0
重庆	0	2	6	8
四川	1	4	11	16

续表

省（自治区、直辖市）	国家级软件科技园	国家级大学科技园	国家级科技企业孵化器	合计
贵州	0	0	1	1
云南	1	2	7	10
西藏	0	0	0	0
陕西	1	4	14	19
甘肃	1	3	2	6
青海	0	0	2	2
宁夏	0	0	1	1
新疆	0	1	2	3
合计	33	86	343	462

资料来源：《2011中国火炬统计年鉴》，经作者整理

总体来说，中国创意产业集聚区呈现出东、中、西部明显的梯度效应，东部地区创意产业集聚规模明显高于中西部地区，尤其是长江三角洲地区、珠江三角洲地区、京津唐地区，其创意产业集群区的规模较大。此外，中西部一些省份，如河南、湖南、四川等，其创意产业的集聚优势也开始日益凸显。

6.3.2 空间相对集聚水平

为了分析中国创意产业相对集聚水平，借用Ciccone（2002）和Andersson等（2005）的产业集聚指数，构建了一个创意产业集聚指数，其计算公式如下：

$$\text{CIA}_{-1} \text{ index} = \frac{R_i}{A_i} \quad (6.1)$$

其中，R_i表示第i个省域创意产业的就业人数；A_i表示第i个省域的土地面积；计算式（6.1）得出的数值，表示单位土地面积上拥有的创意产业就业人数。换言之，CIA_{-1} index 即可以表示创意产业的集聚水平，其数值越大，表明创意产业集聚水平越高。按照式（6.1），计算得出创意产业集聚的省际分布状况，如表6.9所示。

表6.9　创意产业集聚的省际分布状况　　单位：人/100公顷

省（自治区、直辖市）	集聚指数	省（自治区、直辖市）	集聚指数	省（自治区、直辖市）	集聚指数
北京	83.372	广东	3.535	山东	2.090
上海	54.143	江苏	2.973	重庆	1.595
天津	17.733	辽宁	2.188	福建	1.561
浙江	3.565	河南	2.125	海南	1.467

续表

省（自治区、直辖市）	集聚指数	省（自治区、直辖市）	集聚指数	省（自治区、直辖市）	集聚指数
湖北	1.459	吉林	0.947	四川	0.591
山西	1.340	江西	0.879	云南	0.452
河北	1.297	广西	0.801	甘肃	0.297
安徽	1.241	宁夏	0.666	内蒙古	0.130
陕西	1.209	贵州	0.643	新疆	0.083
湖南	1.049	黑龙江	0.623	青海	0.060
全国均值（剔除直辖市的数据）		1.232		西藏	0.013

注：创意产业省际集聚指数的计算方法如式（6.1）所示；表中各省（自治区、直辖市）创意产业集聚指数为 2003~2009 年各自的平均值

资料来源：《中国统计年鉴 2013》

表 6.9 给出了中国创意产业集聚的空间省际分布数据。从不同省域来看，北京、上海、天津、浙江、广东五个省市的创意产业集聚水平较高。北京的集聚度最高，其值高达 83.372；其次是上海，其值为 54.143；天津、浙江和广东的创意产业集聚水平也都超过了 3.000；大部分西部地区的创意产业集聚水平都低于 1.000。这表明创意产业集聚的空间分布极其不均衡，基本上呈现出与经济发展水平、区域创新水平同步的态势。东部地区创意产业集聚水平较高，其区域创新和劳动生产率也普遍较高，而中西部地区创意产业集聚水平普遍较低，其区域创新和劳动生产率也普遍较低。基于上述分析，猜测创意产业集聚水平的差异，是否是造成区域创新和劳动生产率差异的一个重要因素。

综合上述分析，中国创意产业无论从集聚规模来看，还是从集聚水平来看，都呈现出明显的集聚式发展趋势。集聚式发展使得中国创意产业出现了包括核心产业、支持产业和衍生产业的产业群落，而创意产业群落的发展模式有利于为传统产业注入创意元素，增强中国传统产业的自主创新能力，优化产业结构，从而能够带动整个经济体向更高质量的经济形式跃进。

本章探讨了中国及全球创意产业的发展概况，并从集聚规模和集聚水平两个方面，分析了中国创意产业的空间分布。通过本章的研究可以得出以下结论：

第一，全球创意产业贸易发展迅速，2002~2008 年，全球创意产品出口贸易额年均增长率达 10.3%，创意服务出口贸易额年均增长率达 16.9%。在创意产业的国际贸易中，发达国家占据主导地位。2008 年发达国家创意产业出口贸易占总创意产业出口贸易额的 64%，其不仅有量的优势，发达国家在创意产业的国际贸易中还占据了产业价值链的高端，具有高科技的优势。

第二，中国创意产业发展迅速。创意企业和创意产业就业人数年均增长率

分别为 20.11%和 11.97%，这一比率既高于全球创意产业的发展速度，也要高于国内其他产业的增长速度，但是，创意产业高速增长的背后，却隐藏着两个问题：一是效率低下的问题；二是创意产业的外向依赖性较强，内需仍然不足。

第三，无论从省际集聚规模还是从省际集聚水平来看，中国创意产业都出现了明显的集聚式发展趋势，并且呈现出东、中、西部明显的梯度效应，东部地区创意集聚规模明显高于中西部地区，尤其是长江三角洲地区、珠江三角洲地区、京津唐地区，其创意产业集群区的规模普遍较大、水平普遍较高。

第7章 创意产业生产效率的测度与分析

目前中国创意产业的发展相当迅速，年均增长率达 10%，即便在 2008 年金融海啸期间，创意产业产值的年均增长率仍保持在 10%以上（UNCTAD，2010）。然而，在创意产业快速增长的背后却潜藏着如企业融资困难、资源配置不合理等问题（曲国明，2012；张苏秋和顾江，2015）。一方面，创意产业发展迅速；另一方面，创意产业的发展存在诸多问题。这引发人们思考：创意产业的内在资源配置和技术创新水平到底是怎样的？不同创意行业之间的生产效率是否存在差异，如果存在，其原因机制又是什么呢？目前，关于创意行业生产效率的研究还存在很大探索空间，尤其是针对某些具有代表性的经济强省、强市，应该如何发展创意产业，值得理论界和工业界的共同关注。本章将对新兴创意产业的生产效率进行测度，并对其影响因素进行实证分析。

7.1 创意产业生产效率测度的方法选择

7.1.1 方法选择

效率通常定义为产出与投入的比率，本章选用 DEA 分析工具来测度中国城市创意产业的效率。DEA 是使用数学规划评价具有多个输入与输出的决策单元（decision making units，DMU）间的相对有效性（即 DEA 有效），判断 DMU 是否位于生产可能集的"前沿面"上（Wei，2000）。DEA 效率值可以通过两种方法算出，即 CRS 的 DEA 模型（以下简称 CRS 模型）和 VRS 模型两种方法。CRS 模型由 Charnes 等（1978）提出，即测度技术效率与配置效率的 CRS 模型。技术效率是指在资源配置状况一定的条件下，企业所能达到的最大产出能力；而配置效率是指在给定投入价格条件下，企业通过组织资源的运用所能获得的最大产出，两者组合成为总的经济效率。

VRS 模型是由 Banker 等（1984）在 CRS 模型基础上改进得出的，即在 CRS 模型的基础上加入了 VRS 的凸性假设，这一模型也被称为 BCC 模型。VRS 技术效率（或称为综合技术效率）能够反映投入与产出之间的关系，可以分解为纯技术效率与规模效率。纯技术效率假定规模报酬可以发生改变，其测度的是企业与生产前沿面的距离，可以用于反映管理效率提高、生产经验积累等因素对生产效率的影响，而规模效率则衡量的是 CRS 的生产前沿与 VRS 的生产前沿之间的距离。

为便于分析创意产业的纯技术效率和规模效率，本章选用 VRS 模型，以每一个城市为决策单元，以创意产业营业收入为产出变量，以创意产业就业人数和资产总额为投入变量，来测度中国大中型城市创意产业的生产效率。同时，选择江苏省作为样本之一，对江苏省 120 个创意子行业及江苏省 13 个地级市的文化创意制造业、批发零售业、服务业三大类创意行业的生产效率进行测度与分析[①]。创意产业综合生产效率指数反映的是城市创意产业要素资源的配置、利用水平和规模集聚水平，其中，纯技术效率指数则表示的是城市创意产业要素资源的配置和利用水平，规模效率指数表示的则是城市创意产业规模集聚水平。

7.1.2 数据来源

考虑到创意产业生产效率的测度被区分为两个层面，一是城市区域层面；二是创意子行业层面，因此，本节选择两个样本作为研究对象：一是从区域层面选择 36 个省会和副省级城市作为样本之一；二是从创意子行业层面，选择江苏省 120 个创意子行业作为样本之一。

从区域层面看，通常来说，31 个省会城市基本上能够反映中国东、中、西部不同区域城市创意产业集聚和生产效率的差异。但是，由于样本内部也存在较大的差异，有 4 个直辖市、17 个普通省会城市，10 个既是省会又是副省级城市，而中国副省级城市一共有 15 个，因此，为了样本完整性，将另外 5 个副省级城市也加入样本中。由于香港、澳门、台北这 3 个城市的数据无法获取，其没有被包含在样本中，因此，区域层面的最终样本为 36 个省会和副省级城市。城市和全国的创意产业就业人数、资产总额、营业收入、创意企业数目来源于《中国创意产业

---

① 本章选择江苏省作为样本之一，主要在于江苏省在 2015 年公布的《江苏经济普查年鉴 2015》首次对 120 个创意子行业进行了单独统计，其中包括 45 个文化创意制造业、18 个文化创意批发零售业、57 个文化创意服务业。该省的统计报告有利于分析 120 个不同创意子行业的生产效率水平。

发展报告（2011）》，城市就业人数、全国就业人数、城市外商投资额、城市生产总值、城市每万人拥有的互联网数等数据均来源于《中国城市统计年鉴2011》。由于城市层面的数据也对10类创意子行业进行了，因此，在对城市创意产业效率进行分析的同时，也对10类创意子行业生产效率进行测度与分析。

从创意行业层面来看，江苏省各地级市及不同类型创意行业的从业人员、资产总额、营业收入等数据均来源于《江苏经济普查年鉴2015》。

7.2 中国创意产业生产效率的测度与分析

7.2.1 城市层面分析

本书采用软件DEAP 2.1版本，计算得出2008年中国36个省会和副省级城市创意产业的综合生产效率、纯技术效率和规模效率。从创意产业综合生产效率来看，中国城市创意产业投入产出综合生产效率偏低，仅为0.583，说明城市创意产业效率仅仅约达到最优效率水平的58%，损失了42%的效率。从分解的效率值来看，创意产业的纯技术效率为0.663，规模效率为0.893（表7.1）。2008年有15个城市创意产业的综合生产效率值超过0.600，约占选取样本的42%，其中，仅有两个城市达到最优效率，分别是南昌和乌鲁木齐。

表7.1 2008年排名前（后）10的创意产业投入产出效率的城市

排名前10的城市	综合生产效率	纯技术效率	规模效率	规模报酬
南昌	1	1	1	—
乌鲁木齐	1	1	1	—
北京	0.892	1	0.892	drs
长春	0.874	0.968	0.902	drs
西安	0.842	1	0.842	drs
广州	0.811	1	0.811	drs
上海	0.790	1	0.790	drs
成都	0.757	1	0.757	drs
济南	0.752	0.880	0.854	drs
呼和浩特	0.749	0.763	0.981	irs
排名后10的城市	综合生产效率	纯技术效率	规模效率	规模报酬
武汉	0.451	0.487	0.926	drs
南宁	0.442	0.451	0.980	irs
哈尔滨	0.439	0.439	0.999	irs

续表

排名后10的城市	综合生产效率	纯技术效率	规模效率	规模报酬
沈阳	0.423	0.428	0.989	drs
银川	0.394	0.487	0.809	irs
贵阳	0.366	0.423	0.865	irs
天津	0.358	0.374	0.958	drs
兰州	0.302	0.326	0.927	irs
海口	0.298	0.382	0.780	irs
西宁	0.270	0.438	0.616	irs
总体均值	0.583	0.663	0.893	—

注："—"表示规模报酬不变；drs表示规模报酬递减；irs表示规模报酬递增

与其他研究相比，本书所测算的创意产业综合生产效率要低于王家庭和张容（2009）所测得的数值（0.655），以及蒋萍和王勇（2011）测得的数值（0.71），与马萱和郑世林（2010）测得的数值（0.590）极为接近。不过由于在样本选取及DEA模型的选择上存在较大差异，因此，在研究结果上存在一定出入也不足为奇。尽管结果存在一定差异，但是各研究都显示，目前中国创意产业的生产效率都普遍不高。

城市创意产业纯技术效率值为0.663，说明由于技术水平未达到最优状态，而损失了约34%的效率。在选择的样本中，有18个城市的创意产业纯技术效率超过60%，约占选取样本的50%。除了乌鲁木齐和南昌外，北京、西安、广州、上海、成都、拉萨等城市也达到了最优纯技术效率值。与综合生产效率相比，达到纯技术效率最优值的城市要多于综合生产效率最优的城市。同时，城市之间纯技术效率的差距仍然很大，有一半以上城市的纯技术效率值低于60%。

相比纯技术效率水平，创意产业规模效率值较高，达到0.893，约损失了10%的规模效率。在选择的样本中，有30个城市的创意产业规模效率值超过80%，约占选取样本的83%，仅有拉萨市的规模效率值小于60%，其规模效率值仅为0.462。相比纯技术效率和综合生产效率水平，创意产业规模效率普遍较高。从本章4.2节的分析也可以看出，所选样本中的绝大多数（92%）城市的创意产业都出现了集聚趋势，说明中国城市创意产业集聚规模优势凸显，这可能在很大程度上会促进创意产业规模效率的提高。

从规模报酬来看，有22个城市出现了创意产业规模报酬递减的趋势，说明这些城市的创意产业规模比最优规模要偏大，要提高生产效率可以通过进一步缩小创意企业规模来实现。南昌和乌鲁木齐处于规模报酬不变的创意产业效率生产前沿。其他12个城市的创意产业处于规模报酬递增阶段，换句话说，这些城市通过进一步扩大创意产业规模将有利于促进生产效率的提高。

从创意产业的效率分析来看，要提高创意产业生产效率，需要从创意产业的要素资源配置、利用水平及规模水平等多方面着手，以及同时促进创意产业纯技术效率和规模效率的提高。数据还显示，尽管拉萨市创意产业的纯技术效率达到了最优水平，但是由于其规模效率较低，仅为0.462，导致综合生产效率较低；而郑州恰好相反，其创意产业的规模效率达到了最优水平，但是由于纯技术效率较低，仅为0.482，同样导致综合生产效率不高。此外，北京、西安、广州、上海、成都等城市创意产业的纯技术效率达到了最优水平，但是由于它们的规模效率存在巨大差距，进而造成了这些城市的创意产业综合生产效率的差异。

7.2.2 行业层面分析

从2008年分行业城市创意产业综合生产效率值来看（表7.2），软件服务类创意产业综合生产效率值相对最高，达到0.689，其中，纯技术效率值为0.758，规模效率值为0.911，均高于全国创意产业平均效率水平。近年来，由于受到政府支持和市场的推动，中国软件服务业得到了迅速的发展，几乎每个省（自治区、直辖市）都争取到了1~2个国家级的软件产业园。由于较快的发展速度和规模效应的作用，中国软件产业的生产效率处于整个创意产业的较高水平。此外，设计服务和展演出版类创意产业综合生产效率值分别为0.685和0.613，均高于全国创意产业综合生产效率的平均值。效率水平低于0.500的创意产业为工艺时尚类、咨询策划类、创意科研类，其中，咨询策划类的生产效率值最低，仅为0.301。从纯技术效率来看，设计服务类和软件服务类创意产业的纯技术效率值均高于0.700，咨询策划类和创意科研类创意产业纯技术效率值均低于0.500。创意产业的规模效率普遍较高，其中，工艺时尚类创意产业规模效率值最低，仅为0.703。

表7.2 2008年分行业城市创意产业生产效率

类型	综合生产效率	纯技术效率	规模效率
影视文化	0.500	0.618	0.813
软件服务	0.689	0.758	0.911
工艺时尚	0.372	0.545	0.703
设计服务	0.685	0.790	0.871
展演出版	0.613	0.655	0.938
咨询策划	0.301	0.406	0.830
休闲娱乐	0.572	0.666	0.858
创意科研	0.396	0.474	0.879
创意产业	0.583	0.663	0.893

总之，中国城市创意产业的投入产出生产效率普遍不高，从分解的效率来看，创意产业的纯技术效率要低于规模效率。从分行业创意产业的效率分析来看，软件服务和设计服务类创意产业的综合生产效率值相对较高，而工艺时尚类、咨询策划类及创意科研类创意产业的综合生产效率值相对较低。

虽然目前中国创意产业的发展相当迅速，而且在国际贸易中占有较大的比重，发展空间广阔，但是又不得不承认，中国创意产业的发展还处于初级阶段，发展尚不成熟，部分产业在营业能力和生产效率方面还很低。由于创意产业生产效率较低，进而可能会影响创意产业在国际市场上的竞争力。鉴于此，提出第二个问题，即如何提高创意产业生产效率，增强创意产业的国际竞争力？提高技术水平、提高配置效率、加大人力资源投入等都是有效的良策，本书提出促进创意产业集聚式发展、提高创意产业的集聚水平将是促进创意产业生产效率提高的一种重要策略。

7.3 省域创意产业生产效率的测度与分析
——以江苏省为例

7.3.1 江苏省异质性创意子行业分析

通过 DEAP 2.1 软件测得 120 个不同创意子行业的综合生产效率值，以及纯技术效率值和规模效率值。限于篇幅，表 7.3 仅报告了排名前 10 和后 10 的创意子行业生产效率值。表 7.3 的数据显示，江苏省创意产业综合生产效率均值为 0.235，说明损失了 76.5%的效率。从分解后的效率值来看，纯技术效率值为 0.351，规模效率值为 0.733，说明尽管创意产业综合生产效率值很低，不过规模效率值仍然远远大于纯技术效率值。因此，可以说未来江苏省创意产业的综合生产效率尤其是纯技术效率还有很大的提升空间。

表 7.3 投入产出相对效率值排名前（后）10 的创意子行业

排名前 10 的行业	综合生产效率	纯技术效率	规模效率	规模报酬
文化娱乐经纪人	1	1	1	—
贸易代理	1	1	1	—
电影和影视节目发行	0.977	1	0.977	drs
报刊批发	0.697	1	0.697	irs
电视机制造	0.684	1	0.684	drs
通信及广播电视设备批发	0.650	0.842	0.771	drs
电气设备批发	0.624	0.628	0.995	irs
珠宝首饰及有关物品制造	0.552	0.820	0.673	drs

续表

排名前 10 的行业	综合生产效率	纯技术效率	规模效率	规模报酬
文具用品批发	0.541	0.908	0.595	drs
其他文化用品批发	0.528	0.563	0.938	drs
排名后 10 的行业	综合生产效率	纯技术效率	规模效率	规模报酬
游览景区管理	0.076	0.104	0.735	drs
野生动物保护	0.074	0.079	0.937	drs
其他娱乐业	0.073	0.091	0.804	drs
艺术表演场馆	0.071	0.080	0.886	drs
园林、陈设艺术及其他陶瓷制品制造	0.068	0.084	0.811	drs
电子游艺厅娱乐活动	0.062	0.128	0.483	irs
烈士陵园、纪念馆	0.053	0.140	0.379	irs
无线广播电视传输服务	0.051	0.054	0.936	drs
文物及非物质文化遗产保护	0.050	0.072	0.691	irs
游乐园	0.044	0.045	0.979	drs
创意产业均值	0.235	0.351	0.733	—

注："—"表示规模报酬不变；drs 表示规模报酬递减；irs 表示规模报酬递增

从异质性行业来看，文化娱乐经纪人和贸易代理两个创意子行业处在生产前沿，无论是从纯技术效率还是从规模效率角度看，都实现了相对最优效率。排名前 10 的创意子行业，还包括电影和影视节目发行、报刊批发、电视机制造、通信及广播电视设备批发、电气设备批发、珠宝首饰及有关物品制造、文具用品批发、其他文化用品批发。综合生产效率值最低的创意子行业为游乐园，其效率值仅仅为 0.044，说明游乐园业处在一种极低效率的运行状态。此外，效率值排名后 10 的创意子行业还包括文物及非物质文化遗产保护，无线广播电视传输服务，烈士陵园、纪念馆，电子游艺厅娱乐活动，园林、陈设艺术及其他陶瓷制品制造，艺术表演场馆，其他娱乐业，野生动物保护，游览景区管理，这些行业的综合生产效率都在 0.100 之下。

从行业大类的角度看，文化创意批发和零售业生产效率要高于文化创意制造业，文化创意服务业的生产效率普遍较低。表 7.3 数据还显示，综合生产效率值排名前 10 的创意子行业中，有 6 个行业是文化批发和零售业，而排名后 10 的创意子行业有 9 个文化创意服务业。从江苏省创意产业整个行业的角度来看，一方面，其总体生产效率普遍低下，尤其是创意服务行业表现出更低的绩效水平；另一方面，不同创意行业之间的效率值表现出很大差别。以综合生产效率值的均值为界限，有 79 个创意子行业的生产效率值都处在均值以下，占整个行业的 71.82%。此外，排名前 10 的创意子行业的综合生产效率均值达到 0.725，而排名后 10 的创意子行业的综合生产效率值仅为 0.062，进一步说明创意行业各个子类的生产效率水平存在很大差别。

7.3.2 江苏省不同城市创意产业生产效率分析

表 7.4 报告了江苏省不同城市三大创意行业的综合生产效率值。从不同行业来看，文化批发和零售业的综合生产效率值最高，达到 0.739，文化制造业综合生产效率值为 0.636，而文化服务业的综合生产效率值最低，仅为 0.410。这一分析结果与异质性行业分析的结果是一致的。从不同城市来看，南京市和淮安市实现了文化制造业的最优效率，泰州市和徐州市文化制造业生产效率值也在 0.900 以上。无锡市和常州市实现了文化批发和零售业最优生产效率，南京市的文化批发和零售业生产效率值也在 0.900 以上。镇江市实现了文化服务业的最优效率值。此外，扬州市的文化服务业生产效率值相对较高，不过相比其他行业来说仍然较低，仅为 0.489。从各城市生产效率值来看，南京市作为江苏省政治、文化、金融中心，三大创意行业的综合生产效率值都较高，而苏州市经济体量虽然更大，但是文化创意产业综合生产效率值却处在全省中等水平。此外，由于创意行业具有很强的产业融合性和关联性，其生产效率值的高低与相关产业基础是否雄厚存在很大关系。例如，泰州市和徐州市的制造业发展基础较好，其文化制造业的生产效率也相对较高。

表 7.4 江苏省各城市三大创意行业综合生产效率值

城市	文化制造业	文化批发和零售业	文化服务业
南京市	1	0.950	0.373
无锡市	0.443	1	0.447
徐州市	0.914	0.562	0.429
常州市	0.342	1	0.364
苏州市	0.384	0.722	0.366
南通市	0.454	0.659	0.334
连云港市	0.744	0.524	0.344
淮安市	1	0.888	0.123
盐城市	0.507	0.691	0.278
扬州市	0.647	0.601	0.489
镇江市	0.409	0.866	1
泰州市	0.909	0.521	0.457
宿迁市	0.512	0.628	0.331
均值	0.636	0.739	0.410

江苏省作为经济强省和文化大省，近年来创意产业发展迅速，数据表明 2015 年江苏省创意产业的产值占该省生产总值的 15.52%，高出全国平均水平 9 个百分点，创意就业人数占该省就业总人数的 2.79%，高出全国平均水平 1.5 个百分点。这说明作为经济强省的江苏省，其文化创意产业在全国具有很强的显示度。但是本章测度的效率值表明，由于受到资源瓶颈和技术创新效率的限制，江苏省创意产业的相对生产效率值偏低，而且不同城市、不同创意子行业间的效率值离差较大。

第8章 创意产业生产效率的影响因素
——以江苏省为例

目前，中国创意产业的发展十分迅速，特别是作为经济强省、文化大省的江苏省，其创意产业的发展更为迅速。数据显示，2004~2010年，江苏省创意产业产值年均增长率接近30%（吴建军和顾江，2013）。然而，在创意产业快速增长的背后却潜藏着如企业融资困难、资源配置不合理等问题（曲国明，2012；张苏秋和顾江，2015），这些问题的直接后果是可能导致该行业整体生产效率低下。如果低生产效率的行业或部门不断扩张和蔓延，必将导致大量资本、劳动力等资源的浪费，长此以往甚至还会阻碍整个经济系统的健康发展。因此，对新兴创意产业生产效率影响机制的分析显得尤为重要。然而，目前关于创意产业生产效率的研究还存在很大探索空间，尤其是针对某些具有代表性的经济强省，应该如何发展创意产业，有必要对其进行深入探讨。

8.1 创意产业生产效率影响因素的实证模型

8.1.1 关于创意产业生产效率研究的文献回顾

自1998年以来，英国布莱尔政府试图通过创意产业计划振兴本国经济之后，关于对创意产业的经济增长、就业增长、区域创新效应的分析，引起学者关注。然而近年来，人们逐渐认识到创意产业外部性的研究离不开对行业本身生产效率的分析，因此，创意产业生产效率测度与分析引起学者极大关注。从省级层面角度来看，马萱和郑世林（2010）测算得出中国文化产业的生产效率整体偏低。1998~2006年中国各省（自治区、直辖市）文化产业平均效率值仅仅为0.590，不过中西部地区与东部地区文化产业生产效率水平差距正在逐渐缩小。郭新茹和顾江（2014）采用 DEA 分析方法对中国 31 个省（自治区、直辖市）2002~2011 年文化产业生产效率进行测度，指出中国文化产业生产效率不存在明显的地域选择性，科技创新对提高文化产业生产效率具有促进作用，但是这一促进作用并不是线性关系。随着城市化发展，城市创意产业生产效率问题也引起学者关注。李春发和王向丽（2013）运用三阶段 DEA 模型对 24 个城市创意产业运行效率进行测度，研究表明创意产业纯技术效率和规模效率仍然存在不同程度的改进空间。

生产效率分析已成为目前创意产业研究的一个热点问题，研究视角也逐渐从宏观区域向微观企业及特定区域层面转变。雷原等（2015）选择 68 家文化创意上市公司，分析企业层面创意行业生产效率，研究指出中国文化创意上市公司整体生产效率偏低，主要原因在于文化创意企业主要依赖于劳动力投入，其次是市场推广和研发投入，而对固定资产投入不够敏感。以 2010~2014 年中国 70 家文化创意上市公司为例，赵倩等（2015）构建超对数生产函数的随机前沿方法（stochastic frontier approach，SFA）模型测度了中国创意企业生产效率，研究表明中国文化创意企业生产效率普遍不高，其效率值甚至呈现出负向增长趋势。潘玉香等（2014）选择 109 家沪深上市的中小板和创业板文化创意企业作为决策单元，研究指出中国文化创意企业外源融资冗余比较严重，企业融资效率与无形资产存在负向相关性，说明企业所得融资额未能有效地用在技能性资产上。

通过上述文献回顾，我们发现已有研究至少在以下两个方面具有可探索的空间。第一，现有关于创意产业生产效率的分析，大多以区域、城市或者企业作为决策单元，很少有研究以中观创意子行业为决策单元，这就导致创意产业异质性行业的生产效率值仍然还是一个"黑箱"。实际上，过于宏观或者过于微观的生产效率分析，都不利于全面认识和理解创意产业生产效率。第二，现有研究似乎更加关注创意产业生产效率的测度与分析，而在一定程度上忽视了对影响创意产业生产效率的机制分析，实证经验证据明显不足。本章试图弥补上述提及的创意产业研究的缺陷，借助经济强省江苏省的数据样本，分析创意产业生产效率的影响机理。

8.1.2 实证模型、影响因素及变量

行业生产效率的实质是劳动力和资本投入对最优产出的配置比率关系。要探讨创意产业生产效率的影响机制，首先应该认识该行业中哪些因素可能会影响创意投入与最优产出的比率关系，鉴于此，本节构建如下实证模型：

$$Y_i = \alpha + \beta_1 \text{RDintensity}_i + \beta_2 \text{firm size}_i + \beta_3 \text{ebusiness}_i \\ + \beta_4 \text{market}_i + \beta_5 \text{tax burden}_i + \beta_6 \text{sex ratio}_i + \mu_i \quad (8.1)$$

式（8.1）中，Y_i表示创意行业生产效率，包括综合生产效率，以及分解后的纯技术效率和规模效率。从技术层面上来说，创意产业综合生产效率可以被分解为规模经济效应和技术经济效率。为了刻画这两种效应对创意产业生产效率的影响，式（8.1）中首先引入创意行业R&D投入强度（RD intensity）和创意企业规模（firm size）这两个变量。由于信息高速公路和互联网技术的发展，电子商务平台为创意企业发展带来更多的商业机会，既能够实现规模经济效应又能促进企业技术创新。因此，模型中引入创意企业电子商务运用水平这一变量（ebusiness）。除此之外，创意行业生产效率可能还受到市场效应、税收效应及员工性别效应的影响，因此，式（8.1）引入另外三个变量，即创意行业市场化水平（market）、税负水平（tax burden）、就业性别比率（sex ratio）以检验这三种效率是否存在。$\beta_1 \sim \beta_6$分别表示对应因素的影响系数。α表示常数项；μ_i表示随机误差项，假设服从正态分布。

创意行业综合生产效率、纯技术效率和规模效率均采用DEA方法进行测度。采用R&D人员全时当量来表征创意行业R&D投入水平；采用创意行业的营业利润与利润总额（创意行业利润总额包括营业利润及政府补贴等营业外利润收入）来表示创意行业的市场化水平；采用创意行业的税金与营业收入的比重来表示创意行业税收负担；采用电子商务企业数量占该行业的比重来表征创意行业电子商务水平；采用平均每个创意企业的营业收入水平来表征创意企业规模；采用创意行业中女性就业者的比重来表征创意行业的性别比重。

表8.1给出了各个变量的描述性统计值。因变量为创意产业综合生产效率，其均值为0.24，其中包括纯技术效率（均值为0.35）及规模效率（均值为0.73）。由于专业性团体、野生动植物保护、其他未列明教育、其他文化艺术业这四个子类相关数据无法获得，因此，在本节回归分析中最终的样本数为剔除上述4个子类后的106样本。

表8.1 变量描述性统计值

变量	样本数	均值	最小值	最大值	标准差
综合生产效率	106	0.24	0.04	1.00	0.19
纯技术效率	106	0.35	0.05	1.00	0.27
规模效率	106	0.73	0.17	1.00	0.20
税负水平	106	1.48%	0.06%	7.91%	1.61%
创意企业规模/（百万元/个）	106	166.98	3.87	2 714.50	364.82
就业性别比率	106	48.41%	11.11%	76.47%	12.31%
市场化水平	106	9.52%	0.14%	38.06%	6.82%

续表

变量	样本数	均值	最小值	最大值	标准差
R&D 投入水平/(人/年)	106	814.37	0.69	7 395.60	1 480.87
电子商务运用水平/个	106	18.02	0.33	177.66	30.36

8.2 创意产业生产效率影响机制的分析

8.2.1 技术效应分析

表 8.2 给出影响创意产业生产效率的技术效应、规模效应、市场效应、税收效应、员工性别效应的实证结果。首先，采用最小二乘法报告式（8.1）的回归结果。通常来说，行业研发投入水平越高，越能促进该行业更新技术，从而实现该行业生产效率的提高。但是模型 1a~3a 显示，技术效应的回归系数为负且在 1%的水平上显著，这和理论预期并不一致。可能的原因在于：制造业生产效率的提高离不开技术创新，但是创意产业却不尽相同，其以服务创新和流程创新为主，而本书采用的 R&D 全时当量数无法全面衡量创意产业中除技术创新之外的其他类型的创新，这可能导致该变量表现出负向影响。已有研究也得到过类似的结论，李春发和王向丽（2013）通过实证研究发现提高科学技术水平对创意产业生产效率改进表现为负向影响，主要原因在于创意产业中资本和劳动力对技术创新的替代效应远远大于技术本身的溢出效应。此外，还有研究表明目前创意行业的劳动力投入存在冗余，当然并不是创意产业中的人力资本过剩，恰恰相反，说明其高端创意人才缺乏（赵倩等，2015）。因此，随着产业技术水平提高，出现资本和劳动力盲目增加现象，这导致资本和劳动力的严重浪费，进而使得创意产业生产效率下降。

表 8.2 创意产业生产效率的影响机制回归结果

变量	最小二乘法			Tobit 回归方法		
	模型 1a	模型 2a	模型 3a	模型 1b	模型 2b	模型 3b
	综合生产效率	纯技术效率	规模效率	综合生产效率	纯技术效率	规模效率
R&D 投入水平	−0.732*** （−13.30）	−0.613*** （−7.38）	−0.119** （−2.54）	−0.759*** （−13.63）	−0.662*** （−7.59）	−0.146*** （−3.05）
创意企业规模	0.574*** （9.39）	0.501*** （5.43）	0.073 （1.41）	0.588*** （9.78）	0.531*** （5.63）	0.091* （1.76）

续表

变量	最小二乘法			Tobit 回归方法		
	模型 1a	模型 2a	模型 3a	模型 1b	模型 2b	模型 3b
	综合生产效率	纯技术效率	规模效率	综合生产效率	纯技术效率	规模效率
电子商务运用水平	0.712*** (12.18)	0.701*** (7.94)	0.011 (0.23)	0.737*** (12.53)	0.747*** (8.11)	0.033 (0.67)
市场化水平	−0.070 (−0.74)	−0.032 (−0.23)	−0.038 (−0.47)	−0.077 (−0.83)	−0.044 (−0.30)	−0.044 (−0.56)
税负水平	−0.119*** (−2.51)	−0.108 (−1.51)	−0.010 (−0.25)	−0.123*** (−2.66)	−0.120* (−1.66)	−0.011 (−0.28)
就业性别比率	0.200* (1.72)	0.206 (1.18)	−0.005 (−0.05)	0.206* (1.83)	0.208 (1.18)	<−0.001 (<−0.01)
常数	−2.425*** (−5.35)	−2.368*** (−3.46)	−0.064 (−0.17)	−2.414*** (−5.46)	−2.319*** (−3.36)	−0.054 (−0.14)
Pseudo R^2	—	—	—	0.621	0.288	0.410
R^2	0.717	0.499	0.269	—	—	—
调整后的 R^2	0.700	0.469	0.225	—	—	—
样本数	106	106	106	106	106	106

*、**、***分别表示在10%、5%、1%的显著水平上显著

注：模型 1b~3b 的方差膨胀因子（variance inflation factor，VIF）为 4.09，该数值小于 10，说明模型基本没有受到共线性的干扰

8.2.2 规模效应分析

通过 DEA 相对效率值的测算，可以得出目前大多数创意子行业都处在规模报酬递增阶段，因此，扩大该行业的规模将有利于促进行业生产效率的提高。本节关于规模效应的回归结果显示，创意企业规模对本行业生产效率的提高具有显著的正向影响，即企业营业收入每增加 100 万元，该行业生产效率将提高 0.57 个百分点。结合 DEA 相对效率值及规模效应的回归结果，可以发现无论是扩大单个创意企业规模，还是扩大整个创意行业的规模，都将有利于促进本行业生产效率的提高。创意企业规模在模型 2a 中表现为显著正向的影响，而在模型 3a 中却缺乏统计显著性，这说明创意企业规模的扩大主要是通过促进创意行业技术效率和管理效率的提高，而不是通过实现规模经济效应来促进本行业综合生产效率的提高。

8.2.3 市场效应与电商效应分析

市场效应的回归系数表现为负,但在统计意义上缺乏显著性,说明创意行业中营业利润占利润总额比重越高,即市场化水平越高,对创意行业生产效率倾向表现出一定抑制效应,尽管缺乏统计显著性。数据显示,创意行业尤其是文化创意服务业所能得到的政府补贴占企业利润的比重高达 10%。对于行业发展来说,政府直接补贴的初衷是想激发行业发展活力,促进其生产效率提高,但是,直接补贴往往容易"培养"受补贴主体的惰性和依赖性,导致创意主体的生产效率并没有得到显著提高,反而可能导致各种无效率现象的发生。

电子商务运用水平在模型 1a 和模型 2a 中表现为正向显著影响,而在模型 3a 中却缺乏显著性,说明创意行业的电子商务运营水平越高(无论是借助第三方电子商务平台还是自身开发在线电子商务平台),越能增加购买创意产品或服务的受众面,降低交易费用,进而促进本行业生产效率的提高。由于电子商务的发展极大地改变了人们的购物习惯及生产和销售模式,尤其针对以内容、文化、科技为载体的创意产业,使得其规模化生产、定制化生产、低库存生产成为可能,从而极大地促进了创意产业生产效率的提高。该因素的回归结果表明,电商效应对创意行业生产效率的提高尤其是对纯技术效率水平的提高具有显著正向作用。

8.2.4 税负效应与就业性别效应分析

在模型 1a 中,税负效应的回归系数为负,且在 1%的水平上显著,说明减少创意产业税收负担有利于增强企业活力,促进该行业为技术创新和管理效率提高分配更多资源,进而有利于促进本行业生产效率的提高。近年来,新兴数字、内容、版权等创意行业迅速发展,但是其市场占有率却仍然不高,而文化艺术型创意产业的发展历史虽然悠久,但是该行业的生产效率并不高,特别是受到政府的作用较强。因此,创意产业如果能够得到一定税收优惠政策的支持,将有利于发挥减税效应,从而实现本行业生产效率的提高。

就业性别比率的影响系数表现为正,并在 10%的显著水平上显著,说明女性劳动者的比重越高,越能促进创意产业生产效率的提高。在创意产业中,女性就业者的劳动生产率并不低于男性劳动者的生产效率,在统计意义上,前者的劳动生产率甚至还要高于后者。因此,在创意产业劳动力市场上,任何针对女性就业的歧视行为,既不符合罗尔斯的公平正义原则,也不符合斯密的效率正义原则。

考虑到 DEA 测度的效率值处在 0~1，采用最小二乘法可能对受限变量的估计出现误偏，因此，采用 Tobit 回归方法对式（8.1）进行再次回归，结果见表 8.2 模型 1b~3b。无论从变量的影响系数还是统计的显著性水平来看，二者回归结果基本上是一致的，而且模型的方差膨胀因子为 4.09，该数值明显小于 10，说明模型大体上没有受到多重共线性的干扰。总体来说，本节所得出的创意产业生产效率的税收效应、性别效应、市场效应、技术效应、规模效应等影响机制的回归结果是稳健而一致的。

8.3　创意产业融合发展对策

8.3.1　江苏省文化创意产业融合发展现状

1. 政策支持力度加强，融合发展规模壮大

为支持文化创意产业融合发展，江苏省从文化与金融融合方面，出台了《关于金融支持文化产业发展若干意见的通知》《江苏省省级现代服务业（文化产业）发展专项引导资金使用管理办法》《关于促进文化金融发展的指导意见》《关于促进文化科技融合发展的二十条政策措施》《江苏省文化金融特色机构认定管理办法》等政策文件，有效地推动文化产业投融资体系建设。为了促进文化与科技融合发展，江苏省先后出台《关于加强文化科技创新的意见》《江苏省重点文化科技企业管理办法》《江苏省文化科技产业园管理办法》等政策文件，此外，为促进文化产业与相关产业融合发展，江苏省还出台了《关于推动传统媒体和新兴媒体融合发展的实施意见》《江苏省开拓海外文化市场行动方案（2016—2020 年）》等政策措施。

在各项政策措施的叠加影响下，助推创意、科技、金融、文化等融合式发展，使得江苏省文化创意产业成为该省经济发展的重要推力。数据显示，2010~2015 年，江苏省文化产业增加值由 1 383 亿元增加至 3 500 亿元，年均增长率保持在 30% 以上，其产值占全省生产总值的比重由 3% 增至 5%，而且该比重呈现逐年增加的趋势，初具支柱产业形态；在此期间，全国文化创意产业增加值从 2010 年的 11 052 亿元增至 23 940 亿元，年均增长率在 23.32%，其产值占全国 GDP 的比重由 2.75% 增至 3.76%。2015 年江苏省全省文化产业从业人员超过 220 万人，规模以上文化企业 6 800 多家,总资产规模、主营业务总收入均突破 10 000 亿元[①]。与全国相比,江苏省文化创意产业无论从产值规模来看,还是从发展速度来看,都明显高于全国平均水平。由中国人民大学发布的"中国省市文化产业发展指数"(2016 年)排名中,江苏省名列第三,仅次于北京、上海。

2. 产业集群效应显著,文化新业态快速涌现

一方面,由于江苏省制造业正处于结构转型时期,在创意设计、品牌塑造、营销模式等价值链环节对文化创意产业表现出强劲的需求,因此,在制造业集群周边区域往往容易形成创意产业集聚区。另一方面,江苏省不同区域特有的文化内涵为文化产业集群发展提供良好条件,如苏州镇湖刺绣产业集群、胥口书画产业基地、南京创意东八区、江苏文化创意产业园(无锡)、常州国家动漫产业基地等。截至 2015 年,江苏省已拥有各类文化产业园区 200 多个,文化科技产业园的数量和规模均居全国前列,其中包含 1 个国家级文化产业试验园区、16 个国家级文化产业示范基地、4 个国家级动漫产业基地、3 个国家级文化与科技融合示范基地、44 个省级文化产业示范基地(金雯和陈舒,2016)。集群式发展已经成为江苏省文化创意产业发展的重要模式。据统计,2014 年江苏省经营性文化产业增加值占比达到 79.97%,其中文化产业示范(试验)园区和示范基地的增加值占比为 43.16%(孟召宜等,2016)。

在文化创意园区内,一批龙头科技融合型企业得到快速发展,出现了江苏凤凰出版传媒集团有限公司、江苏省广播电视集团有限公司、江苏省广电网络科技发展有限公司和江苏省演艺集团等全国文化 30 强企业。尤其在动漫游戏、数字出版、文化创意、广告传媒、文化装备制造等领域,江苏省已培育出一批具有较强影响力的新技术、新业态、新模式企业。数据显示,江苏省新兴文化产业增加值占文化产业增加值的比例达 33%。此外,在文化领域的融资渠道也呈现多元化趋势,出现"文化悦民""文创贷""鑫动文化""创意贷"等文化金融专属产品,成立了政府主导的文化创业投资基金。这对新兴创意业态的发展具有明显推动作用,同时也有利于推动江苏制造业结构的优化与升级。

3. 资源禀赋效应凸显,区域特色逐渐形成

江苏省各地级市凭借其在文化创意产业的比较优势,目前已初步形成具有区域空间特色的文化创意产业分布体系。具体来说,苏南地区依据其人才、技术、资金等方面的优势,目前已集聚并培育了一批文化创意产业,形成了南京文化与

---

① 数据来源于《中国文化及相关产业统计年鉴 2015》,并经过作者整理得到。

软件产业融合发展特色,苏州传统工艺与创意设计融合发展,无锡工业设计与影视业融合发展,常州动漫产业与游乐业融合发展,镇江数字内容与出版产业融合发展。具有文化资源和历史遗产优势的苏北地区,形成了文化旅游、工艺美术等特色文化产业。其中,淮安市呈现文化旅游与工艺设计融合发展,盐城市呈现新四军文化与海盐文化的特色文化产业系统,徐州市出现工艺设计与文化博览会产业融合发展,连云港市出现水晶产品加工与设计融合发展。苏中地区发挥北接苏北、南融苏南的地缘优势,形成业态多样化的文化产业体系。其中,扬州市在乐器和工艺品方面具有特色,泰州市在演艺娱乐方面具有特色,南通市在家纺设计与建筑设计方面具有特色。

江苏省各地级市的文化创意产业之所以呈现出特色明显的发展趋势,一方面,得益于江苏省拥有众多文化遗产和文化内容。数据显示,江苏省共有11项世界文化遗产(包括苏州园林、明孝陵和大运河等),占中国世界文化遗产比重的23.4%。江苏省共有129项国家非物质文化遗产,占全国的比重为9.4%(资料来源:经江苏省文化厅官方网站整理)。丰富的文化遗产为江苏省文化创意产业的发展提供了良好的资源禀赋条件。另一方面,各地级市均充分挖掘本地特色和优势,促进文化创意产业与相关产业融合发展。例如,南京市充分利用当地丰富的高等教育资源,苏州市重点发展传统工艺与现代创意设计融合,无锡市的工业设计具有特色,南通市依托当地家纺设计和建筑设计的优势,徐州市得益于工程机械设计的优势,扬州市利用国际文化旅游名城的优势。正是由于各地级市区域特色优势明显,江苏省资源禀赋效应日益突出。目前江苏省文化产业的发展在宏观区域层面已经呈现出点轴线的分布特征,表现出空间聚合的趋向,即呈现一心(南京文化创意中心)一核(徐州文化创意核)两圈(金陵文化创意圈、吴文化创意圈)两轴(沪宁—沿江文化产业轴、运河文化产业轴)的"1122"式点轴结构(孟召宜等,2016)。

8.3.2 江苏省创意产业融合发展面临的问题

1. 创意人才支撑乏力,融合发展活力缺乏

人才是文化产业融合发展的关键动力。目前,江苏省文化创意人才无论是从储备情况还是从分布结构来看,都存在诸多问题,主要表现在三个方面。第一,创意人才总量不足。数据显示:2015年江苏省文化产业就业人数占总就业人数的比重为4.37%,该数值与北京市(8.61%)、上海市(5.59%)、广东省(5.58%)相比仍有一定差距,此外,专业技术人才数量占江苏省文化产业就业人数的比重仅为15.65%,人才缺口明显。第二,创意人才分布结构不合理。数据显示:苏北、

苏中（不包括南通市、宿迁市）文化产业中有20%以上为专业技术人才；南京市、无锡市、常州市为10%左右，苏州市最低仅为7.82%。从行业分布看，文化事业单位中专业技术人才数量占就业人数的比例达44%，而企业法人单位仅为10%。在文化市场表现活跃的领域，如非公有制艺术表演、经营性互联网文化等企业的专业技术人才数量更是少之又少[①]。第三，创意人才培养机制不健全。目前江苏省已建立"省文化产业人才培养与培训基地""三江-乐博音乐产业人才培养基地"等，但"校企园"多方共建的人才培养机制仍不健全。国家级创意人才培养平台还未建成。文化创意人才支撑乏力，将阻碍文化产业跨界、渗透、融合发展。

2. 行业生产效率较低，融合发展动力不足

文化与科技是文化创意产业融合发展的双翼，二者不可偏废。目前江苏省文化创意企业的整体创新能力偏弱，突出表现在两个方面。第一，文化创意企业的生产效率较低、企业自主创新能力不强。数据显示：一方面，全省40 000家文化企业中，拥有自主知识产权的企业（加工企业除外）为37家，仅占0.09%；另一方面，2014年江苏省文化专利授权总数为11 558件，但其中95%的专利为实用新型和外观设计专利，具有自主知识产权的发明专利仅占5%[①]。本章的效率测算结果表明，由于受到行业规模经济和技术效率的限制，江苏省创意产业的综合生产效率普遍较低，仅达到最优效率的23.5%。第二，文化创意产业的综合生产效率偏低，行业溢出效应遭受瓶颈。尽管江苏省已涌现如凤凰出版传媒集团有限公司、江苏省广播电视集团有限公司、江苏省广电网络科技发展有限公司和江苏省演艺集团等一批优秀企业，但是据本课题组测算，目前江苏省文化制造业的综合生产效率值为0.636，文化批发和零售业为0.739，文化服务业仅为0.410。事实上，文化产业具有很强的产业关联度。据测算，江苏省文化产业对制造业、建筑业、居民服务、餐饮业的产业关联度都达到90%以上。在行业融合端，江苏省文化企业表现出较强的行业关联性，然而，在创新价值链端，却遭受技术效率和自主创新能力的瓶颈。

3. 行业跨界渠道狭窄，融合发展平台薄弱

文化创意产业跨界融合发展需要渠道和平台支撑。目前，江苏省文化产业融合发展的平台建设存在三方面问题。第一，该行业的互联网贸易平台搭建滞后。互联网正在颠覆一些传统企业的商业模式，是行业跨界投资与融合的重要平台。数据显示：2014年江苏省拥有近40 000家文化企业，其中采用电子商务

---

① 相关数据来源于2015年出版的《江苏经济普查年鉴2013》，并经过作者整理得到。

交易的企业仅1921家，占比不足5%。第二，金融支撑平台单一。中小型文化创意企业融资困难，影响其与相关企业深度融合。尽管江苏省正积极推广"文创贷""创意贷""鑫动文化"等文化金融产品，但是目前文化企业的融资渠道仍以银行贷款为主。以苏州某银行为例，2014年该银行文化创意项目贷款14.1亿元，仅占该行全部贷款额的2.41%，这与文化创意产值占全市生产总值比重5%相比，文化创意项目的信贷量明显偏少（程善兰和廖文杰，2016）。由于受到固定资产抵押的限制，中小型创意企业的融资形势更不容乐观。第三，创意园区建设同质化严重，产业链条不完整，难以推动"文化产业化、产业创意化、创意衍生化"发展。数据显示：江苏省内文化创意产业园区已达到212个，其中，国家级文化科技融合示范基地仅为3家（常州、南京、无锡各1家），但是文化园区同质化倾向严重，园区内企业"集而不群"的现象普遍，难以发挥集群效应、协同效应、跨界整合效应。

8.3.3 推进江苏省创意产业融合发展的政策建议

1. 以人才为根本，构筑跨界融合发展支撑体系

一是构建校企"双主体"相结合的文化创意人才联合培养机制。校企双方在专业建设、课程改革、学生实习等方面展开全方位合作，将人才培养与文化产品（服务）的生产与实践融为一体，将封闭式教学转变为开放式教学，重点加快创新型、复合型、外向型文化科技跨界人才的培养。二是鼓励各类文化企业以客座邀请、定期服务、项目合作等形式引进高端文化创意人才和团队，重点引进在国内外文化科技领域拥有独立自主知识产权，或掌握核心技术并具有广阔市场开发前景的高层次人才和团队。三是鼓励高等学校、文化企业、科研机构、中介培训机构形成合作联盟，优化省内创意人才互动交流机制，为创意人才跨部门、跨企业、跨行业发展提供跨界舞台，促进江苏省文化创意人才总量提高、质量提升、流动有序新格局的形成。

2. 以企业为中心，培育跨界融合创新主体

一是要扶持文化企业成为创新创意的主体，推动有条件的文化企业设立研发机构、工程技术中心，通过搭建产学研合作平台，加速文化科技成果向产业端转化，实现文化与产业、创意与产业的深度融合。二是鼓励文化企业主动拥抱现代科技，强化大数据、云计算、3D打印、智能终端等高新技术在文化创意企业中的运用，提升文化创意设计的科技含量和服务质量，延长其文化价值链和创新链。三是支持创意企业做大做强，发挥品牌效应和规模经济优势。鉴于目前创意行业

处于规模报酬递增发展阶段，而实证结果也表明企业规模效应非常显著，因此，应鼓励培育一批具有较强竞争力的龙头创意企业建立品牌，发挥品牌效应和规模经济。同时，支持小微文化企业发展，发挥小型文化企业的集聚效应和长尾效应，进而推动江苏省文化创意行业整体生产效率的提高。

3. 以市场为导向，搭建跨界融合交易平台

一是继续深化文化体制机制改革，探索文化行业混合所有制经济形式，积极推进大型文化企业转型升级，形成文化单位与文化企业协同发展的良好局面。二是加快文化要素市场体系建设。依托江苏省知识产权交易中心，为文化科技成果、文化专利、文化知识产权等搭建交易平台，促进文化要素流转，加快文化资源优化配置，形成一条"上游开发—中游拓展—下游延伸"的文化价值链。三是探索文化金融合作试验区，通过设立政府担保基金、建立文化企业股权抵押担保融资机制、举办文化产业投融资洽谈会等形式，形成多层次、多渠道、多元化的文化产业投融资体系，推动文化、科技、产业融合发展。四是通过税收优惠措施而非政府直接补贴政策，鼓励和引导创意产业发展。实证结果表明减少创意行业税收负担能够显著提高本行业生产效率，而政府直接补贴的作用却不显著。这说明增强创意行业活力、提高创意行业生产效率应该更多地采用间接激励措施。五是鼓励创意企业充分利用大数据、云计算、"互联网+"等现代信息技术，采用互联网贸易和电子商务交易平台拓宽销售和采购渠道，尤其在重点创意产品制造、营销、服务等方面应该成立工程技术研究中心和价值链战略联盟，促进创意企业及创意行业整体生产效率的提高，进而带动全行业产业结构优化升级。

4. 以园区为载体，助推跨界融合转型升级

一是以创意园区建设为载体，以"互联网+"为引擎，助推江苏省文化产业融合发展迈上新台阶，向上实现云化和大数据化，向下实现文化线上到线下（online to offline，O2O），打通文化产业链、推进文化跨界融合，实现园区文化服务创新、商业模式创新和业态创新。二是要积极推进文化创意园区的内涵建设，尤其是针对江苏省园区建设同质化严重的现象，应该引入第三方机构，对文化创意园区的绩效进行评估。根据评估等级，在项目、资金、政策等方面应该给予分级支持。三是要抓住"一带一路"建设、长江经济带发展等国家战略叠加机遇，按照"大众创业、万众创新"的要求，优化江苏省园区空间布局，强化文化特色、区域特色、园区特色，逐渐形成品质优良、特色鲜明、布局合理的江苏省文化创意生态圈，助推文化创意产业跨界融合转型升级。

第 9 章 创意产业集聚对创意产业生产效率的影响

在全球创意产业迅速发展的背景下,中国创意产业无论是整体产业规模还是进出口贸易都得到了快速发展,但是快速发展的背后却潜藏着效率不高的问题。为了深入分析创意产业的生产效率,本章聚焦对这个问题的研究,即通过创意产业的集聚式发展模式能否促进创意产业生产效率的提高?本章研究试图为提高创意产业生产效率提供一个来自空间经济的解释视角。

9.1 中国城市创意产业集聚水平分析

由于城市具有交通、市场及公共基础设施的优势,都市区成为创意产业集聚的重要区域(Florida,2002a;Yusuf and Nabeshima,2005;Clare,2013)。为了描述城市创意产业集聚状况,本书选择中国 15 个副省级城市、17 个省会城市、4 个直辖市为样本(一共 36 个城市样本),采用 LQ 指数来分析 36 个城市的创意产业集聚水平。LQ 是现代经济学中常用的分析区域产业布局和产业集中程度的重要指标。目前在国际文献中,很多学者都采用了 LQ 指数来分析创意产业(或者创意人才)的集聚(Markusen,2006;Asheim and Hansen,2009;Lazzeretti et al.,2012)。城市创意产业 LQ 的计算公式如下:

$$\text{CIA}_{-2}\text{ index} = \frac{L_{ij}/L_i}{L_j/L} \tag{9.1}$$

式(9.1)中,L_{ij} 表示第 j 个城市的创意产业的就业人口;L_i 表示全国创意产业的就业人数;L_j 表示第 j 个城市的就业人数;L 表示全国的就业人数;CIA_{-2} index 表示城市创意产业的 LQ,即创意产业集聚水平。当其值大于 1 时,表明第 j 个城市的创意产业集聚水平高于全国平均水平,说明该城市出现了明显的创意产业聚集趋势。

从城市创意产业的 LQ 指数来看（表 9.1），在这些城市中，90%以上的创意产业的 LQ 指数都大于 1（除了贵阳、银川和拉萨），说明所有副省级城市和绝大部分省会城市的创意产业都出现了集聚的趋势。排名前六的城市依次为合肥、上海、北京、深圳、广州、呼和浩特，这些城市的创意产业 LQ 指数均超过 2，说明创意产业在这些城市具有明显的集聚趋势。排名最低的城市分别是石家庄、哈尔滨、贵阳、银川、拉萨，其中，贵阳、银川、拉萨三个城市的 LQ 指数都低于 1，说明这 3 个城市的创意产业还没有出现显著的集聚趋势。

表 9.1 CIA_{-2} index 排名前（后）10 的城市

CIA_{-2} index 排名前 10 的城市	CIA_{-2} index 值	CIA_{-2} index 值排序	地区人均生产总值/元	城市创意产业就业人数占全国创意产业就业人数比
合肥	3.089	1	34 482	1.328%
上海	2.815	2	73 124	9.173%
北京	2.673	3	63 029	13.167%
深圳	2.639	4	89 814	4.569%
广州	2.352	5	81 233	4.581%
呼和浩特	2.290	6	49 606	0.622%
成都	1.999	7	30 855	2.686%
南京	1.974	8	60 808	1.775%
福州	1.795	9	33 615	1.486%
杭州	1.726	10	70 832	2.719%
CIA_{-2} index 排名后 10 的城市	CIA_{-2} index 值	CIA_{-2} index 值排序	地区人均生产总值/元	城市创意产业就业人数占全国创意产业就业人数比
天津	1.245	27	55 473	2.158%
太原	1.228	28	48 477	0.839%
西宁	1.139	29	19 494	0.243%
重庆	1.137	30	18 025	2.375%
宁波	1.128	31	69 997	1.117%
石家庄	1.067	32	47 613	0.781%
哈尔滨	1.061	33	29 012	1.333%
贵阳	0.895	34	20 638	0.513%
银川	0.877	35	31 436	0.220%
拉萨	0.744	36	20 404	0.058%

表 9.1 中第 4、第 5 列分别列出了该城市的人均生产总值，以及城市创意产业就业人数占全国创意产业就业人数的比率。从表 9.1 中可以看出，人均生产总值越高的城市，其创意产业就业人数占全国创意产业就业人数的比重也越高，其创意产

业集聚水平通常也越高。但是，也有例外。例如，合肥、成都、福州，其人均地区生产总值并不高，而且创意产业就业人数比重也不高，但是其创意产业的集聚发展程度却相对较高，主要原因是这几个城市的创意产业发展都非常迅速。例如，合肥是全国重要的科教城市，2008年地区生产总值增长率高达17%，在所有省会城市中排名第一。成都是"世界美食之都"（UNESCO，2013）。福州的文化产业发展迅速，是文化和旅游部命名的14个文化产业示范区之一（即闽台文化产业园）。虽然这些城市创意产业的总体规模不大，人均生产总值也没有达到较高水平，但是具有当地特色的创意产业的发展相对较快，并形成了明显的创意产业集聚优势。

另外还有几个城市，如大连、青岛、厦门、天津、宁波等城市，经济发展水平相对较高，但是创意产业的集聚发展水平并没有与之对应。这说明这些城市的创意产业集聚式发展与其经济发展水平并不十分相称，不过，这些城市的创意产业的生产效率也普遍不高。

通过对创意产业生产效率和集聚水平的总结得出：一方面，中国城市创意产业总体生产效率普遍不高；另一方面，有超过半数的城市创意产业生产效率存在规模报酬递减的趋势。据此可以推断，以扩大单个创意企业（或者创意子行业）的生产规模来促进其生产效率的提高，将变得很难奏效。但是，这是否意味着在一定企业（或产业）规模水平下，通过提高创意产业的集聚水平来促进其生产效率的提高，依然很难奏效？针对该问题，下一节的研究将对此进行实证讨论。

9.2 创意产业集聚对本行业生产效率影响的实证方法

9.2.1 模型建构

为了探讨创意产业集聚对生产效率的影响，本节构建了一个多元线性回归模型：

$$Y_i = c + \beta \text{CIA}_{-2} + \beta_1 \text{CFS} + \beta_2 \text{INN} + \beta_3 \text{FDI} + \mu_i \qquad (9.2)$$

式（9.2）中，Y_i表示创意产业的生产效率，正如第8章的研究，这一生产效率还将被分解成纯技术效率和规模效率，所以在回归过程中，纯技术效率和规模效率也被作为因变量代入模型。

解释变量CIA_{-2}表示城市创意产业的集聚指数，其计算方法如式（9.1）所示；β表示城市创意产业集聚对创意产业生产效率的影响系数，其值越大表明影响度越强。与工业集聚类似，创意产业集聚能够产生工业集聚经济所带来的外部性，如专业化和多样化的市场、劳动力池效应、知识外溢等优势。与工业集聚不同，创意产业集聚具有其自身的特点，即创意产业集聚的生态群落分布明显、文化根植性明显、对物质资源的要求较低，但是其对劳动者素质和人文氛围的要求较高，以及其具有较强区域创新效应等特点（蒋三庚等，2010）。按照预期，创意产业集聚水平越高，创意产业的生产效率也越高。

CFS 表示城市创意产业的规模；INN 表示城市数字化水平，可以用于表征城市创新能力和信息化水平；FDI 表示城市外商直接投资水平。β_1、β_2、β_3 分别表示控制变量 CFS、INN、FDI 对创意产业生产效率的影响系数。目前这三个控制变量在研究经济增长、劳动生产率提高的文献中比较常见（OECD，2003；Cingano and Schivardi，2004；Stam et al.，2008；Hong and Sun，2011；Chen and Li，2011；Zheng and Hao，2011；Brynjolfsson，2013；Yu et al.，2013）。c 表示截距项；μ_i 表示随机误差项，用以反映模型中被忽略因素的影响。

9.2.2 变量说明

如式（9.2）所示，本节的因变量为创意产业的综合生产效率、纯技术效率及规模效率，计算方法如本书第 8 章所示。自变量为城市创意创新的集聚水平，其计算方法如式（9.1）所示。按照理论预期，创意产业的集聚式发展能够促进创意产业形成完整的产业链和价值体系。这种完整的价值链体系具有强大的溢出效应和规模效应，其直接的表现就是促进创意产业生产效率的提高。

为了在直观上反映创意产业集聚对创意产业生产效率的影响，画出了这两个变量的相关散点图（图9.1、图9.2 和图9.3）。图9.1、图9.2 和图9.3 的横坐标分别为创意产业综合生产效率、纯技术效率和规模效率，纵坐标为创意产业集聚水平（即城市创意产业 LQ 指数）。从直观上来看，前两个散点图，即创意产业集聚与创意产业综合生产效率，以及创意产业集聚与创意产业纯技术效率的相关性比较明显，而第三个散点图，即创意产业集聚与创意产业规模效率之间的相关性不明显。当然，这仅仅是一种直观上的感知，还需要后文的进一步验证。

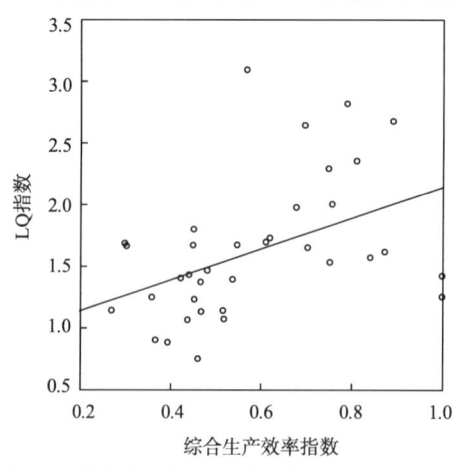

图 9.1 创意产业集聚与其综合生产效率散点图

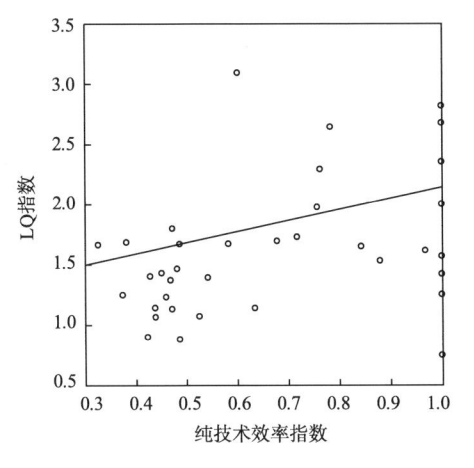

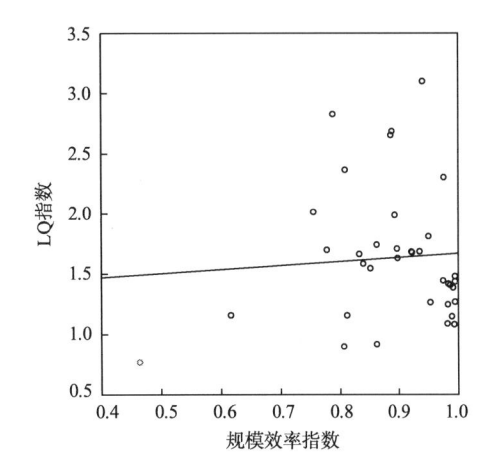

图9.2 创意产业集聚与其纯技术效率散点图　　图9.3 创意产业集聚与其规模效率散点图

由于创意产业生产效率可能还受到创意企业规模、当地外资水平、当地数字化水平的影响（OECD，2003；Cingano and Schivardi，2004；Hong and Sun，2011；Chen and Li，2011；Zheng and Hao，2011；Brynjolfsson，2013；Yu et al.，2013），因此，需对这三个因素加以控制。用城市创意产业就业人数除以创意企业数目，来代表平均每个创意企业的就业人数，表示创意企业的生产规模。通常来说，企业规模越大，企业生产效率可能越高。对于外商直接投资，按照当年汇率价对统计年鉴中报告的美元价外商投资，转化为以人民币计价的外商投资，并用该数值除以地区生产总值（当年价）来表示城市外商直接投资水平。通常情况下，一个区域利用外资的水平越高，其区域创新水平可能也越高，对创意产业生产效率的作用也越明显。采用每万人拥有互联网数来表示城市数字化水平这一变量。通常来说，城市数字化水平越高，城市创意产业的信息化水平就越高，创意产业的生产效率可能也越高。

表9.2给出了上述变量的描述性统计和定义。从变量的统计性描述来看，各个变量都是经过处理的指数型（或比率型）变量，变量的方差都比较小。这一变异较小的数据，将有利于减少数据的异方差性，同时，对获得一致性的回归结果也有帮助。

表9.2　主要变量的定义和描述性统计

变量	定义	样本数	均值	最大值	最小值	标准差
CIA_{-2} index	城市创意产业就业人口的LQ指数	36	1.620	3.089	0.744	0.559
TFP index	创意产业综合生产效率	36	0.583	1.000	0.270	0.199
TP index	创意产业纯技术效率	36	0.663	1.000	0.326	0.236
TE index	创意产业规模效率	36	0.893	1.000	0.462	0.116

续表

变量	定义	样本数	均值	最大值	最小值	标准差
创意企业规模	平均每个创意企业的就业人员数/人	36	20.639	34.688	12.818	5.878
外商直接投资水平	外商直接投资占地区生产总值（当年价）的比重	36	0.039%	0.108%	0.003%	0.026%
数字化水平	拥有互联网用户数与人口的比重/(户/万人)	36	0.222	0.901	0.000	0.210

9.2.3 数据来源

本章的数据来源与第 7 章 7.1.2 的数据来源一致，所选择的样本为 36 个省会和副省级城市。城市和全国的创意产业就业人数、资产总额、营业收入、创意企业数目来源于《中国经济普查年鉴 2008》，城市就业人数、全国就业人数、城市外商直接投资额、城市地区生产总值、城市每万人拥有的互联网数等数据均来源于《中国城市统计年鉴 2009》。

9.3 创意产业集聚对本行业生产效率影响的实证结果分析

为了分析创意产业集聚对创意产业生产效率的影响，分两步报告了式（9.2）的回归结果（表 9.3）。首先，控制了创意企业规模对创意产业生产效率的影响。其次，将另外两个控制变量放入模型中，以检验结果是否仍然一致。从综合生产效率来看，创意产业集聚对创意产业综合生产效率的影响系数为 0.155，而且在 1%的显著水平上显著。这也就意味着提高中国城市创意产业的集聚水平，对于其生产效率的提高具有显著的促进作用。换言之，创意产业通过集聚式的发展模式，能够提高其生产效率。现有研究成果也表明，生产要素集聚在地理结构上的差异，很可能是导致区域劳动生产率和增长差异的原因（Krugman，1991；Rosenthal and Strange，2001；Zhang and Ning，2011；Zhang et al.，2012；Yu et al.，2013）。提高创意产业的集聚水平，能够促进产业内部知识的溢出，进而有利于促进生产效率的提高（Fingleton et al.，2005；Hong et al.，2014）。控制变量创意企业规模对生产效率的作用不显著。这可能是由于城市创意产业生产效率普遍存在规模报酬递减的趋势，进而导致单纯提高创意企业的生产规模很难显著地促进生产效率的提高。这一解释与创意产业生产效率的分析是一致的（见本书第 8章的研究内容）。

表9.3 创意产业集聚与创意产业生产效率的回归结果

变量	因变量：综合生产效率		因变量：纯技术效率		因变量：规模效率	
常数项	0.247** (2.036)	0.251 (1.407)	0.261 (1.585)	0.299 (1.522)	0.920*** (13.269)	0.864*** (10.328)
创意产业集聚	0.155*** (3.340)	0.153** (2.744)	0.156** (2.041)	0.165* (1.936)	0.017 (0.349)	0.017 (0.394)
创意企业规模	0.004 (0.993)	0.004 (0.679)	0.007 (1.567)	0.006 (1.002)	−0.003 (−0.909)	−0.002 (−0.735)
外商直接投资水平		−0.163 (−0.094)		−0.747 (−0.488)		0.909 (1.299)
数字化水平		0.024 (0.223)		0.000 (−0.001)		0.000*** (3.194)
样本数	36	36	36	36	36	36
R^2	0.214	0.215	0.182	0.188	0.022	0.116

*、**、***分别表示在10%、5%、1%的显著水平上显著

注：创意产业集聚变量的数据由 CIA-2 index 计算得出

随后，将另外两个控制变量同时加入模型中，发现创意产业集聚对综合生产效率的作用依然显著为正，而创意企业规模依然不显著。控制变量外资水平的作用并不显著，这可能是由于中国创意产业主要还是以内资企业为主，约占70%，而外资企业占整个创意企业的比重非常少，仅占1.98%（张京成，2012），进而可能造成对创意产业的作用不显著。控制变量数字化水平对创意产业生产效率的影响也不显著。主要原因可能是中国创意产业整体的信息化水平普遍不高，造成数字化水平这一变量对创意产业生产效率的作用不明显。数字化水平和外商直接投资水平这两个变量不显著，也可能与本章由于数据受限仅仅控制了城市的而非创意产业内部的数字化水平和外商直接投资水平有关。

从纯技术效率来看，创意产业集聚对创意产业纯技术效率的影响显著为正，在加入其他两个控制变量后，这一显著正向影响仍然存在。这说明提高创意产业集聚水平，不仅有利于创意产业整体利用效率水平的提高，还有利于创意产业内部资源配置效率的提高，从而实现创意产业生产效率的提高。其他变量的回归结果基本上与综合生产效率的回归结果是一致的。从规模效率回归结果来看，创意产业集聚对创意产业的规模效率影响不显著。实际上，从散点图9.3可以略见一二，创意产业集聚与创意产业规模效率的相关性不是非常明显。这可能是由于目前中国有超过一半城市（就选择的样本而言）的创意产业处于规模报酬递减的阶段，因此，造成创意产业集聚式的发展对于规模效率的提高并不具有显著的影响。

从整个创意产业的回归结果来看，创意产业集聚有利于提高创意产业生产效率。由于中国城市创意产业的整体生产效率普遍较低，如果目标盯在促进创意产

业生产效率的提高上，那么通过提高创意产业集聚水平将是一种有效的手段。但是，由于创意产业类别繁多，这是否意味着不同类别的创意产业集聚式的发展对其生产效率的提高不存在差别。为了回答这一问题，分别算出各创意子行业的集聚水平、企业规模及综合生产效率，然后分别针对每个创意子行业进行回归，回归结果如表9.4所示。从回归结果来看，除了文化影视类、展演出版类、创意科研类创意子行业外，其他五类创意产业集聚水平的提高，都能有效地促进其生产效率的提高。文化影视和创意科研类不显著的原因，可能是这两类创意产业的生产效率要低于创意产业的平均生产效率（表9.2），即这两类创意产业还没有形成一定规模，其集聚所产生的生产效率效应可能还未能充分发挥出来。此外，文化影视类、展演出版类、创意科研类这三类子产业的就业人数、企业数及营业收入，在整个产业中的比重都不高。以营业收入为例，这三个产业的营业收入占整个创意产业营业收入的比重仅仅为5.4%，说明这几类产业还没有形成一定规模，产业的集聚水平也不高，进而可能导致提高集聚水平也很难促进生产效率的提高。

表9.4 分行业的回归结果

变量	文化影视	软件服务	工艺时尚	设计服务	展演出版	咨询服务	休闲服务	创意科研
C	0.420** (2.489)	0.534*** (5.960)	0.259*** (3.726)	0.541*** (11.633)	0.459** (2.331)	0.065 (0.729)	0.065 (0.550)	0.053 (0.590)
CIA_{-2}	0.002 (0.102)	0.060* (1.785)	0.052** (2.226)	0.059* (1.704)	0.049 (1.206)	0.079* (1.873)	0.191*** (2.752)	0.012 (0.483)
CFS	0.000 (0.043)	0.003 (0.526)	−0.001 (−0.482)	−0.001*** (−7.981)	−0.001 (−0.386)	0.015* (1.676)	0.010*** (3.531)	0.006* (1.744)
FDI	1.219 (1.039)	−0.485 (−0.248)	0.766 (0.636)	0.641 (0.394)	0.971 (0.907)	−1.409 (−0.899)	−0.617 (−0.399)	0.778 (0.395)
INN	0.066 (0.428)	0.169 (0.802)	0.295** (2.282)	0.203** (2.079)	−0.019 (−0.089)	−0.030 (−0.248)	0.044 (0.353)	0.550*** (3.145)
样本数	36	36	36	36	36	36	36	36
R^2	0.021	0.091	0.145	0.184	0.110	0.165	0.332	0.365

*、**、***分别表示在10%、5%、1%的显著水平上显著

注：C表示常数项；CIA_{-2}表示城市创意产业集聚；CFS表示创意企业规模；FDI表示外商直接投资水平；INN表示数字化水平

从控制变量来看，设计服务类创意子行业可能出现了企业规模过大的现象，企业规模对于其生产效率反而具有负向作用，这说明未来应该缩小和调整设计服务类创意子行业的生产规模，以提高其资源配置能力，进而促进其生产效率的提高。咨询服务、休闲服务及创意科研类创意子行业的企业规模，对其生产效率具有显著的正向影响。文化影视、软件服务、工艺时尚类创意子行业的企业规模，对其生产效率的影响不显著。与整个创意产业的回归结果类似，外商直接投资水

平对创意产业生产效率的影响不显著。在工艺时尚、设计服务、创意科研这三类创意子行业中，区域数字化水平对创意产业生产效率的影响显著为正，而对其他五类创意子行业中不显著。

无论是分行业回归，还是整个创意产业作为一个整体回归，基本上都可以得出判断，即创意产业集聚水平的提高能够显著地促进创意产业生产效率的提高。这也就回答了本章的第二个问题，即提高创意产业的整体集聚水平，将有利于解决目前创意产业整体效率不高的问题。

9.4 创意产业集聚促进本行业生产效率提高的政策启示

如果政策目标盯在促进创意产业生产效率的提高，那么提高创意产业集聚水平将是一种重要的手段。

不过实施这一政策手段需要谨慎：一是本章的实证研究，并不支持扩大单个创意企业的规模能够促进创意产业生产效率的提高，换句话说，扩大单个创意企业规模与提高创意产业集聚水平，这两种措施之间不存在互补性。二是本章对八类创意子行业分别回归，结果表明，文化影视、展演出版、创意科研这三类创意子行业集聚水平的提高，并不能显著地促进它们各自生产效率的提高。实证结果支持其他五类创意子行业集聚对它们各自生产效率的显著正向影响。三是提高创意产业集聚水平并不是唯一的途径。对于文化影视类、展演出版类、创意科研类创意子行业，可能除了提高其集聚水平外，还应该通过适度提高其占整个创意产业的比重等其他途径，来促进创意产业整体生产效率的提高。

第10章 创意产业集聚对区域创新的影响

本章的研究源于对两个问题的思考：第一，创意产业的集聚能否产生区域创新效应？第二，如果创意产业集聚能够产生创新效应，那么其创新效应又有何特点，即创意产业集聚创新效率的实现机制是如何发生的？本章将围绕着这两个问题，结合新经济地理学和创意经济理论，借鉴创新链的思想，从上游创新效应和下游价值实现效应这两种关联机制方面，来探讨创意产业集聚的区域创新效应。

10.1 创意产业集聚对区域创新的影响机理与假设

创新和发明存在差别，发明是指首次提出一种新产品或者新工艺的想法，而创新则是指首次将这种想法付诸实施，并产生商业化的利润。按照熊彼特的定义，创新不仅是技术的研发过程，还是技术的商品化获利过程（Schumpeter，1934）。20世纪60年代，随着新技术革命的迅猛发展，罗斯托（Rostow，1960）在其《经济成长的阶段》一书中提出了"起飞"六阶段理论，将创新理解为"技术创新"，其认为"技术创新"是"创新"的主导地位。Freeman和Soete（1997）指出技术创新就是指新产品、新工艺、新系统和新服务的首次商业性转化。与此同时，大量学者，如Nelson和Winter（1977）、Lundvall等（2002）、Nelson（1993）、Edquist（1997）、Asheim（1996）开始用系统的观点来分析企业中的创新活动。

尽管创新在不同的环境下，其具体含义存在差异，但是有一个基本的共识，即创新不仅包括发明创造，还包括这项发明创造的市场化过程。如果把企业技术创新比作一个链条，那么在这条技术创新链的上游对应企业的研发阶段，而创新链的下游就对应企业技术创新的商业化阶段（Hansen and Birkinshaw，2007；Roper et al., 2008）。基于这样的认识，可以将创新划分为三个阶段或者三个过程，即研发阶段的创新（技术创新和工艺创新，图 10.1 中对应基础研究和应用研究）、成果转化阶段的创新（组织创新、合作模式创新，图 10.1 中对应开发阶段）及产业化价值实现阶段的创新（市场机制创新、服务创新，图 10.1 中对应生产、销售过程）[①]。

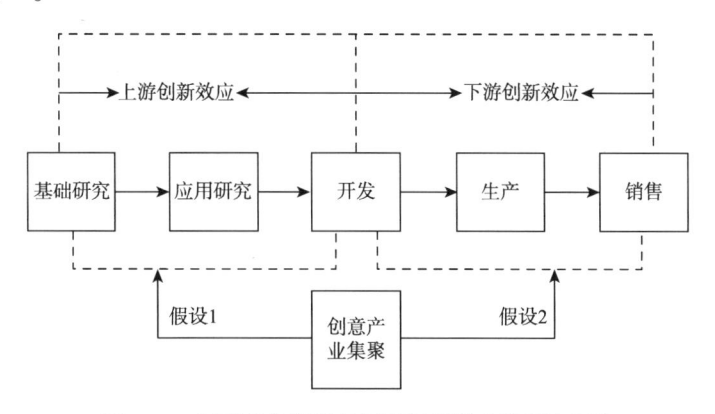

图 10.1　创意产业集聚对区域创新影响的理论框架

在创意产业群落中，一项创意的迸发不足为奇，其也不是产业群落发展的目标，关键是这项创意能否产生市场价值，促进整个产业的价值增值。由于创意产业是建立在知识经济的基础之上推崇创新、创意，并强调文化艺术对经济增长的新型产业组织形态。因此，从整个经济的宏观层面上说，创意产业的空间地理集群，不仅可以通过产业集聚的知识外溢效应提升创意产业内部的分工与协作效率，还将通过创意产业集聚带来的创意人才的劳动力池效应促进整个区域的技术创新，带来强大的市场价值增值效应，并最终促进区域经济的增长。

简单来说，创意产业集聚式的发展，不仅有利于产业研发阶段的创新，而且有利于区域创新的市场化价值实现，即促进产业价值增值的实现。由于创意产业集群对成果转化阶段的创新难以衡量，因此，本章主要探讨创意产业集聚对研发和产业化这两个阶段创新的影响。对研发阶段创新的影响，可称之为"上游创新效应"，对产业化价值实现阶段创新的影响，可称之为"下游创新效应"。这一研究假设框架如图 10.1 所示。

[①] 需要说明，基于创新链的视角来研究创新，作者并不企图用创新链的分析视角来替代系统创新的观点，相反，作者认为创新链的观点与创新系统（或者创新网络）的研究具有互补性。

10.1.1 上游创新效应的假设

创意产业集聚的上游创新效应，主要表现在对研发阶段的技术创新和工艺创新的影响上。上游创新效应可以通过两种效应来实现：一是区域内以创意人才为载体的"知识溢出"效应；二是以创意企业为主体的区域"集群学习"效应。创意人才是创意产业集群"知识溢出"效应得以实现的载体。传统产业的集群对物质资本和原材料等资源具有较强的依赖性，而创意产业具有较强的知识密集型特征，其集群式的发展模式对区域内的劳动者素质、科学技术和人文环境的要求都比较高。在创意产业集群园区内，集聚了大量的创意人才，这成为推动创意产业发展的重要动力。作为创意产业重要的劳动力资源，创意人才具有高宽容、高创意、高流动、对文化产品的品质高要求等特征，这就有利于区域创意产业集聚区成为一个开放的、包容的区域，从而促进区域内隐性知识和经验（tacit/sticky knowledge）的自由流动和传播，推动区域创新和生产效率的提高（Florida，2002a，2002b；Sands and Reese，2008；Boschma and Fritsch，2009；Yu et al.，2013）。隐性知识和经验对创新具有极其重要的作用，但是隐性知识蕴藏在人的大脑中，具有很强的个体属性。该类知识的转移往往不是在市场中进行，而是依赖于非市场化的互动和交流（Mudambi，2008）。在创意产业园区内，由于培养出了良好的"创意氛围"（Camagni，1992），隐性知识和经验可以比较自由地流动和传播，从而促进创意的生产、知识的创新、技术的进步。

创意企业在创意产业集聚区域"集群学习"效应的发挥中扮演着重要的角色。创意产业集聚不仅有利于驱动个体设计师、艺术家灵感的迸发，促进知识、文化的传播和产业形态的演化，还有利于集群区域内企业之间的互动学习，加快隐性知识的传播与扩散，从而加快推动区域原始创新，带动区域技术创新、产品创新和工艺创新。创意产业的集群创新可以通过垂直链上前后关联企业的相互学习，以及水平轴上同类型企业的横向学习这两种学习机制，实现区域内的技术创新。集群学习机制有助于企业认识到彼此间存在的创新缝隙，先创新的一方往往能为有待创新的一方提供必要的技术支持和创新拉力，从而催化出集群内整个产业的创新（Andersson et al.，2005）。供应链上的知识共享和横向集群学习一直被认为是创新的重要源泉（Lundvall B-Å，1988；Asheim，1996）。以音乐产业集群为例，不仅能够在艺人、唱片公司、风险投资商、分销商等产业链的相互学习中产生创新，在不同唱片公司、不同歌手间的互动学习中，甚至在流行音乐和传统音乐的价值链整合学习中也能产生创新。

创意产业集聚所产生的"知识溢出"效应和"集群学习"效应对研发阶段创

新产生影响，这一创新效应被称为上游创新效应。为了实证检验上游创新效应，用技术发明和工艺创新这两种创新来表征研发阶段的创新，并建立如下假设：

假设 1a：创意产业集聚对研发阶段的技术发明具有正向影响。

假设 1b：创意产业集聚对研发阶段的工艺创新具有正向影响。

10.1.2　下游创新效应的假设

按照 Porter（1998）的研究，集群被认为是一系列相关联的产业及实体在一定地域内的连接，这种连接将促进"价值链"系统的形成，各种价值链又连接为一个包含更多价值环节的增值系统。类似地，创意产业集聚区内也将产生价值增值效应。当创意产业集聚水平达到一定程度时，区域内的创新资源和要素将被有效地利用，使得在整个创意产业集聚园区内形成一条完整的创新链条和产业价值增值体系。在这条创新链与产业链的相互耦合作用下，区域内形成一股强大的"创新流"，带来区域的知识外溢，促进区域创新商业价值的实现。创意产业集聚对创新的商业化价值实现，即产业化价值增值效应，可以通过"产业的创意化"和"创意的产业化"这两种效应得以实现。

首先，创意产业集聚式的发展提升了传统产业的创新水平，促进了传统产业的改造与升级，实现了其产业价值的增值，此即创意产业集聚的"产业的创意化"效应。创意产业本身兼具高附加、高增值、强渗透性等特征，其区域的集聚对相关产业，特别是对周边传统产业效率的改进、创新能力的提升、产品的价值增值具有重要作用（Experian，2007；Bakhshi et al.，2008）。在创意产业园区内，很多创意企业生产的产品都不是直接的最终消费品，而是针对其他企业的中间产品或者服务，如创意设计、展演服务、咨询服务等。在创意园区内或者周边地区，大多数传统产业为了提升自身产品的附加值、延长企业价值链，通常都会通过利用产业创新来改造传统产业，以提升自身竞争力。创意产业的集群区内集聚了大量的创新要素和资源，这为传统产业的改造与价值提升提供了一种有效的途径（Mudambi，2008；Piergiovanni et al.，2012）。例如，模拟电视节目通过改造升级为数字电视节目，胶卷电影升级为数字电影，纸质出版升级为电子出版，等等。

其次，创意产业与高科技密不可分。高科技为创意产业提供了技术支持和发展平台，创意产业则赋予了高科技内容上的支撑。由于具有强渗透性和高科技的特征，创意产业通过高科技的平台和文化创意的产业化运作模式，来"引爆"整个产业链的价值增值。可以将某一创意描述为，创意萌发，继而借助资本、文化、科技等要素的运作，使得某一创意商品化和产业化，并促进互补性资产的价值链整合，进而衍生出相关产业链和产业丛的发展。在这个过程中，可以使创意产具备自身的从业群体、营销渠道、消费终端、利润分配方式等完备的产业组织形态，进而促进相关产业的价值增值。例如，从卡通形象到主题公园的迪士尼乐园娱乐产业，由短信、彩铃业务发展到 5G 手机的电信产业，不仅可以使得该类产业的价值得到提升，还可以衍生相关产业的发展。例如，由迪士尼乐园、5G 手机等衍生出广告、服装、时尚消费等产业群。此类创意产业的成功都是基于一个创意的迸发，然后衍生到消费群体完备的产业链条，最终实现创意的价值增值，此即"创意的产业化"效应（张京成，2007）。

对创意产业集聚的"产业的创意化"和"创意的产业化"这两种价值增值效应的描述，表明创意产业集聚将对相关产业具有价值增值效应，即下游创新效应。为了实证检验下游创新效应，建立如下假设：

假设 2a：创意产业集聚有利于实现传统产业的价值增值。
假设 2b：创意产业集聚有利于实现高技术产业的价值增值。

10.2 创意产业集聚促进区域创新的实证模型

10.2.1 实证模型构建

面板数据的回归有固定效应和随机效应这两种模型。通常而言，固定效应模型对于面板数据的回归总是正确的，但是该模型的估计仅对于所选取截面成员单位有效，而不适用于样本之外的其他单位（高铁梅，2009）。随机效应模型把反映截面差异的特定常数项看作跨截面成员的随机分布，可以通过样本的结果来对总体进行分析。至于是选择固定效应还是随机效应模型，在一定程度上可以通过 Hausman 检验来判断。通常来说，当 Hausman 检验的 p 值大于 0.1 时，说明从统计意义上来说，选择随机效应模型是有意义的；而当 p 值小于 0.1 时，说明从统计意义上来说，选择固定效应模型是有意义的。便于研究，构建的面板数据模型如下：

$$\ln(y_{it}) = c_{it} + \lambda \ln(\text{CIA}_{-1\,it}) + \alpha_1 \ln(\text{FDI}_{it}) + \alpha_2 \ln(\text{KL}_{it}) \\ + \alpha_3 \ln(\text{SCA}_{it}) + \alpha_4 \ln(\text{RD}_{it}) + \mu_{it} \quad (10.1)$$

式（10.1）中，y_{it} 表示区域创新这一被解释变量。在检验四个假设过程中，分别运用发明专利数授权表示技术发明，实用新型和外观设计授权专利来表示工艺创新，工业增加值和高技术产业增加值分别表示传统产业价值增值和高技术产业价值增值。

解释变量 CIA_{-1} 表示创意产业的集聚水平，其计算方法如后文的式（10.2）所示；

λ 表示创意产业集聚对区域创新的系数,其值越大表明创新和价值增值效应越强。

就控制变量来说,FDI 表示外商直接投资水平;KL 代表区域劳动生产率要素结构水平;SCA 表示区域企业的规模;RD 表示区域 R&D 投入强度;α_1、α_2、α_3、α_4 分别表示控制变量 FDI、KL、SCA 和 RD 对区域创新的弹性系数;μ_{it} 表示随机误差项,用以反映模型中被忽略的随着截面和时间因素发生变化的影响;c_{it} 表示截距项。

10.2.2 变量说明

表 10.1 给出了各个变量的名称和定义,以及每一个变量的单位。为了便于研究,下面对各个变量进行一一说明。

表 10.1 变量说明

变量	简称	定义	单位
技术发明	NII	人均发明专利数	件/万人
工艺创新	EII	人均外观设计与实用新型专利数	件/万人
传统产业价值增值	TII	人均工业新产品产值	万元/人
高技术产业价值增值	HII	人均高技术产业新产品产值	万元/人
创意产业集聚	CIA$_{-1}$	每公顷土地上的创意产业就业人数	人/万公顷
外商直接投资水平	FDI	外商直接投资占地区生产总值的比率	—
人均资本存量	KL	人均拥有的资本存量水平	万元/人
R&D 投入强度	RD	R&D 经费投入占地区生产总值的比率	—
企业规模	SCA	平均每个企业的产值规模	亿元/个
创意产业相对就业密度	CIED	某一区域创意产业就业人数相对全国平均水平的比率	—
创意产业就业密度	CIELE	某一区域创意产业就业人数与区域就业总人数之比	—
创意科研类产业就业密度	CIELE-CRD	某一区域创意科研类创意产业就业人数与区域就业总人数之比	—

注:NII、EII、TII、HII 为区域创新变量,即被解释变量;CIA$_{-1}$ 为解释变量;FDI、KL、RD、SCA 为控制变量;CIED 为工具变量;CIELE 和 CIELE-CRD 为敏感性分析变量;表格变量中人均的概念为人均的就业量,而非人均的人口概念

1. 区域创新水平

在中国专利数据库中,存在三种类型的专利,分别为发明专利、外观设计、实用新型。在模型的假设中,上游创新效应通过技术发明和工艺创新来表征。为了刻画区域研发阶段的技术发明,采用区域发明专利授权数与区域就业人数的比率,来衡量技术发明创新这一因变量;为了刻画区域研发阶段的工艺创新,采用区域实用新型和外观设计这两种专利的授权数与区域就业人数的比率,来衡量区

域工艺创新这一因变量。在模型中,下游创效应通过产业的价值增值来表示,用除高技术产业之外其他的工业新产品产值与区域就业人数的比率,来衡量传统产业价值增值这一因变量;用高技术产业新产品产值与区域就业人数的比率,来衡量高技术产业价值增值这一因变量。按照理论预期,创意产业集聚存在显著的上游和下游创新效应。

2. 创意产业集聚水平

为了分析创意产业集聚的区域创新效应,构建了一个创意产业省际集聚发展水平的指数:

$$\text{CIA}_{-1} \text{ index} = \frac{R_i}{A_i} \quad (10.2)$$

R_i 表示第 i 个省域创意产业的就业人数;A_i 表示第 i 个省域的土地面积;这样式(10.2)就表示了单位土地面积上拥有的创意产业就业人数,CIA_{-1} index 即可以表示创意产业的集聚水平。

实际上,衡量集聚的指标很多。由于需要考虑模型设定的意义及与其他变量的一致性等因素,因此,在具体模型的实证分析中,集聚指标的衡量会存在一定差异。本章中,由于设定模型中的因变量是比率数据(专利授权数与就业人数的比率,或者产品增加值与就业人数的比率),为了回归的一致性,自变量也应该采用一个比率数据。用式(10.2)计算得出的比率数据来衡量产业集聚,具有较高的认同度,因此,本章采用了该集聚指标来衡量创意产业集聚水平。同时,还采用了创意产业就业人数占总就业人数的比率这一指标,对回归的稳健性和一致性进行了检验。

本书在创意产业集聚指标上采用了不同的测算方法,一方面,是为了减少估计的误差;另一方面,采用上述的两个集聚指数,在具体解释自变量变动引起因变量变动的实际经济含义上,也更具实际意义。

按照预期假设,创意产业集聚水平越高,其区域创新和价值增值效应也越强。为了清晰直观地描述创意产业集聚的创新效应,笔者绘制了创意产业集聚与技术发明、工艺创新、传统产业价值增值、高技术产业价值增值这四个变量的简单相关关系散点图(图10.2~图10.5)。图10.2~图10.5 的横轴为各省(自治区、直辖市)创意产业集聚指数经过对数化处理之后的数值,纵轴为刻画创新的因变量经过对数处理之后的数值。

从散点图 10.2~图 10.5 可以看出,创意产业集聚与区域创新和价值增值具有正相关关系。创意产业集聚水平越高,其区域技术发明和工艺创新能力就越强,区域传统产业和高技术产业的价值创造能力也就越强。这种直观上的认识和本章的理论假设具有一致性。由于散点图仅仅从直观上刻画了相关关系,没有逻辑关系,所以其不能作为推断四个假设是否成立的依据。

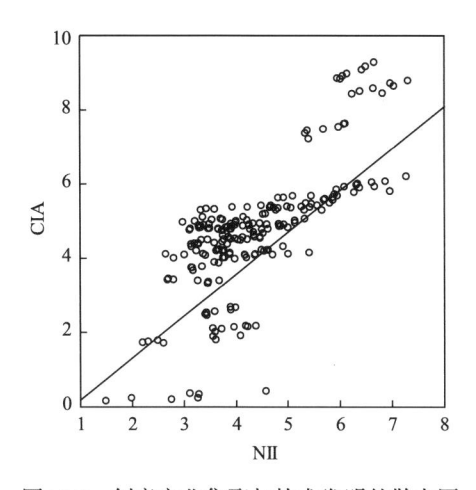

图 10.2 创意产业集聚与技术发明的散点图

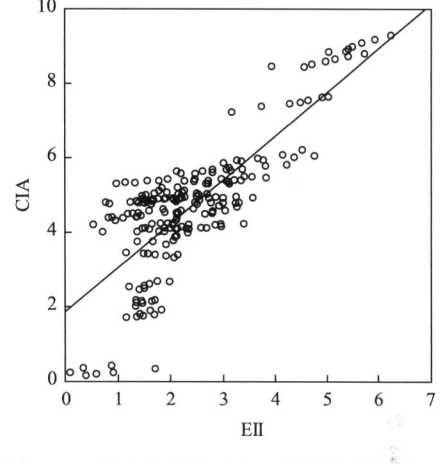

图 10.3 创意产业集聚与工艺创新的散点图

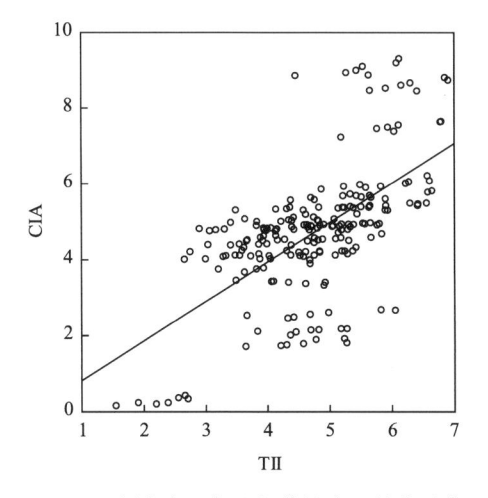

图 10.4 创意产业集聚与传统产业价值增值的散点图

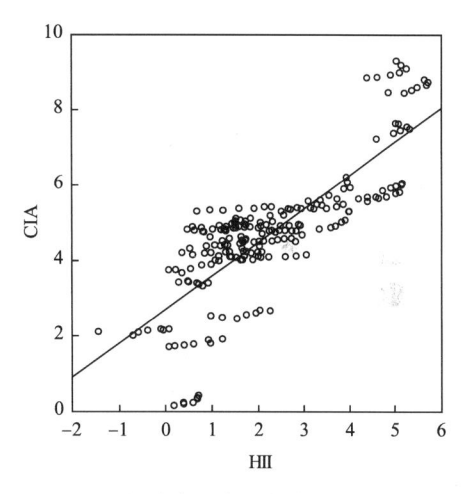

图 10.5 创意产业集聚与高技术产业价值增值的散点图

3. 控制变量说明

由于区域创新水平和产业化阶段的价值实现还受到来自区域 FDI、人均资本存量、R&D 投入强度、企业规模的影响（Audretsch and Feldman，1996；Griliches，1998；Cheung and Lin，2004；Stam et al.，2008；Zheng and Hao，2011），因此，本章对上述四个因素进行了控制。

对于区域外资水平，按照当年汇率价将各省（自治区、直辖市）外商直接投资转化为本国货币，并用该数值除以地区生产总值（当年价）来表示（实际上就是单位地区生产总值的外资水平）。通常情况下，一个区域利用外资的水平越高，其区域创新能力就越强（Cheung and Lin，2004）。不过，随着中国经济的发展，也有学者提出，目前中国外资的溢出效应出现停滞或者过剩的现象（Lin et al.，2009；Qi et al.，2009）。

由于企业规模的大小也是影响区域创新能力的一个因素，因此在模型中，我们也对企业规模进行了控制。用工业总产值与规模以上工业企业数的比率（实际上就是平均每个企业的产值规模），来近似衡量企业规模。目前关于企业规模与技术创新之间关系的研究，存在一定的争议，有些学者认为大企业的技术创新能力强（Cohen and Klepper，1996；张杰等，2007）；也有学者认为中小企业更有利于技术创新（Saxenian and Hsu，2001；益智，2005）；还有学者认为企业规模与技术创新能力之间呈现倒 U 形关系（Pisano and Wheelwright，1995；高良谋和李宇，2009）。

为了控制 R&D 强度对区域创新的影响，采用区域 R&D 经费投入占地区生产总值的比率来表示 R&D 强度。通常的预期，区域 R&D 投入越多，区域的创新能力越强，经济发展水平也越高（Audretsch and Feldman，1996；Griliches，1998；Hall and Bagchi-Sen，2002）。

此外，由于中国东、中、西部地区的经济发展水平、生产要素结构差别很大，这种差距对创新的影响也非常明显，因此在模型中还采用了区域人均资本存量（资本存量除以就业人数）表示生产要素结构，来控制区域生产要素结构对创新的影响。通常的预期，人均资本存量越高，区域创新能力越强，产业价值增值能力也越强（Stam et al.，2008；Zheng and Hao，2011）。关于资本存量的计算方法，已在 5.2.3 小节中进行了详细说明。

4. 其他变量说明

为了方便内生性检验，减少模型设定的误差，本节引入了一个工具变量，即创意产业相对就业密度。创意产业相对就业密度的计算公式如下：

$$\text{CIED index} = \frac{C_i}{C/30} \quad (10.3)$$

C_i 表示第 i 个省份创意产业的就业人数；$C/30$ 表示全国 30 个省（自治区、直辖市）创意产业的平均就业人数（受到数据可获得性的限制，不包括重庆、香港、澳门、台湾的数据样本）。二者之比就可以用来表示区域创意产业的相对就业密度指数。陈建军等（2009）曾用该指数来计算中国服务业的空间地理集聚水平，也就是说，该指数实际上也是衡量集聚水平的一个指标。由于 CIED 是一个指数型数据，其大小与创意产业相对就业人数有关，大体上来说，与其他变量不存在相关关系，因此，采用 CIED 做工具变量，基本符合工具变量的要求。

为了进一步进行稳健性检验，增加实证研究的可信性，还引入了创意产业就业密度和创意科研类子行业的就业密度来代替因变量，并分别进行回归。创意产业就业密度用区域创意产业的就业人数与区域就业总人数之比来表示；创意科研类子行业的就业密度用区域创意科研类产业（创意产业的子产业）的就业人数与区域就业总人数之比来表示。

10.2.3　本章的数据来源

各省（自治区、直辖市）创意产业就业人数，GDP，授权专利、发明专利、实用新型和外观设计专利数，FDI 额均来自《中国统计年鉴》（2002~2010 年）。由于《中国统计年鉴》没有直接统计创意产业的就业数，本书对统计年鉴中的数据自行进行了处理。各省（自治区、直辖市）工业总产值、工业企业数目、工业企业新产品产值来自《中国科技统计年鉴》（2002~2010 年），高技术产业产值来自《中国高技术产业统计年鉴》（2002~2010 年）。

值得一提的是，关于各省（自治区、直辖市）资本存量的数据，2003~2005年的资本存量的数据借用了 Wu（2007）的数据。由于 Wu（2007）计算的资本存量的最近年份为 2005 年，2005 年以后的数据没有计算，本书对 2005~2009 年中国资本存量的数据进行了测算，其中，以 Wu（2007）所算的 2005 年资本存量作为初始值，采用 Goldsmith（1951）永续盘存法来计算，计算公式为 $K_t = I_t + (1-\delta)K_{t-1}$，折旧率采用 Wu（2007）的测算方法。各省域固定资产投资、固定资产投资价格指数来自《中国统计年鉴》，各省（自治区、直辖市）的固定资产投资以 1990 年为基期进行了平减。由于重庆市是 1997 年从四川省划分出来设立的直辖市，1997 年以前的价格指数不能获取，因此，在选择样本时，不包括重庆市，同时，中国香港、澳门、台湾的数据较难获取，因此，最后的样本为中国内地 30 个省际面板数据，时间跨度为 2003~2009 年。同时，由于西藏 2003~2006 年，宁夏 2003 年、2005 年，海南 2003 年的就业人口的数据在《中国统计年鉴》中缺失，为了保持样本完整性，采用了移动平均数的方法加以补全数据。

表 10.2 给出了各变量的描述性统计。从样本的描述性统计数据可以看出，创意产业集聚的均值为 628.439，标准差为 1 765.908，变动范围为 1.154~10 743.660，反映出其区域差异非常大。它与用作敏感性分析的变量科研类创意产业集聚度的变化类似。工具变量创意产业相对就业密度的均值为 1.016，变动范围在 0.059 到 5.907 之间，标准差为 0.942，变动范围相对较小，它与用作敏感性分析的变量创意产业就业密度的变化相近，表明用指数型及就业密度来表示创意产业集聚水平，在区域空间上的变化相对较小。采用上述两组变量（四个变量）分别进行回归，

将能够在很大程度上减少回归结果的非一致性。

表 10.2　主要变量的描述性统计

变量	均值	中位数	最大值	最小值	标准差	偏度	峰度	截面	样本数
创意产业集聚	628.439	120.137	10 743.660	1.154	1 765.908	3.751	16.664	30	210
创意产业相对就业密度	1.016	0.820	5.907	0.059	0.942	3.196	15.102	30	210
研发阶段的技术创新	1.945	0.719	18.174	0.059	2.987	2.759	11.136	30	210
技术发明	0.293	0.085	5.218	0.011	0.646	4.391	25.767	30	210
工艺创新	1.652	0.627	15.053	0.044	2.504	2.846	11.999	30	210
产业价值增值	218.021	127.251	1 331.085	5.923	238.809	2.111	7.770	30	210
高技术产业价值增值	34.797	6.560	312.472	0.238	62.234	2.370	8.176	30	210
传统产业价值增值	183.224	117.108	1 018.613	4.705	190.645	2.107	7.710	30	210
R&D 投入强度	1.159	0.893	7.408	0.119	1.083	3.194	15.566	30	210
外商直接投资水平	0.507	0.244	5.849	0.054	0.663	4.445	30.541	30	210
企业规模	1.174	1.112	2.396	0.066	0.466	0.358	2.701	30	210
人均资本存量	4.152	2.913	23.641	0.498	4.078	2.541	10.278	30	210
科研类创意产业集聚	180.726	36.093	2 667.445	0.416	502.141	3.582	14.712	30	210
创意产业就业密度	0.017	0.011	0.140	0.004	0.024	3.898	18.499	30	210

注：变量研发阶段的技术创新的数值为技术发明和工艺创新的数值之和；变量产业价值增值的数值为高技术产业价值增值和传统产业价值增值的数值之和；表中变量的单位、定义与表 10.1 一致

研发阶段的技术创新和工艺创新这两个变量的变化相对较小，产业化阶段的传统产业价值增值与高技术产业价值增值的变化相对较大。就上游创新效应的指标来说，每万人拥有专利授权数（件/万人）和每万人拥有外观设计与实用新型专利数（件/万人）的数据特征非常相似，无论是从均值、中位数、偏度还是从峰度及标准差比较都相似。数据的相似性，还能从图 10.2 和图 10.3 之间的相似性略知一二。

此外，控制变量外资水平、产业规模、要素结构和 R&D 投入强度等变量的变化都相对较小。

10.3　创意产业集聚促进区域创新的实证结果

为了检验创意产业集聚的上游创新效应和下游价值增值效应这两个基本假

设，我们报告了模型的回归结果。

10.3.1 上游创新效应的检验

表 10.3 报告了上游创新效应的估计结果。首先，为了检验假设 1a，采用技术发明作为因变量进行回归，结果见表 10.3 第 2 列。结果显示，创意产业集聚对研发阶段的技术发明具有显著的正向影响，其影响系数为 0.825。为了检验假设 1b，用工艺创新作为因变量进行回归，结构见表 10.3 第 4 列。回归结果显示，创意产业集聚对研发阶段的工艺创新具有显著的正向影响，其影响系数为 0.255，低于研发阶段的技术创新效应，说明创意产业集聚具有更强的技术发明创新效应。通常来说，发明专利作为自主创新能力的重要标志（赵彦云和刘思明，2011）。回归结果表明，创意产业集聚式的发展对中国自主创新能力建设具有显著的正向影响。

表 10.3 上游创新效应的估计结果

变量	因变量：研发阶段的技术创新					
	模型 1	模型 1-IV	模型 2	模型 2-IV	模型 3	模型 3-IV
RE/FE	RE	RE	RE	RE	RE	RE
常数项	−2.187*** (−2.625)	−1.490* (−1.856)	2.475*** (6.580)	2.622*** (4.339)	2.489*** (6.583)	2.453*** (4.779)
CIA_{-1}/CIED index	0.825*** (5.110)	0.670*** (4.123)	0.255*** (3.614)	0.224* (1.872)	0.283*** (3.937)	0.291*** (2.953)
FDI 水平	−0.097 (−1.465)	−0.112* (−1.700)	−0.076 (−1.208)	−0.086 (−1.243)	−0.096 (−1.627)	−0.091 (−1.440)
企业规模	0.124 (1.686)	0.135* (1.846)	0.127 (1.690)	0.151* (1.914)	0.148** (2.151)	0.135* (1.906)
人均资本存量	0.589*** (9.449)	0.601*** (9.646)	0.602*** (10.141)	0.595*** (9.246)	0.585*** (10.606)	0.592*** (10.096)
R&D 投入强度	0.337*** (2.644)	0.335*** (2.600)	0.400*** (3.402)	0.420*** (3.064)	0.407*** (3.659)	0.399*** (3.220)
Hausman 检验（p 值）	1.000	1.000	1.000	1.000	1.000	1.000
样本数	210	210	210	210	210	210
R^2	0.741	0.737	0.688	0.688	0.731	0.731
调整后的 R^2	0.734	0.730	0.681	0.680	0.724	0.725

*、**、***分别表示在 10%、5%、1%的显著水平上显著

注：在回归的过程中，对所有变量都进行了自然对数化处理；表中括号内的数值为 t 检验值；所报告的 Hausman 检验值都在 1%的显著水平上显著；CIA_{-1} 表示创意产业集聚水平；CIED 表示创意产业相对集聚水平；RE 表示随机效应；FE 表示固定效应

为了从总体上验证上游创新效应，采用研发创新作为因变量（即技术发明与工艺创新之和），回归结果见表 10.3 第 6 列。结果显示，创意产业集聚的上游创新效应在 1%的显著水平上仍然显著为正。

从模型 1、模型 2 和模型 3 的控制变量来看，企业规模对技术创新和工艺创新具有正向影响，各模型的影响系数都小于 0.2。尽管这一结果能够得到现有研究的支持（Cohen and Klepper，1996；张杰等，2007），但是模型 1 和模型 2 都不显著，而模型 3 仅在 10%的显著水平上显著。因此，从上游创新效率来看，本书并不能提供关于企业规模与研发阶段技术创新的确切结论，关于此话题更进一步的讨论可以参考相关研究成果（朱允卫，2004；高良谋和李宇，2009）。

控制变量 FDI 水平的回归结果显示，外商直接投资对区域研发创新的影响为负，不过除了模型 1 仅在 10%的显著水平上显著外，其他几个模型皆不显著。对 FDI 水平是否存在技术溢出效应存在争议。相关研究认为外商直接投资对东道主国家存在显著的技术溢出效应，而且这一溢出效应因不同的行业、不同的区域学习能力而存在显著的差别（Borensztein et al.，1998；Kathuria，2000；Javorcik and Spatareanu，2008；Qi et al.，2009；冼国明和薄文广，2005）；也有研究认为，由于外商直接投资对当地的自主研发具有替代作用，进而造成对当地的技术创新具有负向作用（Dries and Swinnen，2004；Harris and Robinson，2004；范承泽等，2008）。本章结论部分上支持了外商直接投资对自主研发创新可能具有一定替代作用的观点。

R&D 投入强度的回归结果表明，区域研发投入具有明显的知识溢出效应。人均资本存量对区域创新和价值增值都具有显著的正向影响，且其影响系数都要高于其他控制变量的作用。林毅夫等（1994）认为改革开放以来，推动中国经济增长的主要动力来源于中国劳动力与资本的比较优势得以发挥，以及技术追赶效应的实现，而发达国家则不同，发达国家的经济增长主要来自技术创新效应的实现。与此类似，本章的研究结论基本上印证了中国的资本深化对区域创新的作用还非常明显，并且其影响程度要高于研发投入强度的影响。

创意产业集聚式发展能够通过知识溢出和学习效应，显著地促进区域内的技术创新和发明，模型 1~3 也证实了创意产业集聚的上游创新效应，然而，创意产业集聚的创新效应可能存在内生性。一方面，创意产业集聚能带来区域的技术和工艺创新；另一方面，随着一个区域创新能力的提高，可能引致更多创意产业集聚到该区域。由于联立性所导致的内生性可能引起估计的偏差，为此，引入了创意产业相对就业密度这一工具变量，并分别对模型 1、模型 2 和模型 3 进行面板数据两阶段广义最小二乘法回归。回归结果分别见表 10.3 第 3 列（即模型 1-IV，对应模型 1）、第 5 列（即模型 2-IV，对应模型 2）和第 7 列（即模型 3-IV，对应模型 3）。从回归结果来看，创意产业集聚的上游创新效应（包括技术发明、工艺创新）依然显著为正，说明创意产业集聚的上游创新效应基本上是可信的。控制变量企业规模、FDI 水平、R&D 投入强度、人均资本存量的回归结果与模型 1、模型 2 和模型 3 的回归结果也基本一致。

10.3.2　下游创新效应的检验

表 10.4 报告了创意产业集聚的下游创新效应。模型 4 的因变量为传统产业价值增值，用于检验创意产业集聚对传统产业的价值增值效应，即检验假设 2a，估计结果见表 10.4 第 2 列。从模型的估计结果来看，创意产业集聚式的发展对传统产业的价值增值效应显著为正，并且其影响系数为 0.148，即假设 2a 得以证实。模型 5 的因变量为高技术产业价值增值，估计结果见表 10.4 第 4 列。估计结果显示，创意产业集聚对高技术产业的价值增值效应的影响系数为 0.387，并且在 1% 的水平上显著为正。这说明创意产业集聚有利于高技术产业价值的实现，即假设 2a 得以证实。模型 6 的因变量为工业产业价值增值，估计结果见表 10.4 第 6 列。结果显示，与模型 4 和模型 5 的估计结果基本一致。模型 4、模型 5 和模型 6 的实证研究支持这样的结论，即中国创意产业的集聚式发展能够通过"产业的创意化"效应、"创意的产业化"效应、相关产业价值增值效应，对传统产业进行有效的提升和改造，进而促进传统产业的价值提升，对高技术产业具有显著的支撑和补充作用，进而促进高技术产业的价值增值。总之，从创新链的产业化角度来看，创意产业的集聚对其他相关产业的价值增值具有明显提升作用。

表 10.4　下游创新效应的估计结果

变量	因变量：产业化阶段的价值增值					
	模型 4	模型 4-IV	模型 5	模型 5-IV	模型 6	模型 6-IV
RE/FE	RE	RE	RE	RE	RE	RE
常数项	2.890*** （8.922）	2.503*** （5.158）	−0.236 （−0.702）	0.534 （1.121）	3.111*** （13.235）	2.667*** （5.805）
CIA_{-1}/CIED index	0.148** （2.480）	0.224** （2.391）	0.387*** （5.922）	0.222** （2.306）	0.154*** （3.660）	0.234** （2.640）
FDI 水平	−0.148** （−2.550）	−0.168*** （−2.636）	0.022 （0.507）	0.022 （0.507）	−0.098** （−2.140）	−0.124** （−2.074）
企业规模	0.544*** （7.670）	0.556*** （7.615）	0.066 （1.350）	0.075 （1.522）	0.475*** （8.025）	0.504*** （7.333）
人均资本存量	0.889*** （16.229）	0.887*** （15.372）	0.676*** （16.894）	0.692*** （16.712）	0.849*** （19.356）	0.866*** （15.928）
R&D 投入强度	0.119 （1.119）	0.047 （0.377）	0.290*** （3.538）	0.325*** （3.754）	0.199** （2.491）	0.088 （0.752）
Hausman 检验（p 值）	1.000	1.000	0.138	1.000	1.000	1.000

续表

变量	因变量：产业化阶段的价值增值						
	模型 4	模型 4-IV	模型 5	模型 5-IV	模型 6	模型 6-IV
样本数	210	210	210	210	210	210
R^2	0.835	0.837	0.819	0.820	0.851	0.861
调整后的 R^2	0.831	0.833	0.815	0.816	0.847	0.857

*、**、***分别表示在10%、5%、1%的显著水平上显著

注：在回归的过程中，对所有变量都进行了自然对数化处理；表中括号内的数值为 t 检验值；Hausman 检验值都在 1%的显著水平上显著；CIA_1 表示创意产业集聚水平；CIED 表示创意产业相对集聚水平；RE 表示随机效应；FE 表示固定效应

对于控制变量来说，估计结果与上游创新效应的结果有一定出入。首先，人均资本存量对传统产业和高技术产业价值创新的影响显著为正，并且其影响系数要高于其他变量的影响系数。这也进一步说明，推动中国经济增长由资本深化驱动向资本广化和创意驱动的转变，还有很长的路要走。其次，FDI 水平对传统产业价值增值的影响显著为负，但是，对高技术产业的价值增值具有正向的影响且不显著。这也说明中国高技术产业还在一定程度上依赖于外商直接投资，但是外商直接投资对传统产业具有明显的挤出作用。再次，企业规模对传统产业的价值增值具有显著的正向影响，但是对高技术产业的价值增值作用不显著，说明中国传统产业的企业规模越大，其营利能力越强，价值增值效应越强，而在高技术产业中，可能由于其企业规模正处在扩大时期，企业规模对产业价值增值的作用还没有显现出来。最后，R&D 投入强度对传统产业的创新影响不显著，而对高技术产业的影响显著为正。

同样，为了减少内生性问题，将创意产业相对就业密度作为工具变量，并分别报告了模型 4、模型 5 和模型 6 的面板数据两阶段广义最小二乘法的回归结果，见表 10.4 第 3 列（即模型 4-IV，对应模型 4）、第 5 列（即模型 5-IV，对应模型 5）和第 7 列（即模型 6-IV，对应模型 6）。从回归结果来看，工具变量估计结果与原始模型的估计结果基本上一致，说明创意产业集聚的下游创新基本上是可信的。

10.4 稳健性检验

通常来说，稳健性检验包括三种类型：第一，从数据出发，根据不同的标准对数据样本重新进行分类，观察检验结果是否依然稳健；第二，从变量出发，用一个或者多个变量来替换自变量，观察检验结果是否依然稳健；第三，从计量模

型出发，用多种模型进行回归（如变换用 OLS、GMM 等模型），观察检验结果是否依然稳健。

前述回归分析，从变量和模型的角度综合运用了工具变量回归，进行稳健性检验，并得出创意产业集聚具有上游创新效应和下游价值增值效应（表 10.3 和表10.4）。为了进一步增强研究结论的可信性，本节将从数据和变量这两方面进行稳健性检验。首先，考虑到中国东、西部地区经济发展的差异，将数据归类为东部和中西部两个数据样本，并重新进行回归，回归结果见表 10.5。模型 7 和模型 11 的因变量为技术发明，模型 8 和模型 12 的因变量为工艺创新，模型 9 和模型 13 的因变量为高技术产业价值增值，模型 10 和模型 14 的因变量为传统产业价值增值。自变量为创意产业集聚指数，即 CIA_{-1} index。

表 10.5　分区域回归结果

变量	东部地区				中西部地区			
	模型 7	模型 8	模型 9	模型 10	模型 11	模型 12	模型 13	模型 14
RE/FE	RE	FE	FE	FE	RE	RE	RE	RE
常数项	−0.247 （−0.300）	−0.868 （−0.476）	−0.377 （−0.153）	0.663* （1.864）	0.802 （1.494）	2.409*** （5.709）	2.271*** （9.180）	0.043 （0.151）
CIA_{-1} index	0.359** （2.350）	0.848*** （2.656）	0.722* （1.753）	0.342*** （2.985）	0.195** （2.183）	0.188** （2.154）	0.276*** （5.767）	0.256*** （4.537）
FDI 水平	−0.214* （−1.679）	0.089 （1.527）	−0.077 （−0.625）	−0.104 （−1.061）	−0.028 （−0.161）	−0.163* （−1.740）	−0.185*** （−2.977）	0.019 （0.532）
企业规模	0.281 （1.197）	−0.370*** （−3.497）	0.658*** （2.725）	0.215 （1.108）	0.130 （1.404）	0.209** （2.259）	0.524*** （8.056）	0.051 （0.699）
人均资本存量	0.666*** （3.762）	0.628*** （7.000）	0.832*** （4.588）	0.487*** （3.599）	0.555*** （9.449）	0.270* （1.823）	0.862*** （17.218）	0.690*** （14.343）
R&D 投入强度	0.655*** （3.366）	0.569*** （9.366）	0.081 （0.302）	0.280*** （2.910）	0.325* （1.857）	0.568*** （7.835）	0.008 （0.083）	0.413*** （3.500）
Hausman 检验 （p 值）	1.000	0.042	0.037	0.014	0.370	0.214	0.213	1.000
样本数	84	84	84	84	126	126	126	126
R^2	0.863	0.984	0.941	0.760	0.680	0.644	0.894	0.822
调整后的 R^2	0.855	0.981	0.927	0.745	0.666	0.629	0.889	0.815

*、**、***分别表示在 10%、5%、1%的显著水平上显著

注：在回归的过程中，对所有变量都进行了自然对数化处理；表中括号内的数值为 t 检验值；所报告的 Hausman 检验值都在 1%的显著水平上显著；CIA_{-1} 表示创意产业集聚水平；RE 表示随机效应；FE 表示固定效应

首先，从回归结果来看，无论是东部地区还是中西部地区，创意产业集聚都能够产生显著的上游创新效应和下游价值增值效应；从区域来看，东部地区的创新效应要高于中西部地区；从影响系数来看，东部地区的研发创新效应要普遍高

于产业化创新效应，而中西部地区的产业化创新效应要普遍高于研发阶段的创新效应。控制变量的回归结果与全国回归结果基本上一致。

其次，从变量替换的角度，运用了创意产业就业密度和研发类创意产业集聚指数这两个变量来替换创意产业集聚指数，并分别进行回归，回归结果见表10.6。模型15的因变量为技术发明，模型16的因变量为工艺创新，模型17的因变量为高技术产业价值增值，模型18的因变量为传统产业价值增值，模型15~18的自变量为创意产业就业密度。考虑到人均资本存量与自变量具有较强的共线性，模型15~18没有对人均资本存量进行控制。从回归结果来看，用创意产业就业密度来替代集聚变量，也证实了创意产业集聚具有显著的上游和下游创新效应。控制变量企业规模、FDI水平和R&D投入强度的回归结果与全国回归结果基本上是一致的。

表10.6 替代变量回归结果

变量	模型15	模型16	模型17	模型18	模型19	模型20	模型21	模型22
RE/FE	RE	RE	FE	RE	FE	FE	RE	RE
常数项	2.349*** (22.471)	4.343*** (15.872)	4.028*** (47.626)	2.244*** (6.423)	−3.683*** (−6.510)	1.963*** (2.737)	3.178*** (11.156)	0.251* (1.687)
创意产业集聚	0.666*** (6.172)	0.295*** (3.400)	1.166*** (6.597)	0.470*** (3.039)	1.553*** (11.677)	0.461** (2.274)	0.119* (1.806)	0.375*** (6.058)
FDI水平	−0.066 (−0.988)	−0.077 (−1.137)	−0.516*** (−6.192)	−0.061 (−0.961)	−0.071 (−1.064)	−0.034 (−1.095)	−0.132** (−2.170)	0.032 (1.055)
企业规模	0.443*** (4.873)	0.463*** (3.371)	1.094*** (9.623)	0.418*** (2.588)	0.168*** (2.918)	0.087* (1.709)	0.541*** (7.138)	0.075 (0.731)
人均资本存量					0.403*** (4.696)	0.696*** (28.166)	0.898*** (15.532)	0.691*** (4.825)
R&D投入强度	1.021*** (10.767)	0.983*** (3.453)	0.910*** (11.318)	1.084*** (5.402)	0.499*** (9.199)	0.209*** (3.946)	0.144 (1.256)	0.283*** (4.825)
Hausman检验（p值）	1.000	0.331	0.092	1.000	0.021	0.018	1.000	0.737
样本数	210	210	210	210	210	210	210	210
R^2	0.651	0.493	0.916	0.537	0.982	0.984	0.833	0.817
调整后的R^2	0.644	0.483	0.901	0.528	0.976	0.981	0.829	0.812

*、**、***分别表示在10%、5%、1%的显著水平上显著

注：在回归的过程中，对所有变量都进行了自然对数化处理；表中括号内的数值为t检验值；所报告的Hausman检验值都在1%的显著水平上显著；模型15~18的自变量（创意产业集聚）为创意产业就业密度；模型19~22的自变量（创意产业集聚）为科研类创意产业集聚指数；RE表示随机效应；FE表示固定效应

模型19的因变量为技术发明，模型20的因变量为工艺创新，模型21的因变量为高技术产业价值增值，模型22的因变量为传统产业价值增值，模型19~22的自变量为科研类创意产业集聚指数，结果见表10.6。回归结果并没有出人意料，

自变量和控制变量的回归结果与全国回归结果基本上也是一致的。

从本节的稳健性分析、上一节的全国整体回归及内生性检验来看，基本上证实了创意产业集聚上游和下游创新效应，也即本章的四个假设得到了证实。至此可以得出：第一，实证研究证实了创意产业集聚存在显著的溢出效应。也就是说，与制造业集聚类似，创意产业集聚也产生了显著的创新效应，这也就回应了本章所提出的第一个问题。第二，实证研究支持这样的结论，即中国创意产业的集聚式发展将通过知识溢出效应和集体学习效应，实现区域的技术发明与创新，并通过"创意的产业化"和"产业的创意化"两种效应，实现区域相关产业的价值增值，从而推动区域经济增长。这也就回答了本章的第二问题，表明创意产业集聚式发展的溢出效应具有自身的特点，能够同时产生上游和下游两类创新效应。至此，本章的四个研究假设得以证实。

10.5 创意产业集聚促进区域创新的政策启示

借用新熊彼特主义理论及创新链的思想，将创意产业集聚的创新效应区分为上游研发创新和下游价值增值两种创新效应，并针对这两种创新效应，提出了4个假设。为了验证这4个假设，构建了面板数据模型，采用中国省际面板数据，证实了中国创意产业集聚存在对研发阶段的技术创新及产业化阶段的价值增值的这两种创新效应。针对本章的研究结论，可以得出如下两点政策启示。

第一，针对上游创新效应所证实的结论对宏观层面经济发展方式的转变具有一定启发。创意产业集聚对中国区域自主研发创新的影响显著为正。中国经济的发展正面临着资源消耗和投资驱动的粗放型经济增长向资源节约和创意驱动的集约式经济发展模式转变。政府可以在宏观层面推动创意产业集聚式的发展，以此来推动中国自主创新能力的提高，促进经济增长方式的转变，实现中国经济发展的良性循环。

第二，针对下游创新效应所证实的结论对中观层面的产业政策具有一定启示。一方面，对于传统产业来说，应制定并实施相关产业政策。将创意融入传统产业中，以发展创意产业为契机来改造传统产业，促进产业升级，延伸传统产业价值链，从而实现传统产业的价值增值。另一方面，以创意产业对于高科技产业的作用来说，应该制定并实施高科技与文化融合的创意产业政策。利用高科技现代通信技术，释放中国积累的五千年文明文化瑰宝的经济效益。

第 11 章 创意产业集聚对区域企业家精神的影响

每当金融危机来临时，人们总会反思政府与市场的关系，反思实体经济与虚拟经济的关系。在危机过后，关于如何复兴企业家精神的话题总能重新映入眼帘。经验研究表明，企业家精神活跃的地方，往往拥有较高的劳动生产率、创新能力及较高的区域经济发展水平（Acs and Varga，2005；庄子银，2005；李宏彬等，2009）。当企业家精神被视为促进经济增长动力源泉时，学者便将注意力转移到探讨是什么因素促进企业家精神发展的。大体上来说，促进企业家精神发展的因素主要围绕"区域—企业—个体"三个层面展开。产业集群是介于企业和区域之间的一种生产组织模式，其对企业家精神影响机制的探讨引起学者关注（魏江等，2004；Delgado et al.，2010；杨勇和周勤，2013；Guo et al.，2016）。尤其是随着社会分工进一步深入、信息技术的全面推广和应用，产业价值链条的分工越来越细，这促使专业化经济和集聚经济在地理板块上星罗棋布地形成。这种在地理空间上非均质分布的产业集群是否与企业家精神的区域分布存在关联？企业家精神不仅存在区域分布差异，还存在行业分布差异，这种差异是否与产业专业化水平有关？诸如此类问题引起笔者的思考：产业集聚如何推动企业家精神发展？

产业集聚区蕴含着丰富的创新创业机会，企业家在产业集群区更容易挖掘市场机会，对集聚区内商业机会的利用和探索将有利于促成更多新创企业诞生。国内外研究表明，由于产业关联效应、知识溢出效应、劳动力池效应的作用，在产业集群网络周边往往更容易产生新创企业，区域企业家精神也更加活跃（魏江等，2004；Rocha and Sternberg，2005；Delgado et al.，2010；Guo et al.，2016）。随着"新"新经济地理学对异质性理论的重视，针对产业集聚形态异质性及其创新创业溢出机制的探讨正逐步展开，如产业集聚或产业集群、专业化集聚或多样化集聚、同类产业集聚或不同产业集聚等对企业家精神的影响（Rocha and Sternberg，2005；Romero-Martínez and Montoro-Sánchez，2008；Delgado et al.，2010）。然而，以往关于集聚影响企业家精神的研究重点大多聚焦在产业集聚溢出机制的异质性方面，很少有研究关注到集聚可能溢出不同类型企业家精神的差异性，尽管对异质性企业家精神的讨论在个体层面、企业层面、区域层面的研究成果已经颇为丰富（Wennekers and Thurik，1999；李宏彬等，2009；李杏，2011）。此外，目前关于产业集聚可能溢出企业家精神的研究大多建立在制造业样本之上，少有研究借助具有强产业关联性的文化创意产业样本来实证探讨该话题，尽管现实中创意产业集聚区正在快速发展。

针对现有研究缺憾，本章主要围绕两个科学问题展开讨论：第一，不同类别集聚经济如何溢出异质性企业家精神；第二，不同类型创意子行业的集聚效应是否存在差异。针对第一个问题，本章借助已有研究成果，将产业集聚区分为专业化和地理空间集聚两种形态，同时将企业家精神区分为创新型和创业型两种类型，并构建计量模型来展开实证讨论。针对第二个问题，本章将创意产业区分为文化艺术型和知识密集型两个子类，分别探讨这两类创意子行业集聚的异质性企业家精神效应。

11.1 创意产业集聚促进企业家精神发展的理论机制

企业家精神在区域空间范围内的差异极其明显，究其原因也是多方面的，如人文历史环境、制度变迁、包容性氛围、市场需求、人力资本积累等变量都是重要因素（Acs and Varga，2005；Asheim and Hansen，2009）。作为融合历史文化、企业组织、人力资本、生产技术等因素的产业集聚，正日益成为解释区域企业家精神差异的重要视角（魏江等，2004；Delgado et al.，2010）。产业集聚或集群在类别上存在差异，如专业化集聚、多样化集聚、竞争性集聚等。正是由于产业集聚外部性引发机制的差异，集聚影响企业家精神的研究应深入至更加微观的机制探讨（Rocha and Sternberg，2005；Delgado et al.，2010；Zheng and Zhong，2017）。

考虑到产业集聚的形态差异可能导致集聚经济效应存在差别，参照 Glaeser 等（1992）、Rocha 和 Sternberg（2005）、Delgado 等（2010）、Guo 等（2016）的研究方案，有必要对产业集聚类别进行区分。一方面，按照 Glaeser 等（1992）关于专业化外部性的研究成果，又被称为 MAR 外部性（因 Marshall、Arrow 和 Romer 是专业化外部性的主要发起者，故采用 MAR 命名），指出隶属于同一个产业的专业化集聚经济有利于促进创新创业。另一方面，克鲁格曼等学者研究认为，得益于产业地理集聚所引致的规模报酬递增效应，有利于促进中心地区的经济增长及创新扩散，而边缘地区由于难以形成规模报酬递增优势可能会衰退（Krugman，

1991）。本节主要探讨前述专业化及空间地理集聚这两类外部性机制对企业家精神的影响。专业化表明区域内一种产业相比其他产业具有相对优势的生产模式，而产业空间地理集聚表示某一类型或多种类型产业在一定地域空间范围内相对集中的经济现象。专业化和空间地理集聚是新经济地理学两种常见的集聚经济形式，不过，我们认为专业化还存在地理分散和收敛这两种类型，而空间地理集聚则存在专业化集聚（如同类型产业集聚）和非专业化集聚（如互补型产业集聚、竞争型产业集聚）这两种类别。如图 11.1 所示，假设一个地区仅存在两种产业，即创意产业和非创意产业，其中Ⅰ型和Ⅱ型的创意产业在当地占有更高比重，并表现出更大的专业化生产优势，而Ⅲ型和Ⅳ型集聚形式表明创意产业在一定地域空间内出现明显地理集中现象，即出现产业地理集聚。不过，地区专业化生产既可以采用Ⅰ型空间集聚模式，也可以采用Ⅱ型跨区域的分散型组织模式，而地理空间集聚既可能出现当地优势产业集聚，即Ⅲ型专业化集聚，也可能出现非优势产业集聚，即Ⅳ型多样化集聚。显然，在图 11.1 中，Ⅱ型和Ⅲ型两种集聚机制并无本质区别，说明专业化和地理集聚存在交叉，但是，Ⅰ型和Ⅳ型两种集聚经济是有差别的，说明专业化和空间集聚确实存在差别。从理论机制上来说，对专业化和地理集聚两类效应的区分，将有利于从理论机制上来认识集聚经济外部性的诱发机制。

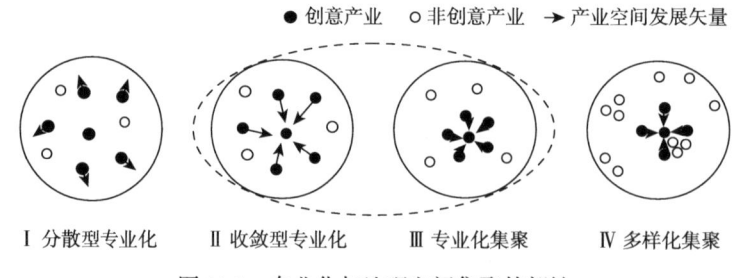

图 11.1　专业化与地理空间集聚外部性

按照马歇尔的观点，区域专业化生产模式具有正外部性，有利于促进产业知识溢出和技术进步，从而实现区域创新和经济增长。研究表明，专业化集聚能够引发创新效应和竞争效应，而这一效应的作用则是造成区域企业家精神差异的重要因素（Romero-Martínez and Montoro-Sánchez，2008；杨勇和周勤，2013）。Rocha 和 Sternberg（2005）的研究也得出产业专业化有利于商业模式创新，其关键机制在于企业家的地理邻近性能产生知识溢出效应及产业关联效应。这些创新优势的形成将极大地降低集聚区企业的进入壁垒，从而使得集群区内溢出大量新创企业。按照创新地理学的观点，知识和技术在地理空间范围内的传播存在时滞性，而且其空间溢出效应会遵从同心圆模式逐渐向外围递减，尤其是那些难以被编码的黏性知识及秘诀性知识，距离是阻碍其溢出效应发挥的重要因素（Ciccone，2002；Acs and Varga，2005；Asheim and Hansen，2009）。正是由于知识溢出效应受限于空间地理格局的差异，创新创业在区域范围内呈现非均质分布。大量经验研究都表明，相比那些企业在地理空间上零星分布的区域来说，产业集聚区为当地知识传播与创造提供更加便利的条件，促使不同创新主体相互交互并催生出庞大的创新网络，而创新网络具有公共知识池、技术池、劳动力池效应，能孕育出大量创新创业机会（魏江等，2004；彭向和蒋传海，2011；杨勇和周勤，2013；宣烨和余泳泽，2017）。当然，从产业空间集聚的形态差异来说，学者针对集聚与企业家精神二者之间关系的研究得出了不同的结论。Rocha 和 Sternberg（2005）对产业集聚和产业集群进行区分，研究发现德国产业集群确实促进了区域企业家精神的发展，但是产业集聚对企业家精神的影响却不够显著，其主要原因在于产业集群能够引发创新网络效应，但是产业集聚仅仅将企业堆积在地理空间范围内，很难孕育创新网络效应。集聚经济产生的企业家精神溢出效应的关键在于不同创新主体交互能否形成创新网络效应。Delgado等（2010）区分同类产业集聚与互补性产业集聚，研究指出两种产业集聚模式对新创企业增长率和就业率都有正向影响。Guo 等（2016）进一步区分当地化集聚经济和城市化集聚经济对企业家精神的影响，研究指出当地化经济显著地促进了企业家精神的发展，但是雅各布城市多样化集聚经济对企业家精神的影响却因相关与不相关产业集聚而存在很大差别。研究进一步指出，相关产业集聚有利于企业家精神溢出，而不相关产业集聚由于存在阻隔效应而难以溢出创新创业精神。

　　创意产业兼具高科技和强产业关联优势，其在地理空间的集聚式发展已成为区域经济发展的新动力。研究表明，创意产业集聚区无论是对传统产业升级改造还是对高科技产业价值链提升都具有显著的溢出效应。很难想象一个没有硅谷的旧金山或者没有好莱坞的洛杉矶会何去何从，也很难估计每天有多少个创新创业的点子诞生于三里屯酒吧。关于创意产业集聚的企业家精神溢出效应至少存在三种解释机制。第一，不同于传统产业，创意产品或服务的生产组织结构倾向采用短期或临时项目合同制，这种组织模式一方面有利于创意个体工作空间和生活空间相互融合，另一方面，有利于保证个体职业者充分的自由度，从而促使创意个体之间重新组合而形成新的企业或合同项目（Hodgson and Briand，2013）。在项目制的作用下，创意集群在地理空间上的邻近性及专业化生产组织模式，更容易衍生出新合作项目，进而溢出新创企业。第二，无论是从企业层面还是从区域层面来说，创意企业通常都表现出明显的创新溢出效应。研究指出，集群区的创意企业表现出更强烈的创业导向性（Chaston and Sadler-Smith，2012），同时，集群区内创意企业通常比制造业和传统服务业表现出更强的创新能力和更高企业存活率（Stam et al.，2008）。Yu 等（2014）的实证研究表明，创意产业集聚具有上游创新效应和下游创新效应，即创意产业集聚既能促进区域研发创新，又能带动相关产业创新。第三，创意集群区通常被认为是开放的、宽容的、多样化的区域，这不仅有利于创业者集聚到其周边，也有利于溢出新企业。Florida 等（2007）认为区域开放性和文化多样性如磁铁一般能吸引或孵化大量创意人才，而创意人才的集聚能减少创业者的进入障碍。因此，本章的理论预期如下：创意产业无论是专业化集聚还是地理空间集聚都对企业家创新创业精神具有积极影响。

11.2 创意产业集聚影响企业家精神的实证模型

11.2.1 实证检验模型的建构

本章主要探讨创意产业专业化和地理集聚对企业家精神的影响，其中，自变量为创意产业专业集聚和地理空间集聚水平，因变量为异质性企业家精神，同时对可能影响异质性企业家精神的因素进行控制。鉴于此，我们构建一个动态面板数据模型：

$$Y_{it} = \alpha Y_{it-1} + \beta_1 \text{CIS}_{it} + \beta_2 \text{CIA}_{it} + \gamma_1 \text{education}_{it-1} + \gamma_2 \text{openness}_{it} \\ + \gamma_3 \text{size}_{it} + \gamma_4 \text{population}_{it} + \gamma_5 \text{R\&D}_{it} + \gamma_6 \text{unemployment}_{it} + \mu_i + \varepsilon_{it} \quad (11.1)$$

式（11.1）中，因变量 Y_{it} 表示 i 地区 t 时期的企业家精神，本书将企业家精神区分为创新型和创业型两种异质类型；Y_{it-1} 表示 i 地区滞后一年的企业家精神；α 表示因变量的循环累计效应；第一个自变量 CIS_{it} 表示 i 地区 t 时期创意产业专业化水平；第二个自变量 CIA_{it} 表示 i 地区 t 时期创意产业集聚水平；β_1 和 β_2 分别表示两类集聚外部性对企业家精神的影响系数。

参照相关研究（Lee et al., 2004; Rosenthal and Strange, 2010; Guo et al., 2016; Zheng and Zhong, 2017; 宣烨和余泳泽, 2017），为控制其他因素可能对企业家精神的影响，模型中引入一组控制变量。education 表示人均受教育年限，用来衡量区域人力资本水平；openness 表示区域开放性水平；size 表示企业规模，用以控制不同创意企业规模集聚对企业家精神的影响；population 表示区域人口密度，用来控制区域劳动力市场潜力（劳动力池效应）对企业家精神的影响；R&D 和 unemployment 分别表示区域 R&D 投入强度和失业率水平。由于企业家精神被区分为两类，所以因变量实际上有两个，即创新型企业家精神和创业型企业家精神。为了减少联立性估计误偏，针对不同因变量模型，对其控制因素的选取应存在差异。在本书中，人力资本水平、开放性水平、创意企业规模为两个因变量的共同控制因素。劳动力市场潜力和R&D 投入强度被用于控制对创新型企业家精神的影响，失业率则被用于控制对创业型企业家精神的影响。γ 表示各控制变量的影响系数；μ_i 表示不随时间变化的第 i 个省份个体非观测效应，它反映了不同省份的个体差异；ε_{it} 表示随机误差项，假设服从独立同分布。

11.2.2 相关变量说明

1. 自变量

为分析产业集聚经济效应，需对产业集聚指标进行刻画。LQ 指数被广泛用于分析专业化集聚经济效应（Glaeser et al.，1992；彭向和蒋传海，2011；Hong et al.，2014）。本章采用创意产业的产值 LQ 指数来衡量创意产业专业化水平，其计算公式如下：

$$\text{CIS}_i = \frac{\text{CI output}_i / \text{CI output}}{\text{Provincial output}_i / \text{China output}} \quad (11.2)$$

式（11.2）中，i 表示第 i 个省份；CI output$_i$ 表示第 i 个省份创意产业的产值；CI output 表示整个创意产业总产值；Provincial output$_i$ 表示第 i 个省份生产总值水平；China output 表示中国总体 GDP 水平。CIS$_i$ 就表示第 i 个省份创意产业产值占创意产业总产值比重与第 i 个省份生产总值水平占全国 GDP 水平比重的比值，用该指标可以刻画出创意产业的专业化水平。当 CIS$_i$ 大于 1 时，表明第 i 个省份创意产业专业化程度高于全国平均水平，即出现明显专业化趋势。

参照 Ciccone（2002）的研究成果，本章采用就业密度指数来刻画创意产业的地理空间集聚水平，并引入式（11.3）加以测算。

$$\text{CIA}_i = \frac{\text{CI employment}_i}{\text{Provincial area}_{i,\text{China}}} \quad (11.3)$$

式（11.3）中，CI employment$_i$ 表示第 i 个省份创意产业整体就业水平；Provincial area$_{i,\text{China}}$ 表示第 i 个省份的土地面积；CIA$_i$ 表示创意产业就业密度，即地理空间集聚水平。

由于需要分析不同创意子行业的集聚效应，CIA$_i$ 和 CIS$_i$ 还将用于计算文化艺术型和知识密集型两类创意子行业的集聚水平。依照本章的理论预期，创意产业作为一种新兴产业，其专业化和地理集聚式发展将通过组织溢出效应、创新溢出效应、情景氛围效应等机制促进区域企业家精神增长。

2. 因变量

本章采用 Wennekers 和 Thurik（1999）的分类方法，将企业家精神区分为创业型企业家精神和创新型企业家精神。创业型企业家精神表示个体创办新企业或自我雇用的价值实现过程；创新型企业家精神则表示个体采用新的方法或手段，进行技术、产品、服务、市场或流程等创新形式而实现的价值增值过程，也即熊彼特的"创造性破坏"。现有宏观研究文献通常采用自我雇用率、企业所有权比率及企业进入率等指标来衡量创业型企业家精神，采用专利产出来衡量创新型企业家精神（李杏，2011）。通常来说，一个区域创业者比重越高，区域创业活动也就越活跃；而企业或机构的专利产出越多，则表明该企业或机构的创新能力越强。因此，本章采用区域私营企业投资者占当地就业量的比重来衡量创业型企业家精神，采用人均授权专利拥有量来衡量创新型企业家精神。尽管企业家精神包含微观个体的心理活动及价值创造过程，但是采用相对宏观的指标来衡量企业家精神，仍然可以在一定程度上体现企业家精神微观层面的加总效应（李宏彬等，2009）[①]。

3. 控制变量

参照已有研究成果（Lee et al., 2004; Rocha and Sternberg, 2005; Rosenthal and Strange, 2010），本章对影响企业家精神的区域人力资本水平、劳动力市场潜力、区域开放性水平、创意企业规模、R&D 投入强度及区域失业水平等因素进行控制。采用 6 岁以上人口的人均受教育年限来表示区域人力资本水平；采用平均每公顷土地上的就业人口来衡量市场需求潜力；采用区域外来人口占当地总人口的比重来衡量区域开放性水平；采用区域失业率来衡量失业水平；采用区域 R&D 投入与 GDP 之比来表示区域 R&D 投入强度；采用创意企业的平均产值规模来衡量创意企业规模。

11.2.3 本章的数据来源

创意产业作为本书的一个重要概念，在此有必要对其进行解释。本章并没有重新构建创意产业的定义体系，而是直接沿用 UNCTAD（2010）对创意产业的定义范式。不过，基于外延不同，本章认为创意产业可被归纳为两大类型：一类是狭义的文化艺术型创意产业；另一类是知识密集型创意产业，包括数字内容产业、创意服务业等子类（表 11.1）。相对而言，文化艺术型创意产业的市场化程度普遍较低，因而能获得较高的政府补贴，其产业创新能力也偏弱；而知识密集型创

[①] 目前企业家精神存在三种研究范式：一是以熊彼特为代表，从"创造性破坏"角度强调企业家创新能力；二是以舒尔茨为代表，从人力资本角度强调企业家的冒险精神和风险承担能力；三是以柯兹纳为代表的奥地利学派，强调企业家在特定情境中对市场机会（即创造利润）的识别能力。

意产业的市场化程度较高,其政府补贴性收入相对较少,技术创新能力也较强[①]。表 11.1 还给出两类创意产业对应于《中华人民共和国国家标准(2002)国民经济行业分类》的 3 指数标准的具体行业类型。

表 11.1 创意产业类别比较

类别	文化艺术型创意产业	知识密集型创意产业
范畴体系	871 文艺创作与表演;872 艺术表演场馆;873 图书馆与档案馆;874 文化及非物质文化遗产保护;875 博物馆;877 群众文化活动;879 其他文化艺术业	852 出版业;861 广播;862 电视;863 电影和电影节目制作;864 电影和电影节目发行;865 电影放映;866 录音制作;651 软件开发;652 信息系统集成服务;653 信息技术咨询服务;654 数据处理和存储服务;655 集成电路设计;724 广告业;891 室内娱乐活动;892 游乐园;893 彩票活动;894 文化、娱乐、体育经济代理;899 其他娱乐业

由于现有数据库并没有从省际层面来统计创意产业,从而导致创意产业相关数据的收集工作存在一定困难。不过,通过数据调研发现,创意产业各个子类的数据基本上都能够通过对相关统计年鉴的分析而获取。具体来说,文化艺术型创意产业的相关数据可以通过对文艺创作与表演、艺术表演场馆、图书馆与档案馆、文化及非物质文化遗产保护、博物馆、群众文化活动、其他文化艺术业(如动漫业)的有关数据加总得出,相关数据来源于《中国文化文物统计年鉴》和《中国文化及相关产业统计年鉴》。知识密集型创意产业涵盖软件产品业、软件服务业、新闻出版业、广播电视电影业、广告业、文化文物科研、文化文物教育业 7 个子类,这 7 个子类的就业人数、营业收入、企业数等数据能分别从《中国电子信息产业统计年鉴》《中国新闻出版统计资料汇编》《中国社会统计年鉴》《中国广播电视年鉴》《中国广告年鉴》《中国文化文物统计年鉴》《中国文化及相关产业统计年鉴》等中获得。本章分别对这 7 个子类有关数据进行加总得到知识密集型创意产业的相关变量的数据。将文化艺术型和知识密集型两类创意产业的相关数据进行加总,进而得到整个创意产业专业化、地理集聚、创意企业规模等变量数据。各省(自治区、直辖市)就业人数来源于各省(自治区、直辖市)统计年鉴(2004~2016 年)。各地区个体户数量、私营企业投资者数量、地区失业率、地区人均工资水平、各省(自治区、直辖市)土地面积、各省(自治区、直辖市)人均受教育年限,以及户口不在本地却住在该地(乡、街、镇)人口的比重数据来源《中国统计年鉴》(2004~2016 年)。由于台湾、香港、澳门的数据不易获取,选择的样本不包括这三个地区的样本,因此,最后选择 31 个省际面板数据,时间

---

① 关于创意产业类型的区分,本章充分考虑了创意经济活动在市场化程度、政府补贴依赖性、技术创新能力等方面的差异。这一分类标准与 UNCTAD(2010)将创意产业分为上游创意活动和下游创意活动,以及 Stam 等(2008)将创意产业区分为艺术类、媒体出版类及服务类并不矛盾,本质上是一脉相承的。

跨度为 2003~2015 年。

表 11.2 测算出各变量的描述性统计。因变量创新型企业家精神的均值为 4.363，创业型企业家精神的均值为 2.746%。平均而言，相比知识密集型创意产业，文化艺术型创意产业的专业化水平更高，但是文化艺术型创意产业的空间地理集聚水平要比知识密集型创意产业低。这说明在中国区域版图上，知识密集型创意产业可能出现了"聚而不专"的格局，而文化艺术型创意产业则出现了"专而不聚"的格局。由于各变量都采用指数化或比例型数据，因而各变量的标准差相对较小，这对提高回归模型的一致性水平有帮助。

表 11.2 变量描述性统计

变量	单位	均值	最小值	最大值	标准差	样本
创新型企业家精神	件/万人	4.363	0.059	43.312	7.025	403
创业型企业家精神	—	2.746%	0.318%	26.646%	2.892%	403
创意产业专业化（CIS）	—	0.855	0.083	7.406	0.893	403
知识密集型创意产业专业化	—	0.818	0.057	8.259	0.985	403
文化艺术型创意产业专业化	—	1.209	0.314	6.526	0.789	403
创意产业地理集聚（CIA）	人/千公顷	60.971	0.078	1 552.335	172.769	403
知识密集型创意产业地理集聚	人/千公顷	39.607	0.035	944.112	115.158	403
文化艺术型创意产业地理集聚	人/千公顷	27.872	0.055	1 062.614	101.351	403
创意企业规模	百万元/个	4.388	0.094	43.006	7.361	403
知识密集型创意企业规模	百万元/个	3.389	0.052	20.200	3.605	403
文化艺术型创意企业规模	百万元/个	1.664	0.065	24.404	3.214	403
劳动力市场潜力	人/公顷	2.201	0.011	16.575	2.590	403
人力资本水平	年/人	8.462	3.738	12.081	1.199	403
开放性水平	—	15.596%	0.152%	64.704%	11.847%	403
失业率水平	—	3.614%	1.200%	6.500%	0.691%	403
R&D 投入强度	—	1.303%	0.119%	7.408%	1.088%	403

11.3　创意产业集聚影响企业家精神的实证结果与讨论

为尽可能避免模型可能存在的异方差及序列相关性等问题，本书采用 GMM

对模型进行估计。该方法存在系统形式和差分形式两种方法,这两种方法各有优劣。相对来说,差分形式的 GMM 可以解决个体效应、内生性等问题,但是如果解释变量具有很强的随机游走特征,该方法可能会影响结果的渐进有效性;系统形式的 GMM 有利于解决由于变量随机游走过程而导致的有效性缺失问题。不过,系统形式 GMM 的工具变量较多,容易导致模型自由度下降,可能会弱化工具变量过度识别检验结果,影响估计参数的可信度。在模型估计过程中,相比创业型企业家精神,因变量为创新型企业家精神的回归模型表现出更强的内生性。因此,我们采用差分 GMM 来估计产业集聚的创新型企业家精神溢出效应,同时,为解决弱工具变量问题,采用系统 GMM 来估计产业集聚的创业型企业家精神溢出效应。此外,GMM 存在一步估计法和两步估计法两种类型,当数据存在自相关和异方差时,两步法估计结果更加稳健。为获得更加稳健的估计结果,我们仅报告了两步法的 GMM 估计结果。

11.3.1 产业集聚的异质性企业家精神溢出效应

表 11.3 报告了专业化和空间集聚对创新型和创业型两类企业家精神的影响。表 11.3 中 2~5 列的因变量为创新型企业家精神,分别报告两阶段差分 GMM 估计结果(表 11.3 模型 1 和模型 2)及控制时间和地区的固定效应结果(表 11.3 模型 1a 和模型 2a);表 11.3 中 6~9 列的因变量为创业型企业家精神,分别报告了两阶段系统 GMM 估计结果(表 11.3 模型 3 和模型 4)及控制时间和地区的固定效应结果(表 11.3 模型 3a 和模型 4a)。

表 11.3 创意产业集聚对创新型与创业型企业家精神的影响

变量	因变量:区域创新型企业家精神				因变量:区域创业型企业家精神			
	GMM-D	GMM-D	FE	FE	GMM-S	GMM-S	FE	FE
	模型 1	模型 2	模型 1a	模型 2a	模型 3	模型 4	模型 3a	模型 4a
滞后一期因变量	0.922*** (8.90)	0.925*** (47.36)	1.028*** (45.27)	1.026*** (43.60)	0.774*** (32.10)	0.779*** (4.72)	0.273** (5.05)	−0.074 (−1.31)
专业化外部性	1.189 (0.91)		0.295 (1.04)		0.077*** (7.94)		0.556*** (3.64)	
空间地理集聚外部性		0.003*** (21.35)		0.002** (2.12)		0.003** (2.15)		0.004*** (3.88)
人力资本	1.571* (1.73)	1.145*** (5.85)	0.755** (1.99)	0.678* (1.76)	0.017 (1.38)	0.096 (1.01)	0.006 (0.07)	0.200 (0.49)
开放性水平	0.023 (0.78)	0.047*** (19.52)	0.003 (0.02)	0.015 (0.73)	0.024*** (13.73)	0.011** (1.79)	0.068*** (5.15)	0.045** (2.00)
创意企业规模	−0.034 (−0.87)	−0.023*** (−2.96)	−0.045** (−2.49)	−0.028* (−1.65)	0.031*** (13.52)	0.022** (2.33)	0.028* (1.64)	0.059*** (3.07)

续表

变量	因变量：区域创新型企业家精神				因变量：区域创业型企业家精神			
	GMM-D	GMM-D	FE	FE	GMM-S	GMM-S	FE	FE
	模型1	模型2	模型1a	模型2a	模型3	模型4	模型3a	模型4a
市场潜力	1.536*** （4.49）		0.986*** （4.32）		0.124*** （8.47）		0.265*** （5.55）	
R&D投入强度	−0.653 （−0.74）		−0.044 （−0.13）					
失业率					−0.073** （−2.63）	−0.070 （−1.14）	0.245* （1.68）	0.023 （0.09）
控制时间/区域	否	否	是	是	否	否	是	是
AR（1）/R^2 within	0.037	0.051	0.945	0.943	0.310	0.315	0.381	0.470
AR（2）	0.086	0.101	—	—	0.639	0.546	—	—
Hansen 检验	0.098	0.116	—	—	0.285	0.814	—	—
Sargan 检验	0.440	0.051	—	—	0.404	0.748	—	—
Difference-in-Hansen	0.643	0.842	—	—	0.312	0.716	—	—
样本量	341	341	372	372	372	372	372	372
截面	31	31	31	31	31	31	31	31

*、**、***分别表示在10%、5%、1%的显著水平上显著

注：AR（1）和AR（2）分别测度模型估计是否存在一阶或二阶自相关性；Hansen和Sargan过度识别检验的原假设为"工具变量是有效的"；Difference-in-Hansen检验的原假设为"工具变量为外生变量"；R^2 within表示固定效应组内可决系数；GMM-S表示两阶段系统GMM模型；GMM-D表示两阶段差分GMM模型；FE表示固定效应模型；滞后一期的企业家精神被设定为前定变量，专业化外部性、地理空间集聚外部性、人力资本、开放性水平、市场潜力、R&D投入强度、失业率为内生变量，采用前定变量及内生变量的滞后一期作为各自的工具变量

模型1的回归结果显示创意产业专业化集聚的影响系数为正，但是缺乏统计意义上的显著性，说明产业专业化对创新型企业家精神没有显著影响。模型2显示创意产业空间地理集聚的影响系数为正，且在1%的显著水平上显著，说明产业空间地理集聚具有显著的创新型企业家精神溢出效应。模型3和模型4的结果显示专业化和地理空间集聚都表现出显著而正向的影响，说明一个区域的创意产业无论是形成专业化生产优势还是空间地理集聚优势都有利于溢出新创企业。按照前文所述的理论机制分析，产业专业化生产被区分为地理收敛型（或地理集中型）和地理分散型两类，而空间地理集聚则被区分为专业化集聚和非专业化集聚两类，其中，专业化集聚与收敛型专业化实属同类。因此，按照模型1和模型2的回归结果可以推断，创意产业专业化无论是收敛型还是分散型都没能促进企业家创新，而促进企业家创新发展的主要机制在于非专业化地理集聚的溢出效应。换言之，相比同类创意产业的"同居"式集聚，创意产业与非创意产业的"杂居"式集聚

（即图 11.1 中的Ⅳ型）更加有利于促进创新型企业家精神的发展，其主要原因在于两方面。一方面，不同产业主体在地理上的邻近性将有利于促进知识和技术溢出，而区域专业化可能导致垄断进而抑制行业间竞争效应发挥；另一方面，创意产业具有强产业关联性，同类创意产业集群反而不利于发挥其产业关联效应，而"杂居"式集群则更有利于行业间知识溢出和区域创新。

与企业家创新不同，企业家创业机会不仅存在于一定区域不同行业集聚区，也存在于同一行业在不同区域集聚区。换言之，创业机会不仅存在于产业专业化区域，也可能存在于产业地理集聚区。例如，在空间上邻近大学城的企业往往表现出更强的创新能力及更多的创业机会，而在一个专业化市场的区域内，如义乌小商品专业化市场，往往蕴藏着大量创业机会但是并不一定意味着该区域具备强大的创新能力。从模型的检验系数来看，Hansen、Difference-in-Hansen、Sargan 数值在 5%的水平上通过了检验，说明模型所选取的工具变量是有效的，因而可以说明回归结果是稳健的。此外，为了避免个体异质性效应对估计结果的影响，在控制省域和时间的前提下，报告了模型 1~4 的固定效应结果（表 11.3 模型 1a~4a）。结果显示，自变量的估计系数与 GMM 模型的估计结果基本上是一致的。

在 8 个模型中，除了模型 4a，滞后一期因变量的系数都显著为正，表明两类企业精神都具有路径依赖性和时间上的收敛性。考虑到企业家创新与创业两个因变量的差异明显，为减少联立性，对不同因变量模型控制因素的选取也应存在差别。当因变量为企业家创新时，控制因素为人力资本、开放性水平、创意企业规模、市场潜力、R&D 投入强度；而当因变量为企业家创业时，控制因素为人力资本、开放性水平、创意企业规模、市场潜力、失业率。同时，当模型的解释变量为空间地理集聚时，考虑到其与市场潜力具有较强共线性，因而，在该回归模型中不包括市场潜力这一控制因素。在文化艺术型及知识密集型的分行业回归过程中，对控制因素的选取也采用这一处理办法。实证结果显示，人力资本对区域创新型企业家精神表现出显著的正向影响，而对区域创业型企业家精神的影响不显著。区域开放性水平和市场潜力这两个控制因素对创新型企业家精神和创业型企业家精神都表现出显著的正向影响，说明开放效应和市场效应对这两类企业家精神都具有重要影响。R&D 投入强度对创新型企业家精神的影响不显著。失业率对创业型企业家精神的影响不稳定，在 GMM 模型中表现负向影响，而在固定效应中却表现出正向影响。控制变量创意企业规模对创新型企业家精神的影响为负，但对创业型企业家精神的影响却为正，且在 1%的显著水平上显著，说明更小规模的企业集聚更容易产生企业家创新精神，而更大规模企业集聚更加容易溢出创业型企业家精神。

与现有研究结论有所不同（魏江等，2004；Rocha and Sternberg，2005；Delgado et al.，2010；Guo et al.，2016；Zheng and Zhong，2017），本章研究表明不能一

概而言集聚对企业家精神的溢出效应，应当同时考虑集聚异质性和企业家精神异质性情形，同时指出区域创意产业无论是地理收敛型还是地理分散型的专业化，其对创新型企业家精神都没有显著影响。创意产业与非创意产业杂居在一起更容易发挥空间地理集聚效应，从而促进企业家创新。研究还发现，创意产业无论是专业化集聚还是多样化集聚，其对企业家创业都是有利的。至此，本章第一个问题得到印证，说明当讨论集聚所引致的企业家精神溢出效应时，不应该忽视集聚形态的异质性及企业家精神的异质性。

11.3.2 不同创意产业集聚的异质性企业家溢出效应

从大类角度来看，创意产业存在文化艺术型和知识密集型两种类型。不同类型创意产业的集聚经济效应可能存在差异，因此，有必要对不同类型创意产业的集聚效应展开分析。表 11.4 报告了两类创意产业集聚对异质性企业家精神的影响，其中模型 5a、模型 5b、模型 6a、模型 6b 的因变量为创新型企业家精神，模型 7a、模型 7b、模型 8a、模型 8b 的因变量为创业型企业家精神。从文化艺术型创意产业来看，一方面，专业化生产对企业家创新精神的影响为正，不过缺乏统计意义上的显著性，而空间地理集聚却表现出负向而显著的影响，说明区域内文化艺术型产业只有与其他类型产业糅杂在一起采用分散式发展，而不是集中式发展将更加有利于区域创新。另一方面，专业化生产对创业型企业家精神具有显著而正向影响，但是空间地理集聚的影响却不够显著，说明区域内文化艺术型创意产业如果能发展分散型专业化（即图 11.1 中的 I 型专业化）将有利于溢出创业精神。根据模型 5a、模型 6a、模型 7a、模型 8a 的结果可以推断，区域内文化艺术型创意产业无论是呈现出专业化生产，还是没有出现专业化生产，相比地理集中或空间集聚来说，其在区域空间内如能采用分散式发展模式将更有利于创新创业溢出。

表 11.4　不同创意产业集聚经济效应的回归结果

变量	文化艺术型创意产业				知识密集型创意产业			
	DV：企业家创新精神		DV：企业家创业精神		DV：企业家创新精神		DV：企业家创业精神	
	模型 5a	模型 6a	模型 7a	模型 8a	模型 5b	模型 6b	模型 7b	模型 8b
因变量滞后一期	0.940*** (8.13)	1.010*** (355.62)	0.802*** (38.19)	0.746** (2.33)	0.868*** (94.16)	0.839*** (10.20)	0.528*** (22.92)	0.926*** (204.53)
专业化外部性	0.061 (0.30)		0.257*** (7.23)		−0.019 (−0.23)		0.216*** (10.32)	
空间地理集聚外部性		−0.001*** (−38.91)		0.003 (1.43)		0.009* (1.77)		0.003*** (58.63)

续表

变量	文化艺术型创意产业				知识密集型创意产业			
	DV：企业家创新精神		DV：企业家创业精神		DV：企业家创新精神		DV：企业家创业精神	
	模型5a	模型6a	模型7a	模型8a	模型5b	模型6b	模型7b	模型8b
人力资本	0.029 (0.17)	0.016 (1.20)	0.168*** (4.87)	0.163 (0.90)	0.678*** (5.60)	1.363** (2.75)	0.720*** (13.55)	0.090*** (9.37)
开放性水平	0.055** (2.12)	0.063*** (50.31)	0.012*** (4.79)	0.023 (0.92)	0.036*** (28.13)	0.018 (0.47)	0.018*** (4.94)	0.005*** (10.53)
创意企业规模	0.074* (1.79)	0.071*** (72.68)	0.063*** (10.27)	0.041** (2.12)	0.175*** (17.49)	0.210 (1.59)	−0.054*** (−17.31)	−0.007*** (−5.05)
市场潜力	0.019 (0.23)		0.106*** (8.39)		1.280*** (28.50)		0.171*** (7.41)	
R&D投入强度	0.346 (0.80)				0.092 (0.87)			
失业率			−0.030 (−1.09)	−0.131 (−0.98)			−0.109*** (−3.00)	−0.139*** (−18.17)
AR(1)	0.045	0.032	0.305	0.227	0.032	0.040	0.315	0.312
AR(2)	0.094	0.086	0.723	0.580	0.115	0.136	0.275	0.214
Hansen检验	0.133	0.097	0.482	0.165	0.218	0.885	0.181	0.106
Sargan检验	0.460	0.207	0.310	0.779	0.095	0.808	0.455	0.684
Difference-in-Hansen	0.781	0.207	0.529	0.309	0.714	0.581	0.780	0.286
样本量	341	372	341	372	341	372	372	372
截面	31	31	31	31	31	31	31	31

*、**、***分别表示在10%、5%、1%的显著水平上显著

注：AR(1)和AR(2)分别测度模型估计是否存在一阶或二阶自相关性；Hansen和Sargan过度识别检验的原假设为"工具变量是有效的"；Difference-in-Hansen检验的原假设为"工具变量为外生变量"；R^2 within表示固定效应组内可决系数；GMM-S表示两阶段系统GMM模型；GMM-D表示两阶段差分GMM模型；FE表示固定效应模型；滞后一期的企业家精神被设定为前定变量，专业化外部性、地理空间集聚外部性、人力资本、开放性水平、市场潜力、R&D投入强度、失业率为内生变量，采用前定变量及内生变量的滞后一期作为各自的工具变量

为什么文化艺术型创意产业采用分散式空间分布更加有利于创新创业呢？主要原因在于文化艺术市场对文化场域具有依赖性，而且表现出较大的市场波动性。可以设想，如果将城市的所有文化艺术企业"堆积"在一个固定空间范围内，由于消费者在文化消费过程中无法离开文化场域，那将很可能导致拥挤效应，从而产生负面作用。相反，如果对城市文化艺术企业进行分散式分布，如在居民区、工业区、商业区等区块分别融入咖啡馆、艺术长廊、文化场馆、艺术品拍卖等文化企业，那将有利于提升居民幸福感、提高工业生产效率及商业的创新创业水平。

进一步检验表明,所有模型都通过了 Hansen 检验、Difference-in-Hansen 检验及 AR（2）检验,这说明回归结果是稳健的。本章的回归结果说明文化艺术型创意产业在区域空间范围内采用离散式发展模式更有利于溢出企业家创新创业。

表 11.4 还报告了知识密集型创意产业集聚对企业家精神的影响（见模型 5b、模型 6b、模型 7b 和模型 8b）。回归结果与创意产业的整体回归结果一致,说明知识密集型创意产业无论是专业化集聚还是空间集聚（即图 11.1 的 Ⅰ 型、Ⅱ 型、Ⅲ 型、Ⅳ 型）都有利于企业家创业精神溢出,而对企业家创新精神的影响只有多样化的地理集聚（即图 11.1 中的 Ⅳ 型）才表现出显著溢出效应。具体来说,在信息化和网络化共同推动下,中国数字、版权、媒体等内容产业呈现急剧扩展趋势,并在地理空间上呈现出"片区化-块状化"的创意经济体,甚至有些创意部门已出现"线下-线上"的双重集聚经济体。因此,知识密集型创意产业地理集群,不仅能汇集大量的创新资源,还将集群区塑造成一个宽容失败、包容多样性的创意区,进而促进集聚区内及周边企业技术创新和商业模式创新。过度识别 Hansen 检验及 AR（2）检验都表明知识密集型创意产业的回归结果是稳健而一致的。

滞后一期企业家精神表现为正向而显著的影响,再次说明企业家精神具有时间上的收敛性。控制变量人力资本、开放性水平、创意企业规模、R&D 投入强度、失业率与整体创意产业的回归结果基本上是一致的。不同类型创意产业规模的集聚效应有所不同。由于文化艺术型创意产业规模总体偏小（表 11.2 的规模均值）,因而,大规模企业的集聚效应既有利于促进企业家创新,又有利于促进企业家创业。知识密集型创意产业规模总体偏大,因而可能导致规模效应有利于创新,但是不利于新创企业溢出。关于不同企业规模的集群效应存在一种 Vernon-Chinitz 效应（Vernon,1960）,即小规模企业集群更有利于溢出创新创业。后续研究对此曾展开大量经验研究,当然,相关结论却大相径庭,其主要原因在于不同行业样本差异很大。本章关于企业规模的回归结果与其他研究结果具有不一致性,其主要原因也在于文化艺术型和知识密集型这两类创意产业差异显著。

创意产业本身就是一个庞杂体系,不同创意子行业的差异显著。通过对文化艺术型和知识密集型这两类创意产业集聚效应的研究得出,知识密集型创意产业的回归结果与整体创意产业的回归结果一致,但是,文化艺术型创意产业更倾向通过分散式发展来促进区域企业家创新创业。因此,关于对集聚能否及如何溢出企业家精神这一话题的讨论,不应该忽视行业差异性。至此,本章的第二个问题得到了经验研究印证。

总体来说,实证研究表明,关于产业集聚影响企业家精神的结论不仅因不同产业集聚形态而异,也因不同类型企业家精神而异,还因不同类型创意产业而异。具体来说,创意产业区域专业化对企业家创新的影响不够显著,但是对企业家创业具有显著的正向影响。创意产业空间地理集聚无论是对企业家创新精神还是对企业家创业精神都具有显著而积极的作用。据此可以推断，不同类型创意产业与其他类型产业"杂居"在一定区域内更容易引发企业家创新，而企业家创业无论是与同类产业"同居"还是与不同产业"杂居"，创意产业的集聚效应都十分显著。分行业研究则指出，文化艺术型创意产业在地域空间内离心式或分散式发展更有利于企业家创新和创业，而知识密集型创意产业则是收敛式发展更有利于溢出企业家创新创业精神。

11.4　创意产业集聚促进区域企业家精神涌现的政策启示

本章为解释在区域空间范围内到底哪一类集聚区更容易产生异质性企业家精神，提供了一个来自异质性视角的经验证据及理论分析框架。相关研究结论对公共政策也有一定启发。为促进企业家创新创业，目前中国政府对创业者的激励措施层出不穷，但是，企业家精神在特定情境下的涌现具有不确定性。因而，促进企业家精神溢出的公共政策一方面应该注重营造有利于创新创业的情境土壤，尤其是应该注重将创意集群或创意社区嵌入工业区、商业区及居民区，从而发挥创意产业与其他产业的共生效应和关联效应。同时，应该避免简单地将创意企业"堆积"在创意园区内，因为这种地理"堆积"式发展模式无益于企业创新。另一方面，应该注重行业类别差异，因为不同行业的集聚经济效应差异显著，文化艺术型创意产业适合分散式发展模式，如文化创意园区应该比邻商业区或居民区；而知识密集型创意产业更适合采用集中式发展模式，如高科技园区应该注重发挥其空间集聚经济效应。

第12章　创意产业集聚对区域全要素生产率的影响

本章借用新经济地理学和创意经济的相关理论构建实证模型，运用中国省际面板数据，分析创意产业空间地理集聚对全要素生产率增长的影响及其作用机制。本章第1节探讨中国全要素生产率的测算与演化；第2节构建实证研究模型，分析数据来源及指标选取；第3节报告实证研究结果，并对其展开深入讨论；第4节为结论和启示。

12.1　中国全要素生产率的测算与分析

本节采用 Färe 等（1994）提出的 DEA-Malmquist 指数方法，通过产出导向的 Malmquist 指数来测算中国的全要素生产率。参照 Färe 等（1994）的测算方法，基于 t 和 $t+1$ 期的产出 Malmquist 生产指数可以表示为

$$M^t = \frac{D^t\left(x^{t+1}, y^{t+1}\right)}{D^t\left(x^t, y^t\right)} \tag{12.1}$$

$$M^{t+1} = \frac{D^{t+1}\left(x^{t+1}, y^{t+1}\right)}{D^{t+1}\left(x^t, y^t\right)} \tag{12.2}$$

式（12.1）和式（12.2）中，$D(x,y)$ 表示距离函数，x 和 y 分别表示投入和产出。式（12.1）中的 Malmquist 指数测度了在时间 t 的技术条件下，从 t 期到 $t+1$ 期的全要素生产率变动，而式（12.2）则表示在时间 $t+1$ 的技术条件下，从时期 t 到 $t+1$ 的全要素生产率变动。基于 t 期和 $t+1$ 期参照技术定义的 Malmquist 生产率指数在经济含义上是对称的，按照 Färe 等（1994）的定义，它们的几何平均数可以表示为综合生产率指数：

$$M\left(x^{t+1}, y^{t+1};\ x^t, y^t\right) = \left(M_t + M_{t+1}\right)^{1/2} \tag{12.3}$$

式（12.3）具有良好的性质，可以通过变换将全要素生产率分解为效率指数和技术进步指数两项，分解过程如下式：

$$M(x^{t+1}, y^{t+1}; x^t, y^t) = (M_t + M_{t+1})^{1/2} = \left(\frac{D^t(x^{t+1}, y^{t+1})}{D^t(x^t, y^t)} \times \frac{D^{t+1}(x^{t+1}, y^{t+1})}{D^{t+1}(x^t, y^t)} \right)^{1/2}$$

$$= \frac{D^{t+1}(x^{t+1}, y^{y+1})}{D^t(x^t, y^t)} \left(\frac{D^t(x^{t+1}, y^{y+1})}{D^{t+1}(x^{t+1}, y^{t+1})} \times \frac{D^t(x^t, y^y)}{D^{t+1}(x^t, y^t)} \right)^{1/2} \quad (12.4)$$

$$= \text{TEC}(x^{t+1}, y^{t+1}; x^t, y^t) \times \text{TP}(x^{t+1}, y^{t+1}; x^t, y^t)$$

因此，生产率的变化被分为技术效率改进（technical efficiency change，TEC）与技术进步（technical progress，TP），其中，技术效率改进指数是在规模报酬不变且要素自由处置条件下的相对效率变化指数，它测度了从 t 时到 $t+1$ 时每个生产决策单元的最佳实践边界的追赶程度，也被称为"追赶效应"。技术进步指数测度了技术边界从 t 期到 $t+1$ 期的移动，也被称为"增长效应"[1]。

本节采用 Malmquist 指数法，通过将各省（自治区、直辖市）视为不同的决策单元，把实际 GDP 作为产出变量（GDP 价格指数以 1990 年为基期）[2]，把劳动力就业人数和资本存量（固定资产投资价格指数以 1990 年为基期）作为投入变量，来计算中国全要素生产率、技术效率改进率及技术进步率，测算结果如图 12.1 所示[3]。

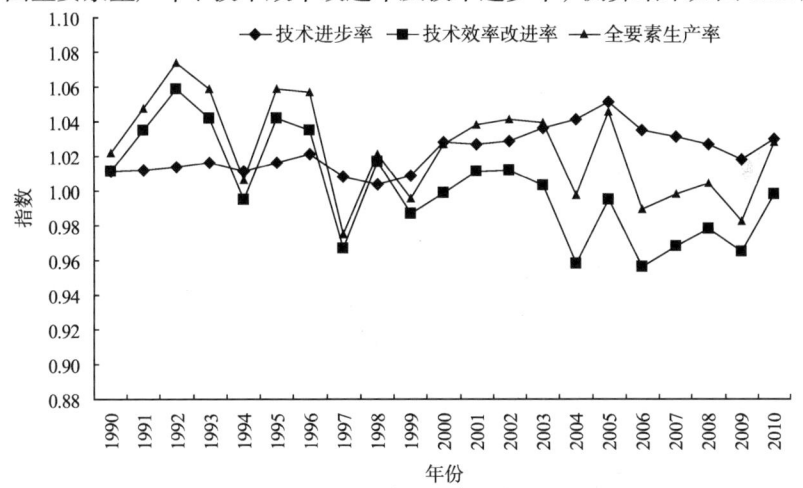

图 12.1 中国全要素生产率的变动及分解

---

[1] 技术效率还可以进一步分解为规模效率变化、要素可处置度变化和纯技术效率变化；技术进步可分解为中性技术进步、产出非中性技术进步和投入非中性技术进步。在此，本书不作进一步分解。

[2] 之所以选择 1990 年作为基期，是因为在《中国统计年鉴》中，1990 年以前的 GDP 价格指数很难获取，目前很多学者当测算中国全要素生产率时，都把 1990 年作为分界点。

[3] 在全要素生产率的测算过程中，各个变量的数据来源与计算方法，参见本章 12.2.3 小节的数据来源部分。

图 12.1 描绘了中国全要素生产率、技术效率改进率和技术进步率的变化趋势。1990~2010 年，中国全要素生产率年均增长率为 2.41%，技术进步率年均增长率为 2.26%，技术效率改进率年均增长率仅为 0.16%。这一结果与已有研究（Young，2003；吴延瑞，2008）所估计的全要素生产率数值基本上是一致的。

从图 12.1 可以看出，全要素生产率有比较大的波动，并且看起来其在很大程度上是由技术效率改进率的波动所引起的。在 1990~2010 年的 21 年间，全要素生产率出现了几个波谷，这反映了其受到 1994 年的货币贬值（贬值率约为 40%）、1997 年的亚洲金融危机（吴延瑞，2008）、2007 年的次贷危机，以及地方政府的重复建设等的冲击与影响。1998~2003 年的数据显示，全要素生产率的增长比较平稳，而且其增长主要由技术效率改进所驱动，说明 1997 年亚洲金融危机以后，中国经济的结构和规模得到了一定改进，中国经济的增长变动更加平稳。

从图 12.1 的全要素生产率曲线的变化趋势还能看出，自 1995 年以来，驱动全要素生产率增长的动力已由 20 世纪 90 年代初期的技术效率改进向技术进步逐渐转变。Wu（2000）、Zheng 和 Hao（2011）的研究也发现类似的现象，他们认为在中国经济改革的初期，经济效率得到了很大提升，进而带动整个全要素生产率的增长。但是随着改革的深入，尤其是 20 世纪 90 年代以来，效率改进的溢出效应逐渐被耗尽，取而代之的是技术进步的加强，进而带动了整个全要素生产率的增长。对于下一个经济发展周期，尽管学者对中国全要素生产率的增长，将处于哪一个数据点上都莫衷一是，但是有一点可以明确，那就是全要素生产率增长的趋势并不会改变。换句话说，在未来的中国，创新（创意）对经济增长的贡献，将表现得越来越重要。本章所探讨的创意产业集聚的全要素生产率增长效应，可以在一定程度上用于解释中国经济增长的全要素生产率增长的新动力机制。

12.2 创意产业集聚影响区域全要素生产率的实证方法

12.2.1 实证模型构建

为了刻画创意产业集聚对全要素生产率增长的影响，构建了一个面板数据模型：

$$\ln(y_{it}) = c_t + \lambda \ln(\text{CIA}_{-3}—_{it}) + \alpha_1 \ln(\text{FDI}_{it}) + \alpha_2 \ln(\text{SCA}_{it}) + \alpha_3 \ln(\text{ISC}_{it}) + \mu_{it} \quad (12.5)$$

式（12.5）中，因变量 y_{it} 用全要素生产率、技术进步和技术效率改进等变量来表示；解释变量 CIA_{-3} 表示创意产业的集聚水平，用 LQ 指数算出，具体计算方法见式（12.6）。

λ 表示创意产业集聚对全要素生产率增长（包括技术进步和技术效率改进）的影响系数，其值越大表明效应越强；FDI 表示外商直接投资；SCA 表示工业企业的规模水平；ISC 表示产业结构；α_1、α_2、α_3 分别表示控制变量 FDI、SCA、ISC 对全要素生产率增长的影响系数。目前这三个控制变量在研究经济增长、劳动生产率提高的文献中比较常见（Cingano and Schivardi，2004；Hong and Sun，2011；Chen and Li，2011）。c_t 表示截距项；μ_{it} 表示随机误差项，用以反映模型中被忽略的对随截面成员和时期变化因素的影响。

12.2.2 变量说明

1. 因变量

因变量为全要素生产率增长指数、技术进步指数和技术效率改进指数。这三个指数的具体测算方法及演化特征，已经在本章的第 1 节进行了说明。

2. 自变量

在现有文献中，LQ 指数也被用于分析创意产业（或创意人才）集聚经济效应（Markusen，2006；Asheim and Hansen，2009；Lazzeretti et al.，2012）。本节的自变量为创意产业集聚水平（即 CIA_{-3} index），用 LQ 指数计算得出，其计算公式如下：

$$CIA_{-3} \text{ index} = \frac{C_{ij}/C_i}{C_j/C} \quad (12.6)$$

式（12.6）中，C_{ij} 表示第 j 个省域的创意产业的就业人口；C_i 表示创意产业的就业人数；C_j 表示第 j 个省域的就业人数；C 表示全国的就业人数。因此 CIA_{-3} index 就表示省域创意产业的 LQ，当其值大于 1 时，表明第 j 个省份的创意产业集聚度要高于全国平均水平。

按照理论预期，中国创意产业的集聚对区域全要素生产率的增长具有正向影响。为了在直观上反映这种理论构想，画出了这两个变量的相关散点图（图 12.2）。图 12.2 的横坐标为全要素生产率（即 TFP）增长，纵坐标为创意产业集聚水平（即 CIA_{-3} index）。从图 12.2 可以看出，创意产业集聚与全要素生产率具有正相关关系。

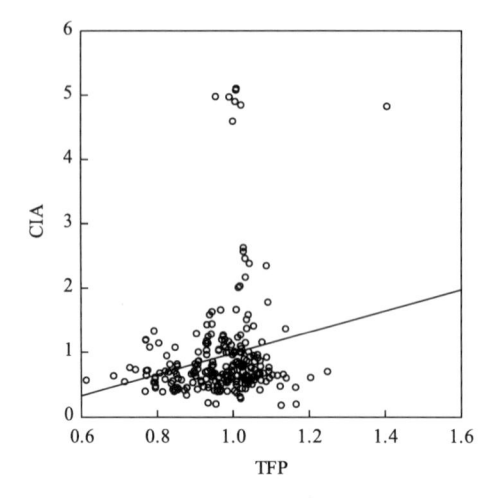

图 12.2　创意产业集聚与全要素生产率增长的散点图

TFP 为中国全要素生产率增长，CIA 为中国创意产业集聚水平，用式（12.6）算出相关数据

3. 控制变量

由于中国全要素生产率的增长还受到外资水平、企业规模及产业结构的影响，因此，对这三个因素加以控制（Cingano and Schivardi，2004；Hong and Sun，2011；Chen and Li，2011）。对于外商直接投资，按照当年汇率价，将其美元价转化为中国的人民币，并用该数值除以 GDP（当年价）来表示区域外商直接投资水平。关于外商直接投资对区域创新和效率的影响，过去的研究基本上认同外商直接投资对创新和生产效率具有正向的影响（Cheung and Lin，2004），现在这一结论越来越受到质疑（Lin et al.，2009；Qi et al.，2009）。

对于企业规模变量，采用工业总产值除以工业企业单位数来表示。正如前文所讨论的一样，关于企业规模与技术创新之间关系的研究，存在一定的争议（Pisano and Wheelwright，1995；Cohen and Klepper，1996；益智，2005；高良谋和李宇，2009）。对于产业结构变量，用第三产业就业人口占总就业人口的比重来表示产业结构对全要素生产率的影响。通常的预期是，第三产业比重越大，其产业结构越优化（尤其在中国第三产业还存在巨大发展空间的情况下），全要素生产率的增长也越快。

4. 工具变量

为了进行稳健性检验，引入了工具变量，即用创意产业相对就业密度来代替创意产业集聚水平，用 CIED index 表示，并放入回归模型。创意产业相对就业密度的计算公式如下：

$$\text{CIED index} = \frac{\text{CI employment}_{i,j}}{\text{provincial employment}_i} \quad (12.7)$$

其中，CI employment$_{i,j}$ 表示第 i 个省份创意产业整体就业水平；provincial employment$_i$ 表示第 i 个省份社会总就业水平。CIED index 即可表示创意产业就业比重。当 Stam 等（2008）讨论创意人才和创意产业集聚外部性时，曾采用类似的方法来衡量创意产业集聚水平。

12.2.3 数据来源

本样本采用了 2003~2010 年中国省际面板数据。各省域创意产业就业人数、省域就业人数、GDP、GDP 价格指数、外商直接投资金额、第三产业就业人数占总就业人数的比重、固定资产投资额、固定资产投资价格指数均来自《中国统计年鉴》（2004~2011 年）；各省域的工业总产值、工业企业单位数均来自《中国科技统计年鉴》（2004~2011 年），各变量的定义如表 12.1 所示。由于重庆市是在 1997 年从四川省划分出来而设立的直辖市，1997 年以前的价格指数无法获取。同时，台湾、澳门、香港的数据也较难获取，因此，选择的样本不包括这些地区的数据。最终的样本为中国 30 个省际面板数据，时间跨度为 2003~2010 年。

尤其值得一提的是资本存量的计算。2005 年以前的资本存量数据来源于 Wu（2007）的研究。2006~2010 年的资本存量数据采用了永续盘存法来计算（Goldsmith，1951），其中各省（自治区、直辖市）的投资水平是根据各省（自治区、直辖市）固定资产投资按照当年投资的价格指数进行平减得来的（以 1990 年为基期），各省（自治区、直辖市）的折旧率水平（Wu，2007）皆不相同。具体来说，东部发达地区的折旧率要高于中西部欠发达地区。

12.2.4 变量描述性统计

表 12.1 给出了各变量的描述性统计。从样本的描述性统计可以看出，全要素生产率指数、技术效率改进指数、技术进步指数、创意产业集聚指数及其他变量数据的变化都相对较小，这可能与所选择的变量都是经过加工处理的指数型的变量有关。这种变化较小的数据可以消除数据的异方差性，还有利于回归的一致性。

表 12.1 主要变量的定义和描述性统计

变量	定义	样本	均值	最大值	最小值	标准差
TFP index	全要素生产率指数	240	0.968	1.406	0.615	0.102
TP index	技术进步（创新）指数	240	1.032	1.534	0.864	0.076

续表

变量	定义	样本	均值	最大值	最小值	标准差
TEC index	技术效率改进指数	240	0.940	1.114	0.655	0.090
CIA$_{-3}$ index	创意产业省际就业人口的 LQ 指数	240	0.932	5.093	0.166	0.846
CIED index	区域创意产业就业人数占全国创意产业平均就业人数的比重	240	1.017	5.948	0.057	0.957
FDI 水平	外商直接投资与当年价地区生产总值的比重	240	0.484%	5.849%	0.054%	0.632%
企业规模	工业总产值与企业数目之比/（亿元/个）	240	1.259	2.941	0.066	0.530
产业结构	第三产业就业人口占总就业人口的比重	240	34.649%	75.100%	18.329%	9.213%

12.3　创意产业集聚促进区域全要素生产率增长的实证结果

12.3.1　全国层面分析

由于中国省际差距较大，为了表现省际的个体效应，选择固定效应模型进行回归。实际上，通过 Hausman 的检验，发现各模型的 p 值都接近于 0，说明在统计上，固定效应模型是可以接受的。为了分析创意产业集聚对全要素生产率的影响，首先对基本模型——式（12.5）进行估计，结果见表 12.2 第 2 列（模型 1）。从估计结果来看，创意产业集聚对区域全要素生产率的影响显著为正，其影响系数为 0.044。这一实证结果印证了：创意产业集聚能够显著地促进全要素生产率的增长。相比赵伟和张萃（2008）分析中国制造业集聚对全要素生产率的影响系数（0.007），本章研究结果表明：作为一种独具创新的、新兴的产业组织形式，创意产业的空间集聚将比传统制造业集聚的全要素生产率增长效应更强。由于全要素生产率可以进一步分解为"追赶效应"和"增长效应"，为了分析创意产业集聚对全要素生产率增长的影响机制，将技术效率改进率和技术进步率分别作为因变量，依次加入基本模型中，估计结果分别见表 12.2 第 3 列（模型 2）和第 4 列（模型 3）。

表 12.2　全国固定效应模型估计结果

变量	CIA 对全要素生产率增长的影响							
	模型 1	模型 2	模型 3	模型 4	模型 1a	模型 2a	模型 3a	模型 4a
CIA$_{-3}$ index	0.044*** (3.603)	0.048*** (2.628)	−0.013 (−1.566)	0.0407*** (3.241)				
CIED index					0.091** (2.093)	0.191** (2.156)	−0.066 (−1.638)	0.087*** (2.355)

续表

变量	CIA对全要素生产率增长的影响							
	模型1	模型2	模型3	模型4	模型1a	模型2a	模型3a	模型4a
FDI水平	0.029*** (2.820)	0.027** (1.981)	−0.000 (−0.035)	0.036*** (2.949)	0.029** (2.587)	0.022** (1.935)	0.008 (0.599)	0.034** (2.191)
企业规模	−0.088*** (−2.986)	−0.081** (−2.200)	−0.002 (−0.266)	−0.102*** (−3.831)	−0.093*** (−6.477)	−0.082*** (−4.851)	−0.009 (−0.816)	−0.105*** (−3.688)
产业结构	−0.085* (−1.767)	−0.116 (−1.301)	−0.009 (−0.443)		−0.071 (−1.148)	−0.109 (−1.393)	−0.015 (−0.481)	
常数项	0.317* (1.813)	0.395 (1.238)	0.056 (0.811)	0.029 (1.259)	0.283 (1.339)	0.406 (1.331)	0.072 (0.706)	0.040 (1.572)
样本数	240	240	240	240	240	240	240	240
R^2	0.603	0.569	0.268	0.597	0.599	0.564	0.239	0.596
调整后的R^2	0.540	0.500	0.150	0.535	0.535	0.495	0.117	0.534

*、**、***分别表示在10%、5%、1%的显著水平上显著

注：CIA_3 index 表示创意产业省际集聚指数，计算方法参见式（12.6）；CIED index 表示创意产业相对就业密度；所有变量进行对数化处理。上述模型的 Hausman 检验都在1%的显著水平上显著

从技术进步率的估计结果（表12.2的模型2）来看，发现创意产业集聚对区域技术进步具有显著的正向影响。该实证结果还可以从 Hong 和 Yu（2012）、Kathrin 等（2009）、Chapain 等（2010）研究结论中得到印证。Hong 和 Yu（2012）认为创意产业集聚能够通过知识溢出效应、集群学习效应、创意产业化效应、产业创意化效应这四种溢出效应来促进区域技术创新。模型2的结果证明了创意产业集聚可以通过提高区域技术创新的影响机制来促进区域全要素生产率增长。从技术效率改进的估计结果来看（表12.2中的模型3），创意产业集聚对区域技术效率变化并无显著的影响。也就是说，创意产业空间集聚对区域技术效率的改进，如对管理效率的提升或生产规模的扩大，并没有显著的作用。从回归系数来看，创意产业集聚看起来似乎对技术效率改进具有负相关的作用。之所以表现出负相关的作用，可能的原因如下：一方面，尽管区域创意产业园区发展迅速，但是园区内相关的"软件"和"硬件"基础设施还不够完善，这造成创意产业集聚的生产效率低下，进而可能导致对技术效率的负向作用；另一方面，正如本章第1节所分析的那样，中国全要素生产率的增长正由过去的技术效率改进驱动向技术创新驱动转变，而技术效率改进却呈负增长的趋势（图12.2），因此，可能造成负向作用。该结论还能从 Rantisi 等（2006）的研究中得到印证。Rantisi 认为创意产业的区域集聚会带来传统集聚优势，如降低交易成本、促进知识溢出，但是也可能由于创意产业的乱"扎堆"现象，造成集聚效率和集聚的知识溢出效应降低。当然，模型3的负相关系数，仅仅是一种统计现象，并且在10%的显著水平上并

不显著。

总的来说，回归结果证实了创意产业的空间地理集聚能够通过促进区域创新的途径，显著地促进全要素生产率的提高。这一结论对转型中的中国经济具有重要意义，因为中国的经济体正面临着从效率驱动向创新驱动转变。本章认为通过建设和发展创意产业集聚，可以显著地推进中国产业结构的转型和升级，进而带动生产率的增长由效率驱动向创新驱动转变。

对于控制变量，首先，区域 FDI 水平对全要素生产率的作用显著为正，说明中国的外商直接投资仍然还是劳动生产率增长的一个重要因素。这一结论与 Madariaga 和 Poncet（2007）、Hong 和 Sun（2011）的研究基本一致。工业企业规模对全要素生产率增长和技术进步效应都为负，而对技术效率改进的作用不显著，说明企业规模越小，技术创新效应就越强。这在一定程度上说明了中国中小企业拥有较强的创新效应，而大型企业的创新效应反而较低。这与理论预期有一定的出入，不过，联系到中国的实际，该结果具内在的逻辑性。尤其是 2008 年金融危机以后，溢出了大量的具有较强创新能力的中小企业，使得中小型创意企业的集聚程度较高，其对生产率和创新的作用更强。赵伟和张萃（2008）、Fu 和 Gong（2011）的研究也得出类似的结果。产业结构变量在模型中表现为负向的作用。换句话说，随着中国第三产业就业人口比重的提高，产业结构对全要素生产率的作用反而减弱。这一结果与发达国家类似的研究并不一致（Stam et al., 2008）。在发达国家，第三产业的比重越高，其对全要素生产率作用会越强。中国的情况比较特殊，因为中国第三产业的统计口径比较杂，有较大一部分是低端、传统的服务业，相对工业产业来说，其生产效率要低得多。因此，可能造成整个服务业的生产效率低下，并导致对全要素生产率的负向影响。不过，从统计意义上来看，相关结果仅在模型 1 中在 10% 的显著水平上为负，而模型 2 和模型 3 并不显著。为了进一步验证不显著变量的可信性，将产业结构变量从模型中剔除，并选择全要素生产率作为因变量，重新进行回归（模型 4）。回归结果显示，剔除变量之后的回归结果与模型 1 的回归结果是一致的，说明产业结构变量的不显著性具有可信性。此外，在模型 3 中，三个控制变量都缺乏显著性，其原因可能与中国技术效率改进的下降有关。

上述分析基本上能够得出这样的结论：中国创意产业空间地理集聚对全要素生产率增长具有显著的促进作用，这种作用机制主要是通过影响区域技术进步得以实现的，而通过影响区域技术效率的作用途径，在统计上并不显著。

然而，创意产业集聚对全要素生产率的作用可能存在内生性，即一个地区创意产业集聚一方面能够促进区域全要素生产率的增长，另一方面也可能会受到区域全要素生产率的作用。为了避免内生性，引入工具变量进行回归。选择创意产业相对就业密度作为创意产业集聚水平的工具变量，并运用两阶段最小二乘法，分别对模型1、模型2、模型3和模型4进行回归，结果见表12.2中的模型1a（对应模型1）、模型2a（对应模型2）、模型3a（对应模型3）和模型4a（对应模型4）。从回归结果来看，创意产业集聚对全要素生产率和技术进步的作用显著为正，而对技术效率的作用并不显著，该结论与模型1、模型2、模型3和模型4的结论没有明显的差别。这说明关于创意产业集聚影响全要素生产率增长的结论基本上是稳健的。

12.3.2 区域层面分析

由于中国特殊的空间地缘关系，东部沿海地区创意产业发展迅速，劳动生产率较高，而中西部地区劳动生产率相对较低。不过近年来，政府出台各项政策促进区域的协调发展。例如，从全国层面上进行"主体功能区"的规划（Fan et al., 2012），各区域重视人才引进策略，促进区域产业园的建设与发展，等等。为了使结果更加稳健，将全国分为东部沿海和内陆地区两个区域，进一步探讨创意产业集聚对全要素生产率影响的区域差别。基于Hausman的检验结果（其p值接近于0），仍然采用固定效应模型进行回归（表12.3和表12.4）。

表12.3中，模型5的因变量为全要素生产率增长。结果显示，东部沿海地区创意产业集聚能够显著促进全要素生产率增长。模型6和模型7的因变量分别为技术进步和技术效率改进，其估计结果与全国固定效应的估计结果基本上是一致的。也就是说，东部沿海地区创意产业集聚对全要素生产率的影响机制，可以通过显著促进区域技术进步得以实现，而通过技术效率改进的作用并不显著。

表12.3　东部沿海地区估计结果

变量	模型5	模型6	模型7	模型5a	模型6a	模型7a
CIA_{-3} index	0.094** (2.391)	0.036* (1.870)	0.010 (0.602)			
CIED index				0.065* (1.761)	0.253* (1.694)	−0.091 (−1.046)
FDI水平	0.044* (1.716)	0.016 (1.575)	0.022** (2.264)	0.046*** (4.173)	0.002 (0.101)	0.031** (2.191)
企业规模	−0.173*** (−3.586)	−0.028** (−2.072)	−0.092*** (−2.76)	−0.134*** (−4.159)	−0.081*** (−2.839)	−0.081** (−2.555)
产业结构	0.170 (1.471)	0.161*** (4.059)	−0.162*** (−2.737)	0.037 (0.691)	0.268*** (3.409)	−0.157** (−2.313)
常数项	−0.610 (−1.466)	−0.566*** (−4.009)	0.575*** (2.674)	−0.126 (−0.648)	−0.981*** (−3.421)	0.571** (2.403)
R^2	0.555	0.253	0.568	0.632	0.121	0.546
调整后的R^2	0.472	0.114	0.487	0.563	0.044	0.460

续表

变量	模型 5	模型 6	模型 7	模型 5a	模型 6a	模型 7a
样本数	96	96	96	96	96	96

*、**、***分别表示在10%、5%、1%的显著水平上显著

注：CIA_{-3} index 表示创意产业省际集聚指数，计算方法参见式（12.6）；CIED index 表示创意产业相对就业密度；所有变量进行对数化处理。上述模型的 Hausman 检验都在1%的显著水平上显著

表12.4 中，模型8、模型9和模型10的因变量，分别为中西部地区各省份全要素生产率、技术进步和技术效率改进。从回归结果来看，中西部地区创意产业集聚对全要素生产率的作用及影响机制并不显著。可能的原因在于：第一，从全要素生产率来看，中西部地区的全要素生产率要低于全国及东部地区，尤其是在2003~2010年，其增长趋势也并不明显，而且呈现出与东部地区逐年增大的趋势（Zheng and Hao，2011）。因此，可能造成创意产业集聚对全要素生产率的作用不够显著。第二，近年来，随着创意产业的"飓风"刮遍全国，构建区域创意园区，也成为中西部地方政府的重要战略，但是，由于行政命令型的战略规划造成的创意产业集聚，在很大程度上仅仅表现出一种创意企业的"扎堆"现象，创意产业集聚的生产效率相对不高，进而也可能造成对全要素生产率的作用不够明显。

表 12.4 中西部地区估计结果

变量	模型 8	模型 9	模型 10	模型 8a	模型 9a	模型 10a
CIA_{-3} index	0.046 （1.369）	0.085 （1.649）	−0.057 （−1.350）			
CIED index				0.183*** （3.014）	0.140 （1.323）	−0.134 （−1.572）
FDI 水平	0.025 （1.293）	0.043* （1.729）	−0.028 （−1.006）	0.025 （1.209）	0.041** （2.271）	−0.026 （−1.130）
企业规模	−0.061*** （−3.033）	−0.064* （−1.703）	0.001 （0.052）	−0.052** （−2.352）	−0.066** （−2.016）	−0.001 （−0.026）
产业结构	−0.148** （−2.233）	−0.060 （−0.434）	−0.114 （−1.636）	−0.146** （−1.999）	0.023 （0.195）	−0.103 （−1.319）
常数项	0.531** （2.360）	0.246 （0.460）	0.350 （1.556）	0.599** （2.399）	−0.015 （−0.028）	0.274 （0.856）
R^2	0.588	0.530	0.292	0.554	0.119	0.263
调整后的 R^2	0.517	0.449	0.171	0.477	0.094	0.137
样本量	124	124	124	124	124	124

*、**、***分别表示在10%、5%、1%的显著水平上显著

注：CIA_{-3} index 表示创意产业省际集聚指数，计算方法参见式（12.6）；CIED index 表示创意产业相对就业密度；所有变量进行对数化处理。上述模型的 Hausman 检验都在1%的显著水平上显著

总的来说，分区域的实证研究表明，东部沿海地区创意产业集聚能够显著促

进区域创新和全要素生产率的增长，并且其影响程度要高于全国；而中西部地区的创意产业集聚对全要素生产率增长的作用并不显著。同样，为了避免内生性问题，采用创意产业相对就业密度作为工具变量，并用两阶段最小二乘法进行回归，结果见模型 5a~10a（分别对应模型 5~10）。它的回归结果与模型 5~10 并没有显著的差别。因此，分区域的回归结果基本上也是稳健的。

通过上述实证研究，可以得出以下结论：第一，中国的创意产业在地理上的空间集聚，能够显著地促进区域全要素生产率的增长。第二，通过对影响机制的分析，我们发现创意产业集聚能够显著地促进技术创新，进而实现对全要素生产率的带动作用，而通过技术效率改进的影响机制并不显著。第三，从分区域研究来看，东部沿海地区创意产业的集聚对全要素生产率的增长具有显著的作用，并大于全国估计效应，而且其作用机制主要是通过促进区域技术创新得以实现的；而在中西部地区，创意产业集聚的全要素生产率增长效应及其作用机制都不显著。

12.4 创意产业集聚促进区域全要素生产率增长的政策启示

借用经济地理学和创意经济理论的相关理论，本章继续探讨了中国创意产业集聚经济效应，并通过实证模型首次证实了创意产业集聚的空间差异如何影响区域全要素生产率的增长。本章的研究对中国经济发展具有一定启发意义。

第一，中国经济正处于由技术效率驱动向技术创新驱动的过渡阶段，创意产业通过集群式的发展，能够为中国经济转向创新驱动提供一个新的解释视角。政策制定者应该重视创意产业的集聚式发展，通过发展创意园区促进本地产业结构的优化和升级，进而推动区域技术创新，实现经济的良性循环与可持续发展。

第二，针对不同区域，应该分类出台发展创意产业园区的政策。东部地区创意产业集聚水平相对较高，应该提高其创意园区的生产效率，注重发展价值延伸较高的创意产业，如数字媒体和软件业。中西部地区首先应该注重提高创意产业的集聚水平和全要素生产率，同时发展本地特色的创意产业，如文化旅游业、商业服务业等。

参 考 文 献

鲍宗客. 2016. 创新行为与中国企业生存风险：一个经验研究. 财贸经济, 37（2）：85-99.

陈刚. 2015. 管制与创业——来自中国的微观证据. 管理世界,（5）：89-99.

陈国亮, 陈建军. 2012. 产业关联、空间地理与二三产业共同集聚——来自中国212个城市的经验考察. 管理世界, 28（4）：82-100.

陈建军, 陈国亮, 黄洁. 2009. 新经济地理学视角下的生产性服务业集聚及其影响因素研究——来自中国222个城市的经验证据. 管理世界,（4）：83-95.

陈良文, 杨开忠, 沈体雁, 等. 2008. 经济集聚密度与劳动生产率差异——基于北京市微观数据的实证研究. 经济学（季刊）,（4）：99-114.

程善兰, 廖文杰. 2016. 苏南文化产业与金融融合的相关性研究——基于苏州文化创意产业. 商业经济研究,（20）：211-213.

池仁勇. 2005. 区域中小企业创新网络形成、结构属性与功能提升：浙江省实证考察. 管理世界, 21（10）：102-112.

褚劲风. 2008. 上海创意产业集聚空间组织研究. 华东师范大学博士学位论文.

邓晓辉. 2006. 新工艺经济时代的文化创意产业研究：基于技术、组织与消费的三维视角. 复旦大学博士学位论文.

杜翔. 2008. 基于创意产业的低发展级城区跨越式发展研究. 天津大学博士学位论文.

杜因 J. 1993. 经济长波与创新. 刘宇英, 罗靖译. 上海：上海译文出版社.

范承泽, 胡一帆, 郑红亮. 2008. FDI对国内企业技术创新影响的理论与实证研究. 经济研究, 43（1）：89-102.

范剑勇. 2006. 产业集聚与地区间劳动生产率差异. 经济研究,（11）：72-81.

范剑勇, 邵挺. 2011. 房价水平、差异化产品区位分布与城市体系. 经济研究, 46（2）：87-99.

方远平, 曾庆, 唐瑶, 等. 2016. 广东省创意阶层集聚的时空演变及其影响因素分析. 人文地理, 31（6）：58-65.

盖文启, 王缉慈. 1999. 论区域创新网络对我国高新技术中小企业发展的作用. 中国软科学,（9）：102-106.

高莉莉, 顾江. 2013. 江苏区域文化产业竞争力动态分析及思考. 南京社会科学,（4）：150-156.

高良谋,李宇. 2009. 企业规模与技术创新倒 U 关系的形成机制与动态拓展. 管理世界, 25(8): 113-123.

高铁梅. 2009. 计量经济分析方法与建模:EViews 应用及实例. 2 版. 北京:清华大学出版社.

郭梅君. 2011. 创意转型——创意产业发展与中国经济转型的互动研究. 北京:中国经济出版社.

郭新茹,顾江. 2009. 变革与创新:江苏文化产业发展的路径选择. 唯实,(6):80-85.

郭新茹,顾江. 2014. 科技创新与文化产业生产效率的协整分析——基于我国 31 个省市面板数据的实证研究. 南京社会科学, 25(5):143-149.

国务院第二次全国经济普查领导小组办公室. 2010. 中国经济普查年鉴 2008(全五册). 北京:中国统计出版社.

韩顺法. 2010. 文化创意产业对国民经济发展的影响及实证研究. 南京航空航天大学博士学位论文.

韩玉雄,李怀祖. 2005. 关于中国知识产权保护水平的定量分析. 科学学研究, 23(3):377-382.

洪进,余文涛,杨凤丽. 2011. 人力资本、创意阶层及其区域空间分布研究. 经济学家,(9):28-35.

胡晓鹏. 2006. 基于资本属性的文化创意产业研究. 中国工业经济, 24(12):5-12.

黄斌. 2012. 北京文化创意产业空间演化研究. 北京大学博士学位论文.

霍克海默 M,阿尔多诺 T W. 1990. 启蒙的辩证法(哲学片段). 洪佩郁,蔺月峰译. 重庆:重庆出版社.

季书涵,朱英明. 2017. 产业集聚的资源错配效应研究. 数量经济技术经济研究, 34(4):57-73.

江曼琦,席强敏. 2014. 生产性服务业与制造业的产业关联与协同集聚. 南开学报(哲学社会科学版), 60(1):153-160.

蒋萍,王勇. 2011. 全口径中国文化产业投入产出效率研究——基于三阶段 DEA 模型和超效率 DEA 模型的分析. 数量经济技术经济研究, 28(12):69-81.

蒋三庚,张杰,王晓红. 2010. 文化创意产业集群研究. 北京:首都经济贸易大学出版社.

金雯,陈舒. 2016. 新常态背景下江苏文化产业融合发展的实践演进与路径优化. 江苏社会科学,(6):262-266.

金元浦. 2009. 文化创意产业的多种概念辨析. 同济大学学报(社会科学版), 20(1):47-48.

康小明,向勇. 2005. 产业集群与文化产业竞争力的提升. 北京大学学报(哲学社会科学版), 51(2):17-21.

科技部火炬高技术产业开发中心. 2011. 2011 中国火炬统计年鉴. 北京:中国统计出版社.

雷原,赵倩,朱贻宁. 2015. 我国文化创意产业效率分析——基于 68 家上市公司的实证研究. 当代经济科学, 37(2):89-96.

李春发,王向丽. 2013. 我国城市创意产业运营效率测度和评价研究. 大连理工大学学报(社会科学版), 34(3):1-7.

李宏彬, 李杏, 姚先国, 等. 2009. 企业家的创业与创新精神对中国经济增长的影响. 经济研究, 44（10）: 99-108.

李明超. 2008. 创意城市与英国创意产业的兴起. 公共管理学报, 5（4）: 93-100.

李晓萍, 江飞涛. 2011. 企业异质性与经济地理研究新进展. 经济学动态, 52（10）: 114-119.

李杏. 2011. 企业家精神对中国经济增长的作用研究——基于 SYS-GMM 的实证研究. 科研管理, 32（1）: 97-104.

厉无畏, 王慧敏. 2009. 创意产业新论. 上海: 东方出版中心.

梁琦. 2005. 空间经济学: 过去、现在与未来——兼评《空间经济学: 城市、区域与国际贸易》. 经济学（季刊）, 4（4）: 1067-1086.

梁琦. 2009. 分工、集聚与增长. 上海: 商务印书馆.

林拓, 李惠斌, 薛晓源. 2004. 世界文化产业发展前沿报告（2003~2004）. 北京: 社会科学文献出版社.

林毅夫, 蔡昉, 李周. 1994. 中国的奇迹: 发展战略与经济改革. 上海: 上海人民出版社.

刘胜, 顾乃华, 陈秀英. 2016. 制度环境、政策不连续性与服务业可持续性增长——基于中国地方官员更替的视角. 财贸经济, 37（10）: 147-160.

刘志彪. 2008. 生产者服务业及其集聚: 攀升全球价值链的关键要素与实现机制. 中国经济问题, 51（1）: 3-12.

马萱, 郑世林. 2010. 中国区域文化产业效率研究综述与展望. 经济学动态, （3）: 83-86.

孟召宜, 渠爱雪, 仇方道, 等. 2016. 江苏文化产业时空格局及其影响因素研究. 地理科学, 36（12）: 1850-1859.

倪鹏途, 陆铭. 2016. 市场准入与"大众创业": 基于微观数据的经验研究. 世界经济, 39（4）: 3-21.

潘玉香, 强殿英, 魏亚平. 2014. 基于数据包络分析的文化创意产业融资模式及其效率研究. 中国软科学, 29（3）: 184-192.

彭向, 蒋传海. 2011. 产业集聚、知识溢出与地区创新——基于中国工业行业的实证检验. 经济学（季刊）, 10（3）: 913-934.

曲国明. 2012. 中美创意产业国际竞争力比较——基于 RCA、TC 和"钻石"模型的分析. 国际贸易问题, （3）: 79-89.

邵培仁, 黄清. 2012. 中国文化创意产业园区发展概况及其启示. 文化产业, （3）: 18-29.

宋德勇, 胡宝珠. 2005. 克鲁格曼新经济地理模型评析. 经济地理, 25（4）: 445-448.

孙洁. 2012. 文化创意产业集聚动力机制研究. 上海社会科学院博士学位论文.

汤临佳, 李翱, 池仁勇. 2017. 创新走廊: 空间集聚下协同创新的新范式. 自然辩证法研究, 33（1）: 31-37.

陶长琪, 彭永樟, 李富强. 2019. 产业梯度转移促进技术势能集聚的驱动机制与空间效应. 中国软科学, 34（11）: 17-30.

田超杰. 2014. 创意产业对中国经济增长和产业结构优化的影响研究. 科技管理研究,（5）: 35-39.
王春法, 洪健飞. 2004. 关于中国生物产业技术创新战略的几点思考. 科研管理, 25(ZK): 29-36.
王大洲. 2001. 企业创新网络的进化与治理: 一个文献综述. 科研管理, 22（5）: 96-103.
王花毅. 2010. 文化产业聚集中的产业链关联性研究. 陕西师范大学硕士学位论文.
王慧敏. 2015. 上海发展文化创意旅游的思路与对策研究. 上海经济研究,（11）: 113-120.
王缉慈. 2004. 关于中国产业集群研究的若干概念辨析. 地理学报, 59（S1）: 47-52.
王缉蕊, 等. 2001. 创新的空间: 企业集群与区域发展. 北京: 北京大学出版社.
王家庭, 张容. 2009. 基于三阶段 DEA 模型的中国 31 省市文化产业效率研究. 中国软科学, 24（9）: 75-82.
王洁. 2007. 产业集聚理论与应用的研究——创意产业集聚影响因素的研究. 同济大学博士学位论文.
王猛, 宣烨, 陈启斐. 2016. 创意阶层集聚、知识外部性与城市创新——来自 20 个大城市的证据. 经济理论与经济管理,（1）: 59-70.
王谡萍. 2011. 基于社会资本的创意产业集群治理研究. 东华大学硕士学位论文.
王重远. 2010. 基于产业生态学的创意产业集群形成机制研究. 华中科技大学博士学位论文.
魏江. 2003. 产业集群: 创新系统与技术学习. 北京: 科学出版社.
魏江. 2004. 创新系统演进和集群创新系统构建. 自然辩证法通讯, 26（1）: 48-54.
魏江, 陈志辉, 张波. 2004. 企业集群中企业家精神的外部经济性考察. 科研管理, 25(2): 20-25.
吴贵生, 李纪珍, 孙议政. 2000. 技术创新网络和技术外包. 科研管理, 21（4）: 33-43.
吴建军, 顾江. 2013. 技术进步、技术效率与江苏文化产业生产率. 文化产业研究,（1）: 45-55.
吴延瑞. 2008. 生产率对中国经济增长的贡献: 新的估计. 经济学（季刊）, 7（3）: 827-842.
冼国明, 薄文广. 2005. 外国直接投资对中国企业技术创新作用的影响——基于产业层面的分析. 南开经济研究,（6）: 16-23.
肖雁飞. 2007. 创意产业区发展的经济空间动力机制和创新模式研究. 华东师范大学博士学位论文.
邢亚彬, 许长新. 2013. 文化产业投资对江苏区域经济的溢出效应研究. 南京社会科学,（12）: 23-28.
徐文燕, 张玉兰. 2013. 基于 DEA 的文化产业投入与产出效率趋势实证研究——以江苏 2004—2010 年文化产业投入产出数据为例. 南京财经大学学报,（5）: 51-55.
宣烨, 余泳泽. 2017. 生产性服务业集聚对制造业企业全要素生产率提升研究——来自 230 个城市微观企业的证据. 数量经济技术经济研究, 34（2）: 89-104.
杨开忠. 2019. 新中国 70 年城市规划理论与方法演进. 管理世界, 35（12）: 17-27.
杨勇, 周勤. 2013. 集群网络、知识溢出和企业家精神——基于美国高科技产业集群的证据. 管理工程学报, 27（2）: 32-37.

益智. 2005. 中国上市公司被动式资产重组实证研究——基于价值效应和绩效的动因模型构建. 管理世界, (1): 137-145.

余文涛. 2016. 创意产业集聚及其生产效率研究——基于省会和副省级城市的经验分析. 经济学家, (6): 51-57.

余运江, 高向东. 2018. 中国人口省际流动与省内流动的差异性. 人口与经济, (1): 38-47.

俞园园, 梅强. 2014. 基于组织合法性视角的产业集群嵌入创业研究. 科学学与科学技术管理, 35 (5): 91-99.

张白玉. 2010. 创意产业园区组织生态研究. 北京邮电大学博士学位论文.

张华, 梁进社. 2007. 产业空间集聚及其效应的研究进展. 地理科学进展, 26 (2): 14-24.

张杰, 张少军, 刘志彪. 2007. 多维技术溢出效应、本土企业创新动力与产业升级的路径选择——基于中国地方产业集群形态的研究. 南开经济研究, (3): 47-67.

张京成. 2006~2012. 中国创意产业发展报告（2006~2012）. 北京: 中国经济出版社.

张京成, 刘利永, 张彦军. 2010. 中国创意产业迈向国家战略. 科技智囊, (11): 58-76.

张可云, 赵文景. 2017. 区域经济增长、3T 假说与创意阶层分布——基于省际动态面板数据的系统 GMM 估计. 中国地质大学学报（社会科学版）, (4): 117-127.

张仁寿, 黄小军, 王朋. 2011. 基于 DEA 的文化产业绩效评价实证研究以广东等 13 个省市 2007 年投入产出数据为例. 中国软科学, (2): 183-192.

张苏秋, 顾江. 2015. 文化产业区域性股权市场与小微文化创意企业融资分析. 南京社会科学, (8): 53-58.

张晓明, 胡惠林, 章建刚. 2010. 2010 年中国文化产业发展报告. 北京: 社会科学文献出版社.

张艳辉. 2011. 价值链视角下创意产业功能演化研究. 上海: 华东理工大学出版社.

赵倩, 杨秀云, 雷原, 等. 2015. 我国文化创意产业技术效率: 行业差异及影响因素研究. 经济问题探索, (11): 88-97.

赵伟, 张萃. 2008. 中国制造业区域集聚与全要素生产率增长. 上海交通大学学报（哲学社会科学版）, 16 (5): 52-56, 64.

赵彦云, 刘思明. 2011. 中国专利对经济增长方式影响的实证研究: 1988~2008 年. 数量经济技术经济研究, 28 (4): 34-48, 81.

赵作权. 2012. 中国经济核心——边缘格局与空间优化发展. 管理世界, 28 (10): 46-54.

中华人民共和国国家统计局. 2004~2012. 中国城市统计年鉴 2004~2012. 北京: 中国统计出版社.

中华人民共和国国家统计局. 2004~2012. 中国统计年鉴 2004~2012. 北京: 中国统计出版社.

周锦, 张苏秋. 2017. "互联网+"下的文化创意产业的发展模式分析. 现代经济探讨, (3): 73-77.

朱允卫. 2004. 企业规模、集群结构与技术创新优势. 经济地理, 24 (2): 187-191.

庄子银. 2005. 企业家精神、持续技术创新和长期经济增长的微观机制. 世界经济, 28 (12): 32-43.

参 考 文 献

Acs Z J, Varga A. 2005. Entrepreneurship, agglomeration and technological change. Small Business Economics, 24（3）: 323-334.

Alfken C, Broekel T, Sternberg R. 2015. Factors explaining the spatial agglomeration of the creative class: empirical evidence for German artists. European Planning Studies, 23（12）: 2438-2463.

Andersen K V, Hansen H K, Isaksen A, et al. 2010. Nordic city regions in the creative class debate—putting the creative class thesis to a test. Industry and Innovation, 17（2）: 215-240.

Andersson R, Quigley J M, Wilhelmsson M. 2005. Agglomeration and the spatial distribution of creativity. Papers in Regional Science, 84（3）: 445-464.

Andres L, Chapain C. 2013. The integration of cultural and creative industries into local and regional development strategies in Birmingham and Marseille: towards an inclusive and collaborative governance? Regional Studies, 47（2）: 161-182.

Apitzsch B, Piotti G. 2012. Institutions and sectoral logics in creative industries: the media cluster in Cologne. Environment and Planning A: Economy and Space, 44（4）: 921-936.

Arin K P, Chmelarova V, Feess E, et al. 2011. Why are corrupt countries less successful in consolidating their budgets? Journal of Public Economics, 95（7/8）: 521-530.

Asheim B T. 1996. Industrial districts as "learning regions": a condition for prosperity. European Planning Studies, 4（4）: 379-400.

Asheim B T, Gertler M S. 2005. The geography of innovation: regional innovation systems//Fagerberg J, Mowery D, Nelson R. The Oxford Handbook of Innovation. Oxford: Oxford University Press: 291-317.

Asheim B T, Hansen H K. 2009. Knowledge bases, talents, and contexts: on the usefulness of the creative class approach in Sweden. Economic Geography, 85（4）: 425-442.

Atkinson R, Easthope H. 2009. The consequences of the creative class: the pursuit of creativity strategies in Australia's cities. International Journal of Urban and Regional Research, 33（1）: 64-79.

Audretsch D B, Feldman M P. 1996. R&D spillovers and the geography of innovation and production. The American Economic Review, 86（3）: 630-640.

Audretsch D B, Feldman M P. 1999. Innovation in cities: science-based diversity, specialization and localized competition. European Economic Review, 43（2）: 409-429.

Bagnasco A. 1977. Tre Italie. La Problematica Territoriale Dello Sviluppo Italiano. Bologna: Il Mulino.

Baines S, Robson L. 2001. Being self-employed or being enterprising? The case of creative work for the media industries. Journal of Small Business and Enterprise Development, 8（4）: 349-362.

Bakhshi H, McVitte E, Simmie J. 2008. Creating innovation: do the creative industries support innovation in the wider economy? London: NESTA Research Report.

Baldwin R E. 1999. Agglomeration and endogenous capital. European Economic Review, 43（2）: 253-280.

Baldwin R E, Okubo T. 2005. Heterogeneous firms, agglomeration and economic geography: spatial selection and sorting. Journal of Economic Geography, 6（3）: 323-346.

Banker R D, Charnes A, Cooper W W. 1984. Some models for estimating technical and scale inefficiencies in data envelopment analysis. Management Science, 30（9）: 1078-1092.

Batabyal A A, Nijkamp P. 2013. The creative class, its preferences, and unbalanced growth in an urban economy. Journal of Evolutionary Economics, 23（1）: 189-209.

Bathelt H, Zhao J. 2020. Identifying configurations of multiple co-located clusters by analyzing within-and between-cluster linkages. Growth and Change, （51）: 309-337.

Bertacchini E, Borrione P. 2013. The geography of the Italian creative economy: the special role of the design and craft based industries. Regional Studies, 47（2）: 135-147.

Bontje M, Musterd S. 2009. Creative industries, creative class and competitiveness: expert opinions critically appraised. Geoforum, 40（5）: 843-852.

Borén T, Young C. 2013. The migration dynamics of the "creative class": evidence from a study of artists in Stockholm, Sweden. Annals of the Association of American Geographers, 103（1）: 195-210.

Borensztein E, de Gregorio J, Lee J-W. 1998. How does foreign direct investment affect economic growth? Journal of International Economic, 45（1）: 115-135.

Boschma R A, Fritsch M. 2009. Creative class and regional growth: empirical evidence from seven European countries. Economic Geography, 85（4）: 391-423.

Boyle M. 2006. Culture in the rise of tiger economies: Scottish expatriates in Dublin and the "creative class" thesis. International Journal of Urban and Regional Research, 30（2）: 403-426.

Brinkhoff S. 2006. Spatial concentration of creative industries in Los Angeles. Humboldt-Universität zu Berlin Geographisches Institut Thesis Master.

Brynjolfsson E. 2013. Wired for Innovation: How Information Technology is Reshaping the Economy. Cambridge: The MIT Press.

Camagni R. 1992. Innovation Networks: Spatial Perspectives. London: Belhaven Press.

Cantner U, Graf H. 2006. The network of innovators in Jena: an application of social network analysis. Research Policy, 35（4）: 463-480.

Chapain C, Cooke P, de Propis L, et al. 2010. Creative clusters and innovation: putting creativity on the map. London: NESTA Report.

Charnes A, Cooper W W, Rhodes E. 1978. Measuring the efficiency of decision making units. European Journal of Operational Research, 2（6）: 429-444.

Chaston I, Sadler-Smith E. 2012. Entrepreneurial cognition, entrepreneurial orientation and firm capability in the creative industries. British Journal of Management, 23（3）：415-432.

Chen H X, Li G R. 2011. Empirical study on effect of industrial structure change on regional economic growth of Beijing-Tianjin-Hebei metropolitan region. Chinese Geographical Science, 21（6）：708-714.

Chen M Y C, Wang Y S, Sun V. 2012. Intellectual capital and organizational commitment：evidence from cultural creative industries in Taiwan. Personnel Review, 41（3）：321-339.

Cheung K Y, Lin P. 2004. Spillover effects of FDI on innovation in China：evidence from the provincial data. China Economic Review, 15（1）：25-44.

Chinitz B. 1961. Contrasts in agglomeration：New York and Pittsburgh. The American Economic Review：Papers and Proceedings, 51（2）：279-289.

Chou T L. 2012. Creative space, cultural industry clusters, and participation of the state in Beijing. Eurasian Geography and Economics, 53（2）：197-215.

Ciccone A. 2002. Agglomeration effects in Europe. European Economic Review, 46（2）：213-227.

Ciccone A, Hall R E. 1996. Productivity and the density of economic activity. American Economic Review, 86：54-70.

Cingano F, Schivardi F. 2004. Identifying the sources of local productivity growth. Journal of the European Economic Association, 2（4）：720-744.

Clare K. 2013. The essential role of place within the creative industries：boundaries, networks and play. Cities, 34：52-57.

Clifton N. 2008. The "creative class" in the UK：an initial analysis. Geografiska Annaler：Series B, Human Geography, 90（1）：63-82.

Cohen W M, Klepper S. 1996. Firm size and the nature of innovation within industries：the case of process and product R&D. The Review of Economics and Statistics, 78（2）：232-243.

Comunian R. 2011. Rethinking the creative city：the role of complexity, networks and interactions in the urban creative economy. Urban Studies, 48（6）：1157-1179.

Comunian R, Faggian A, Li Q C. 2010. Unrewarded careers in the creative class：the strange case of bohemian graduates. Papers in Regional Science, 89（2）：389-410.

Cooke P, de Propris L. 2011. A policy agenda for EU smart growth：the role of creative and cultural industries. Policy Studies, 32（4）：365-375.

Cooke P, Lazzeretti L. 2007. Creative Cities, Cultural Clusters and Local Economic Developmet. Cheltenham：Edward Elgar.

Cooke P, Morgan K. 1994. The creative milieu：a regional perspective on innovation//Dodgson M, Rothwell R. The Handbook of Industrial Innovation. Cheltenham：Edward Elgar：25-32.

Cooke P, Schienstock G. 2000. Structural competitiveness and learning regions. Enterprise and Innovation Management Studies, 1（3）: 265-280.

Cooke P, Uranga M G, Etxebarria G. 1997. Regional innovation systems: institutional and organisational dimensions. Research Policy, 26（4/5）: 475-491.

Cooke P, Uranga M G, Etxebarria G. 1998. Regional systems of innovation: an evolutionary perspective. Environment and Planning A, 30（9）: 1563-1584.

Cravens D W, Piercy N F, Shipp S H. 1996. New organizational forms for competing in highly dynamic environments: the network paradigm. British Journal of Management, 7（3）: 203-218.

Cunningham S. 2002. From cultural to creative industries: theory, industry, and policy implications. Media International Australia Incorporation Culture and Policy, 102: 54-65.

Dai J, Zhou S Y, Keane M, et al. 2012. Mobility of the creative class and city attractiveness: a case study of Chinese animation workers. Eurasian Geography and Economics, 53（5）: 649-670.

DCMS（Department for Culture, Media and Sport of UK）. 1998~2001. Department for Culture, Media and Sport（1998~2001）Creative Industries Mapping Document. London: HMSO.

de Lucio J J, Herce J A, Goicolea A. 2002. The effects of externalities on productivity growth in Spanish industry. Regional Science and Urban Economics, 32（2）: 241-258.

de Miguel-Molina B, Hervas-Oliver J L, Boix R, et al. 2011. The importance of creative industry agglomerations in explaining the wealth of European regions. European Planning Studies, 20（8）: 1263-1280.

de Propris L. 2013. How are creative industries weathering the crisis? Cambridge Journal of Regions, Economy and Society, 6（1）: 23-35.

Delgado M, Porter M E, Stern S. 2010. Clusters and entrepreneurship. Journal of Economic Geography, 10（4）: 495-518.

Delgado M, Porter M E, Stern S. 2016. Defining clusters of related industries. Journal of Economic Geography, 16（1）: 1-38.

Diodato D, Neffke F, O'Clery N. 2018. Why do industries coagglomerate? How Marshallian externalities differ by industry and have evolved over time. Journal of Urban Economics,（106）: 1-26.

Donegan M, Drucker J, Goldstein H, et al. 2008. Which indicators explain metropolitan economic performance best? Traditional or creative class. Journal of the American Planning Association, 74（2）: 180-195.

Dosi G. 1988. The nature of the innovative process. Technical Change and Economic Theory, 2: 590-607.

Dries L, Swinnen J. 2004. Foreign direct investment, vertical international, and local suppliers: evidence from the Polish dairy sector. World Development, 32（9）: 1525-1544.

Edquist C. 1997. Systems of Innovation: Technologies, Institutions and Organizations. London: Frances Pinter.

Edquist C. 2006. Systems of innovation: perspectives and challenges//Fagerberg J, Mowery D C, Nelson R R. The Oxford Handbook of Innovation. New York: Oxford University Press: 181-208.

Eikhof D R, Warhurst C. 2013. The promised land? Why social inequalities are systemic to the creative industries. Employee Relations, 35（5）: 495-508.

Ejermo O, Karlsson C. 2006. Interregional inventor networks as studied by patent coinventorships. Research Policy, 35（3）: 412-430.

Ellison G, Glaeser E L, Kerr W R. 2010. What causes industry agglomeration? Evidence from coagglomeration patterns. American Economic Review, 100（3）: 1195-1213.

Etzkowitz H, Leydesdorff L. 1997. Universities and the global economy: a triple helix of university-industry-government relations. New York, London: Cassell.

European Commission. 2012. Economy of Culture in Europe, DE Education and Culture. http://ec.europa.eu/culture/key-documents/doc873_en.htm.cited date.

Evans G. 2009. Creative cities, creative spaces and urban policy. Urban Studies, 46(5/6): 1003-1040.

Experian. 2007. How linked are the UK's creative industries to the wider economy? An input-output analysis. NESTA Working Paper, London. http://www.nesta.org.uk/publications/reports/assets/documents/Creating%20Innovation%20Experian%20working%20paper.

Faggio G, Silva O, Strange W C. 2017. Heterogeneous agglomeration. Review of Economics and Statistics, 99（1）: 80-94.

Fan J, Sun W, Zhou K, et al. 2012. Major function oriented zone: new method of spatial regulation for reshaping regional development pattern in China. Chinese Geographical Science, 22（2）: 196-209.

Färe R, Grosskopf S, Norris M, et al. 1994. Productivity growth, technical progress, and efficiency change in industrialized countries. The American Economic Review, 87（5）: 1033-1039.

Felton E, Collis C, Graham P W. 2010. Making connections: creative industries networks in outer-suburban locations. Australian Geographer, 41（1）: 57-70.

Fingleton B, Igliori D, Moore B. 2005. Cluster dynamics: new evidence and projection for computing services in Great Britain. Journal of Regional Science, 45（2）: 283-311.

Fleming L, Sorenson O. 2001. Technology as a complex adaptive system: evidence from patent data. Research Policy, 30（7）: 1019-1039.

Florida R. 2002a. The Rise of the Creative Class. New York: Basic Books.

Florida R. 2002b. The economic geography of talent. Annals of the Association of American Geographers, 92（4）: 743-755.

Florida R. 2004. Cities and the Creative Class. London: Routledge.

Florida R, Mellander C, Stolarick K. 2007. Inside the black box of regional development: human capital, the creative class and tolerance. Journal of Economic Geography, 8（5）: 615-649.

Florida R, Mellander C, Stolarick K, et al. 2012. Cities, skills and wages. Journal of Economic Geography, 12（2）: 355-377.

Forslid R, Ottaviano G I P. 2003. An analytically solvable core-periphery model. Journal of Economic Geography, 3（3）: 229-240.

Freeman C. 1991. Networks of innovators: a synthesis of research issues. Research Policy, 20（5）: 499-514.

Freeman C. 1995. The "National System of Innovation" in historical perspective. Cambridge Journal of Economics, 19（1）: 5-24.

Freeman C, Soete L. 1997. The Economics of Industrial Innovation. 3rd ed. Cambridge: The MIT Press.

Freire-Gibb L C, Nielsen K. 2014. Entrepreneurship within urban and rural areas: creative people and social networks. Regional Studies, 48（1）: 139-153.

Fu X L, Gong Y D, 2011. Indigenous and foreign innovation efforts and drivers of technological upgrading: evidence from China. World Development, 39（7）: 1213-1225.

Fujita M, Krugman P. 1995. When is the economy monocentric? von Thünen and Chamberlin unified. Regional Science and Urban Economics, 25（4）: 505-528.

Fujita M, Krugman P, Venables A J. 1999. The Spatial Economy: Cities, Regions and International Trade. Cambridge: The MIT Press.

Fujita M, Krugman P, Venables A J. 2001. The Spatial Economy: Cities, Regions, and International Trade. Cambridge: The MIT Press.

Gertler M S, Florida R, Gates G, et al. 2002. Competing on creativity: placing Ontario's cities in North American context. A Report prepared for the Ontario Ministry of Enterprise, Opportunity and Innovation and the Institute for Competitivess and Prosperity.

Ginarte J C, Park W G. 1997. Determinants of patent rights: a cross-national study. Research Policy, 26（3）: 283-301.

Giuliani E, Bell M. 2005. The micro-determinants of meso-level learning and innovation: evidence from a Chilean wine cluster. Research Policy, 34（1）: 47-68.

Glaeser E L. 2005. Review of richard Florida's the rise of the creative class. Regional Science and Urban Economics, 35（5）: 593-596.

Glaeser E L, Kallal H D, Scheinkman J A, et al. 1992. Growth in cities. Journal of Political Economy, 100（6）: 1126-1152.

Glaeser E L, Tobio K. 2007. The rise of the sunbelt. National Bureau of Economic Research.

Goldsmith R W. 1951. A perpetual inventory of national wealth//Gainsburgh M R. Studies in Income and Wealth. Princeton: Princeton University Press: 5-73.

Graf H, Henning T. 2009. Public research in regional networks of innovators: a comparative study of four East German regions. Regional Studies, 43（10）: 1349-1368.

Griliches Z. 1998. R&D and Productivity the Econometric Evidence. Chicago: The University of Chicago Press.

Guo Q, He C F, Li D Y. 2016. Entrepreneurship in China: the role of localization and urbanisation economies. Urban Studies, 53（12）: 2584-2606.

Haisch T, Klöpper C. 2015. Location choices of the creative class: does tolerance make a difference? Journal of Urban Affairs, 37（3）: 233-254.

Hall L A, Bagchi-Sen S. 2002. A study of R&D, innovation, and business performance in the Canadian biotechnology industry. Technovation, 22（4）: 231-244.

Han J, Li S. 2017. Internal migration and external benefit: the impact of labor migration on the wage structure in urban China. China Economic Review, 46（1）: 67-86.

Hansen H K, Niedomysl T. 2009. Migration of the creative class: evidence from Sweden. Journal of Economic Geography, 9（2）: 191-206.

Hansen M T, Birkinshaw J. 2007. The innovation value chain. Harvard Business Review, 85（6）: 121-130, 142.

Harris R, Robinson C. 2004. Productivity impacts and spillovers from foreign ownership in the United Kingdom. National Institute Economic Review, 187（1）: 58-75.

Harris T F, Ioannides Y M. 2000. Productivity and metropolitan density. Discussion Papers Series, Department of Economics, Tufts University.

Harrison B. 1992. Industrial districts: old wine in new bottles? Regional Studies, 26（5）: 469-483.

He C, Guo Q, Ye X. 2016. Geographical agglomeration and coagglomeration of exporters and nonexporters in China. GeoJournal, 81（6）: 947-964.

Helsley R W, Strange W C. 2014. Coagglomeration, clusters, and the scale and composition of Cities. Journal of Political Economy, 122（5）: 1064-1093.

Hesmondhalgh D, Pratt A C. 2005. Cultural industries and cultural policy. International Journal of Cultural Policy, 11（1）: 1-14.

Hodgson D, Briand L. 2013. Controlling the uncontrollable: agile teams and illusions of autonomy in creative work. Work Employment & Society, 27（2）: 308-325.

Hong E, Sun L X. 2011. Foreign direct investment and total factor productivity in China: a spital dynamic panel analysis. Oxford Bulletin of Economics and Statistics, 73（6）: 771-791.

Hong J, Yu W. 2012. Creative Industries cluster and regional innovation system: upstream and downstream effects. International Workshop on Regional, Urban, and Spatial Economics in China, June 15-16, 2012, Guangzhou, China.

Hong J, Yu W T, Guo X M, et al. 2014. Creative industries agglomeration, regional innovation and productivity growth in China. China Geographical Science, 24（2）: 258-268.

Hoover E M. 1948. The Location of Economic Activity. New York: McGraw-Hill.

Hoover E M, Giarratani F. 1985. An Introduction to Regional Economics. 3rd ed. New York: Alfred A. Knop.

Hospers G J. 2003. Creative cities: breeding places in the knowledge economy. Knowledge, Technology & Policy, 16（3）: 143-162.

Hotho S, Champion K. 2011. Small businesses in the new creative industries: innovation as a people management challenge. Management Decision, 49（1）: 29-54.

Houston D, Findlay A, Harrison R, et al. 2008. Will attracting the "creative class" boost economic growth in old industrial regions? A case study of Scotland. Geografiska Annaler: Series B, Human Geography, 90（2）: 133-149.

Howkins J. 2001. The Creative Economy: How People Make Money from Ideas. New York: Penguin.

Hoyman M, Faricy C. 2009. It takes a village: a test of the creative class, social capital and human capital theories. Urban Affairs Review, 44（3）: 311-333.

Hracs B J. 2012. A creative industry in transition: the rise of digitally driven independent music production. Growth and Change, 43（3）: 442-461.

Jacobs J. 1970. The Economy of Cities. New York: Vintage.

Javorcik B S, Spatareanu M. 2008. To share or not to share: does local participation matter for spillovers from foreign direct investment? Journal of Development Economics, 85（1/2）: 194-217.

Jaw Y L, Chen C L, Chen S. 2012. Managing innovation in the creative industries-a cultural production innovation perspective. Innovation: Management, Policy & Practice, 14(2):256-275.

Jayne M. 2005. Creative industries: the regional dimension? Environment and Planning C, Government and Policy, 23（4）: 537-556.

Kacerauskas T. 2013. Creative and cultural industries: philosophical, sociological and communication aspects. Filosofija-Sociologija, 24（3）: 112-120.

Kagan S, Hahn J. 2011. Creative cities and（un）sustainability: from creative class to sustainable creative cities. Culture and Local Governance, 3（1/2）: 11-27.

Kathrin M, Christian R, Johannes T. 2009. The role of creative industries in industrial innovation. Innovation Management Policy & Practice, 11（2）: 148-168.

Kathuria V. 2000. Productivity spillovers from technology transfer to Indian manufacturing firms. Journal of International Development, 12（3）：343-369.

Keane M A, Hartley J. 2001. From ceremony to CD-ROM：indigenous creative industries in Brisbane. Creative Industries Research and Applications Centre（CIRAC）, Queensland University of Technology.

Kim R B, Kim J P. 2011. Creative economy in Korea：a case of online game industry. Actual Problems of Economics, 124（10）：435-442.

Krätke S. 2010a. Regional knowledge networks：a network analysis approach to the interlinking of knowledge resources. European Urban and Regional Studies, 17（1）：83-97.

Krätke S. 2010b. "Creative cities" and the rise of the dealer class：a critique of Richard Florida's approach to urban theory. International Journal of Urban and Regional Research,（34）：835-853.

Krugman P. 1991. Increasing returns and economic geography. Journal of Political Economy, 99（3）：483-499.

Krugman P. 1992. Geography and Trade. Cambridge：The MIT Press.

Lampel J, Germain O. 2016. Creative industries as hubs of new organizational and business practices. Journal of Business Research, 69（7）：2327-2333.

Landry C. 2000. The Creative City：A Toolkit for Urban Innovators. London：Earthscan Ltd.

Landry R G. 1972. Some research conclusions regarding the learning of a second language and creativity. Behavioral Science, 17（3）：309.

Landry R G. 1974. The enhancement of figural creativity through second language learning at the elementary school level. Foreign Language Annals, 7（5）：111-115.

Lange B, Kalandides A, Stöber B, et al. 2008. Berlin's creative industries：governing creativity? Industry and Innovation, 15（5）：531-548.

Lazzeretti L, Boix R, Capone F. 2008. Do creative industries cluster? Mapping creative local production systems in Italy and Spain. Industry and Innovation, 15（5）：549-567.

Lazzeretti L, Boix R, Capone F. 2009. Why do creative industries cluster? An analysis of the determinants of clustering of creative industries. Paper to Be Presented at the Summer Conference 2009 on CBS-Copenhagen Business School, DENMARK.

Lazzeretti L, Capone F, Boix R. 2012. Reasons for clustering of creative industries in Italy and Spain. European Planning Studies, 20（8）：1243-1262.

Lazzeretti L, Innocenti N, Capone F. 2017. The impact of related variety on the creative employment growth. The Annals of Regional Science, 58（3）：491-512.

Lee S Y, Florida R, Acs Z. 2004. Creativity and entrepreneurship：a regional analysis of new firm formation. Regional Studies, 38（8）：879-891.

Lewis N M, Donald B. 2010. A new rubric for "creative city" potential in Canada's smaller cities. Urban Studies, 47（1）: 29-54.

Lin P, Liu Z M, Zhang Y F. 2009. Do Chinese domestic firms benefit from FDI inflow? Evidence of horizontal and vertical spillover. China Economic Review, 20（4）: 677-691.

Lorenzen M, Frederiksen L. 2008. Why do cultural industries cluster? Localisation, urbanization, products and projects//Cooke P, Lazzeretti R. Creative Cities, Cultural Clusters, and Local Economic Development. Cheltenham: Edward Elgar: 155-179.

Lundvall B-Å. 1988. Innovation as an interactive process: from user-producer interaction to the national innovation systems//Dosi G, Freeman C, Nelson R, et al. Technology and Economic Theory. London: Pinter Publishers.

Lundvall B-Å. 1992. Introduction, in National Systems of Innovation. London: Pinter Publishers.

Lundvall B-Å, Johnson B, Andersen E S, et al. 2002. National systems of production, innovation and competence building. Research Policy, 31（2）: 213-231.

Madariaga N, Poncet S. 2007. FDI in Chinese cities: spillovers and impact on growth. The World Economy, 30（5）: 837-862.

Maggioni M A, Uberti T E. 2009. Knowledge networks across Europe: which distance matters? The Annals of Regional Science, 43（3）: 691-720.

Malerba F. 2002. Sectoral systems of innovation and production. Research Policy, 31（2）: 247-264.

Mansfield E. 1986. Patents and innovation: an empirical study. Management Science, 32(2):173-181.

Mansfield E. 1991. Academic research and industrial innovation. Research Policy, 20（1）: 1-12.

Markusen A. 2006. Urban development and the politics of a creative class: evidence from a study of artists. Environment and Planning A: Economy and Space, 38（10）: 1921-1940.

Marlet G, van Woerkens C. 2007. The Dutch creative class and how it fosters urban employment growth. Urban Studies, 44（13）: 2605-2626.

Marshall A. 1920. Principles of Economics. 8th ed. London: Macmillan.

Martin-Brelot H, Grossetti M, Eckert D, et al. 2010. The spatial mobility of the "creative class": a European perspective. International Journal of Urban and Regional Research, 34（4）: 854-870.

McGranahan D A, Wojan T R. 2007. Recasting the creative class to examine growth processes in rural and urban counties. Regional Studies, 41（2）: 197-216.

McGranahan D A, Wojan T R, Lambert D M. 2010. The rural growth trifecta: outdoor amenities, creative class and entrepreneurial context. Journal of Economic Geography, 11（3）: 529-557.

Melitz M J. 2003. The impact of trade on intra-industry reallocations and aggregate industry productivity. Econometrica, 71（6）: 1695-1725.

Miles I, Green L. 2013-09-02. Hidden innovation in the creative industries. http://www.nesta.org.uk/publications/hidden-innovation-creative-industries.

Morrison A. 2008. Gatekeepers knowledge within industrial districts: who they are, how they interact. Regional Studies, 42 (6): 817-835.

Mossig I. 2011. Regional employment growth in the cultural and creative industries in Germany 2003-2008. European Planning Studies, 19 (6): 967-990.

Mudambi R. 2008. Location, control and innovation in knowledge-intensive industries. Journal of Economic Geography, 8 (5): 699-725.

Müller K, Rammer C, Trüby J. 2009. The role of creative industries in industrial innovation. Innovation: Management, Policy & Practice, 11 (2): 148-168.

Mumford L. 1938. The Culture of Cities. New York: Harcourt, Brace & world.

Nelson R R. 1993. National Innovation Systems: A Comparative Analysis. Oxford: Oxford University Press.

Nelson R R, Winter S G. 1977. In search of useful theory of innovation. Research Policy, 6 (1): 36-76.

NESTA (National Endowment for Science, Technology and the Arts). 2003. New Solutions to Old Problems: Investing in the Creative Industries. London: NESTA.

North D C. 1990. Institutions, Institutional Change and Economic Performance. Cambridge: Cambridge University Press.

O'Connor J. 2015. Intermediaries and imaginaries in the cultural and creative industries. Regional Studies, 49 (3): 374-387.

OECD. 1997. National Innovation Systems. Paris: OECD.

OECD. 2003. ICT and Economic Growth: Evidence from OECD Countries, Industries and Firms. Paris: OECD.

OECD. 2006. International Measurement of the Economic and Social Importance of Culture. Paris: OECD.

Okubo T. 2010. Firm heterogeneity and location choice. RIEB Discussion Paper Series, DP 2010-11, Kobe University.

Olfert M R, Partridge M. 2011. Creating the cultural community: ethnic diversity vs. agglomeration. Spatial Economic Analysis, 6 (1): 25-55.

Pang L. 2012. Creativity and Its Discontents: China's Creative Industries and Intellectual Property Rights Offenses. Durham: Duke University Press Books.

Pechlaner H, Innerhofer E. 2018. When culture meets economy//Innerhofer E, Pechlaner H, Borin E. Entrepreneurship in Culture and Creative Industries. Cham: Springer: 229-241.

Peck J. 2005. Struggling with the creative class. International Journal of Urban and Regional Research, 29 (4): 740-770.

Petrova L. 2018. Cultural entrepreneurship in the context of spillovers within the cultural and creative industries//Innerhofer E, Pechlaner H, Borin E. Entrepreneurship in Culture and Creative Industries. Berlin: Springer: 197-211.

Piergiovanni R, Carree M, Santarelli E. 2012. Creative industries, new business formation, and regional economic growth. Small Business Economics, 39（3）: 539-560.

Pine B J, Gilmore J H. 1999. The Experience Economy: Work is Theatre & Every Business a Atage. Boston: Harvard Business School Press.

Piore M J, Sabel C F. 2014-03-10. Italian small business development lessons for U.S. industrial policy. Working Paper.

Pisano G P, Wheelwright S C. 1995. High-tech R&D. Harvard Business Review, 11（1）: 93-105.

Porter M. 1990. The competitive advantage of nations. Harvard Business Review, 68（2）: 73-93.

Porter M. 1998. On Competition. Boston: Harvard Business School Press.

Potts J, Cunningham S. 2008. Four models of the creative industries. International Journal of Cultural Policy, 14（3）: 233-247.

Potts J, Cunningham S, Hartley J, et al. 2008a. Social network markets: a new definition of the creative industries. Journal of Cultural Economics, 32（3）: 167-185.

Potts J, Hartley J, Banks J, et al. 2008b. Consumer co-creation and situated creativity. Industry and Innovation, 15（5）: 459-474.

Powell W. 1990. Neither market nor hierarchy: network forms of organization. Research in Organizational Behavior, 12（3）: 295-336.

Powell W, Koput K, Smith-Doerr L. 1996. Interorganizational collaboration and the locus of innovation: networks of learning in biotechnology. Administrative Science Quarterly, 41（1）: 116-145.

Power D. 2002. "Cultural industries" in Sweden: an assessment of their place in the Swedish economy. Economic Geography, 78（2）: 103-127.

Pratt A C. 1997. The cultural industries production system: a case study of employment change in Britain, 1984-91. Environment and Planning A, 29（11）: 1953-1974.

Pratt A C. 2004. Creative clusters: towards the governance of the creative industries production system? Media International Australia Incorporating Culture and Policy, 112（1）: 50-66.

Pratt A C. 2008. Creative cities: the cultural industries and the creative class. Geografiska Annaler: Series B-Human Geography, 90（2）: 107-117.

Pratt A C. 2012. The cultural and creative industries: organisational and spatial challenges to their governance. DIE ERDE, 143（4）: 317-334.

Qi J H, Zheng Y M, Laurenceson J, et al. 2009. Productivity spillovers from FDI in China: regional differences and threshold effects. China & World Economy, 17（4）: 18-35.

Qian H F. 2010. Talent, creativity and regional economic performance: the case of China. The Annals of Regional Science, 45（1）: 133-156.

Rantisi N M, Leslie D, Christopherson S. 2006. Placing the creative economy: scale, politics, and the material. Environment and Planning A, 38（10）: 1789-1797.

Ren X F, Sun M. 2012. Artistic urbanization: creative industries and creative control in Beijing. International Journal of Urban and Regional Research, 36（3）: 504-521.

Rocha H O, Sternberg R. 2005. Entrepreneurship: the role of clusters theoretical perspectives and empirical evidence from Germany. Small Business Economics, 24（3）: 267-292.

Romero-Martínez A M, Montoro-Sánchez Á. 2008. How clusters can encourage entrepreneurship and venture creation: reasons and advantages. International Entrepreneurship and Management Journal, 4（3）: 315-329.

Roper S, Du J, Love J H. 2008. Modelling the innovation value chain. Research Policy, 37（6/7）: 961-977.

Rosenthal S S, Strange W C. 2001. The determinants of agglomeration. Journal of Urban Economics, 50（2）: 191-229.

Rosenthal S S, Strange W C. 2010. Small establishments/big effects: agglomeration, industrial organization and entrepreneurship//Glaeser E L. Agglomeration Economics. Chicago: The University of Chicago Press: 277-302.

Rostow W W. 1960. The Stages of Economic Growth: A Non-Communist Manifesto. Cambridge: Cambridge University Press.

Rumpel P, Slach O, Koutský J. 2010. Creative industries in spatial perspective in the old industrial Moravian-Silesian region. Ekonomie a Management, 13（4）: 30-46.

Sands G, Reese L A. 2008. Cultivating the creative class: and what about Nanaimo? Economic Development Quarterly, 22（1）: 8-23.

Santoro G, Bresciani S, Papa A. 2018. Collaborative modes with cultural and creative industries and innovation performance: the moderating role of heterogeneous sources of knowledge and absorptive capacity. Technovation,（1）: 92-93.

Saxenian A, Hsu J Y. 2001. The Silicon Valley-Hsinchu connection: technical communities and industrial upgrading. Industrial and Corporate Change, 10（4）: 893-920.

Scherer R, Gutjahr M, Strauf S. 2012. Struggling for attention? The importance of creative industries in southern Germany. Actual Problems of Economics, 2（5）: 128-139.

Schröder P J H, Sørensen A. 2012. Firm exit, technological progress and trade. European Economic Review, 56（3）: 579-591.

Schumpeter J A. 1934. The Theory of Economic Development: An Inquiry into Profits, Capital, Credits, Interest, and the Business Cycle. Cambridge: Harvard University Press.

Schweizer T S. 2006. The psychology of novelty-seeking, creativity and innovation: neurocognitive aspects within a work psychological perspective. Creativity and Innovation Management, 15(2): 164-172.

Scott A J. 1988. New Industrial Spaces: Flexible Production Organization and Regional Development in North American and Western Europe. London: Pion Ltd.

Scott A J. 1996. The craft, fashion, and cultural-products industries of Los Angeles: competitive dynamics and policy dilemmas in a multisectoral image-producing complex. Annals of the Association of American Geographers, 86（2）: 306-323.

Scott A J. 1997. The cultural economy of cities. International Journal of Urban and Regional Research, 21（2）: 323-339.

Scott A J. 2006. Entrepreneurship, innovation and industrial development: geography and the creative field revisited. Small Business Economics, 26（1）: 1-24.

Stam E, de Jong J P J, Marlet G. 2008. Creative industries in the Netherlands: structure, development, innovativeness and effects on urban growth. Geografiska Annaler: Series B, Human Geography, 90（2）: 119-132.

Stefanovic M. 2018. Creative entrepreneurship in no man's land: challenges and prospects for a metropolitan area and smaller communities. Perspectives from the never-ending transition//Innerhofer E, Pechlaner H, Borin E. Entrepreneurship in Culture and Creative Industries. Springer: 311-325.

Sternberg R. 2013. Learning from the past? Why "creative industries" can hardly be creted by local/regional government policies. DIE ERDE, 143（4）: 293-315.

Stolarick K, Currid-Halkett E. 2013. Creativity and the crisis: the impact of creative workers on regional unemployment. Cities, 33: 5-14.

Stoneman P. 2001. The Economics of Technological Diffusion. Oxford: Wilry-Blackwell.

Stoneman P, Ireland N J. 1983. The role of supply factors in the diffusion of new process technology. Economic Journal,（96）: 142-150.

Storper M. 1989. The transition to flexible specialisation in the US film industry: external economies the division of labor, and the crossing of industrial divides. Cambridge Journal of Economics,（13）: 273-305.

Storper M, Harrison B. 1991. Flexibility, hierarchy and regional development: the changing structure of industrial production systems and their forms of governance in the 1990s. Research Policy, 20（5）: 407-422.

Sullivan A, Strange W C. 2018. The emergence of coagglomeration. Journal of Economic Geography, 18（2）: 293-317.

Sveikauskas L. 1975. The productivity of cities. Quarterly Journal of Economics, 89（3）: 393-413.

Sydow J, Staber U. 2002. The institutional embeddedness of project networks: the case of content production in German television. Regional Studies, 36 (3): 215-227.

Throsby D. 1994. The production and consumption of the arts: a view of cultural economics. Journal of Economic Literature, 32 (1): 1-29.

Throsby D. 1995. Culture, economics and sustainability. Journal of Cultural Economics, 19 (3): 199-206.

Throsby D. 2003. Determining the value of cultural goods: how much (or how little) does contingent valuation tell us? Journal of Cultural Economics, 27 (3/4): 275-285.

UNCTAD. 2008. Creative Economy Report 2008. New York, Geneva: UNCTAD.

UNCTAD. 2010. Creative Economy Report 2010: Creative Economy: a Feasible Development Option. Geneva: UNDP & UNCTAD.

UNESCO (United Nations Educational, Scientific and Cultural Organization). 2013-03-03. Chengdu UNESCO city of gastronomy. http://unesdoc.unesco.org/images/0019/001920/192047e.pdf.

van Steen P J M, Pellenbarg P H. 2012. Creative class and self-employment in the Dutch labour market. Tijdschrift Voor Economische En Sociale Geografie, 103 (5): 634-637.

Venables A J. 2011. Productivity in cities: self-selection and sorting. Journal Economic Geography, 11 (2): 241-251.

Vernon R. 1960. Metropolis 1985. Cambridge: Harvard University Press.

Weber A. 1929. Alfred Weber's Theory of the Location of Industries. Chicago: The University of Chicago Press.

Wei Q L. 2000. Effective methods on evaluating relative efficiency (DEA). Chinese Science Bulletin, 45 (17): 1793-1807.

Wennekers S, Thurik R. 1999. Linking entrepreneurship and economic growth. Small Business Economics, 13 (1): 27-56.

WIPO (World Intellectual Property Organization). 2003. Guide on Surveying the Economic Contribution of the Copyright-Based Industries. Geneva: World Intellectual Property Organization.

Wu W P. 2005. Dynamic cities and creative clusters. World Bank Policy Research Working Paper 3509, February 2005.

Wu Y R. 2000. Is China's economic growth sustainable? A productivity analysis. China Economic Review, 11 (3): 278-296.

Wu Y R. 2007. Capital stock estimates for China's regional economies: results and analyses.

Xiao J, Boschma R, Andersson M. 2018. Industrial diversification in Europe: the differentiated role of relatedness. Economic Geography, 94 (5): 514-549.

Young A. 2003. Gold into base metals: productivity growth in the People's Republic of China during the reform period. Journal of Political Economy, 111（6）: 1220-1261.

Yu W T, Hong J, Wu Y R, et al. 2013. Emerging geography of creativity and labor productivity effects in China. China & World Economy, 21（5）: 78-99.

Yu W T, Hong J, Zhu Y H, et al. 2014. Creative industry clusters, regional innovation and economic growth in China. Regional Science Policy & Practice, 6（4）: 329-347.

Yusuf S, Nabeshima K. 2005. Creative industries in East Asia. Cities, 22（2）: 109-122.

Zander I. 2002. The formation of international innovation networks in the multinational corporation: an evolutionary perspective. Industrial and Corporate Change, 11（2）: 327-353.

Zhang P, Yang Q S, Zhao Y C. 2012. Relationship between social economic agglomeration and labor productivity of core cities in Northeast China. Chinese Geographical Science, 22（2）: 221-231.

Zhang X L, Ning Y M. 2011. Evaluation of role of home market effects in China's manufacturing industries. Chinese Geographical Science, 21（2）: 211-221.

Zheng L, Zhong Z. 2017. What drives spatial clusters of entrepreneurship in China? Evidence from economic census data. China Economic Review, 46（4）: 229-248.

Zheng W, Hao R. 2011. The role of human capital in China's total factor productivity growth: a cross-province analysis. The Developing Economies, 49（1）: 1-35.

Zhou J H, Li J Z, Jiao H, et al. 2018. The more funding the better? The moderating role of knowledge stock on the effects of different government-funded research projects on firm innovation in Chinese cultural and creative industries. Technovation, 2018: S0166497217303565.

后　　记

"高质量发展"是2017年中国共产党第十九次全国代表大会首次提出的新表述，它表明中国经济已由高速增长阶段转向高质量发展阶段。实现经济高质量发展的根本途径在于实施创新驱动，加快新旧动能转变、转变经济发展方式。创意经济特别是以创新型人才和创新型产业为代表的创意经济在全球范围内快速兴起，这对中国经济发展实现新旧动能转变、促进经济迈向高质量发展具有重要意义。

本书以创意经济与空间集聚为理论视角，沿着"理论机理—基本现状—原因机制—影响效应"的逻辑体系，分析了创意人才与创意产业的空间集聚如何推动行业和区域的创新发展，主要研究内容包括：创意推动经济高质量发展的机理分析；创意人才的发展现状与空间分布；创意人才空间分布的影响因素；创意人才集聚对区域劳动生产率的影响；创意产业的发展现状与空间分布；创意产业生产效率的测度与分析；创意产业集聚对创意产业生产效率及区域生产效率的影响；创意产业集聚对区域创新及企业家精神的影响。通过研究，我们尝试将创意经济、空间经济、创新发展等理论体系有效衔接起来，从而为一般要素集聚的区域创新效应的研究提供一个理论分析框架，同时为创意经济领域的研究提供借鉴。通过科学而规范的实证分析，我们还试图呼吁人们对"创意集聚区""人才智谷"等现实问题的关注，同时为中国经济增长实现由资本广化向资本深化转变及资本驱动向创新驱动的经济转型发展思路提供理论上的借鉴。

本书的撰写主要以作者于2009~2014年在中国科学技术大学管理学院攻读博士期间所撰写的博士论文为基础，其中，大部分观点和结论都已在不同期刊和杂志上发表过。

在本书付梓之际，我们要感谢中国科学技术大学赵定涛教授、洪进教授这两位导师对本书提出的宝贵意见和建议。在研究过程中，本书参考了大量数据、文献、研究报告等资料，当然在书中我们都予以了标注，在此表示感谢。本书的出版还得到了福州大学哲学社会科学学术著作出版资助计划项目、福州大学中国特色社会主义理论体系研究中心专项（18SKZ41）、福建省自然科学基金（2020J01459）、福建省社会科学规划项目（FJ2020B118）和福建省财政厅专项研究（闽财指〔2021〕848号）的资助，在此特别感谢。

书不尽言，言不尽意。创意之广博，集聚之浩瀚，非我所能窥其穷，书中之疏漏，亦在所难免，敬请广大读者批判指正。深邃意蕴，期待来哲。